我们一起解决问题

All About Futures

金融投资入门系列

期货交易从入门到精通

[美] 拉塞尔 · 沃森道夫（Russell R. Wasendorf） 著
姜军略 译

人民邮电出版社
北 京

图书在版编目（CIP）数据

期货交易从入门到精通 /（美）拉塞尔·沃森道夫
(Russell R. Wasendorf) 著 ; 姜军略 译. -- 北京 :
人民邮电出版社, 2018.4
（金融投资入门系列）
ISBN 978-7-115-48138-2

Ⅰ. ①期… Ⅱ. ①拉… ②姜… Ⅲ. ①期货交易－基
本知识 Ⅳ. ①F830.93

中国版本图书馆CIP数据核字(2018)第054024号

内容提要

期货市场是人们为了应对未来的不确定性而创造的，但同时，它也给期货交易者带来了很大的不确定性。要想在期货市场上保护盈利、对冲风险，我们需要掌握尽可能多的有关期货交易的知识、方法与策略。

本书作者针对新入门的期货交易者，总结自己近40年的期货市场交易经验，系统讲解了期货基础知识、期货交易中可能承担的风险以及个人是否适合期货交易的评判标准；全面总结了期货交易的基本面分析和技术面分析方法与工具；深入浅出地阐释了如何建立一套期货交易系统，如何通过价差交易、套利交易、跨式组合等方法来对冲风险、锁定盈利。

本书适合即将或刚刚进入期货市场的交易者以及金融专业的学生阅读参考。

◆ 著 ［美］拉塞尔·沃森道夫（Russell R. Wasendorf）
译 姜军略
责任编辑 王飞龙
责任印制 焦志炜
◆人民邮电出版社出版发行 北京市丰台区成寿寺路11号
邮编 100164 电子邮件 315@ptpress.com.cn
网址 http://www.ptpress.com.cn
固安县铭成印刷有限公司印刷
◆开本：700×1000 1/16
印张：18.5 2018年4月第1版
字数：240千字 2025年10月河北第41次印刷
著作权合同登记号 图字：01-2015-0745号

定 价：69.00元

读者服务热线：（010）81055656 印装质量热线：（010）81055316
反盗版热线：（010）81055315

“金融投资入门系列”总序

All About Futures

在金融书籍琳琅满目的今天，人民邮电出版社适时引进了“金融投资入门系列”丛书，目的是要给广大的金融投资者提供专业的投资工具及投资知识，解决金融投资者对于金融投资专业知识的困惑，让大家手持一本“可以说话”的投资宝典，在从“外行”跨入金融行业的这一过程中，少走弯路，最终成长为专业的金融投资人才。

稍有一些金融知识背景的人都知道，随着国内金融行业改革的不断深化，目前国内可投资的金融产品越来越丰富，而人们也不再满足于仅仅把钱投资到股市或购买银行理财产品上。但由于国内的投资者对于金融衍生品（诸如期货、期权等）缺乏相应的知识和专业指导，能从中获益的人可以说是寥寥无几。

是什么原因导致了这样的结果？其根本在于目前我国的金融行业与国外发达国家的相比，还处在改革创新的初级阶段，相关的投资品知识尚未得到普及，金融衍生品的投资市场尚未被广大投资者所熟知。大多数投资者缺乏了解相关知识的渠道和途径。翻开国内大部分的金融类教材或相关专业书籍，我们不难发现，这些书籍大多都是照搬西方教科书的理论，以介绍概念和理论知识为主（从概念到原理再到公式），但对于这些知识的实战应用却很少涉及（即使有也是照葫芦画瓢的模仿，无法对国内投资者给予有效的指导）。

当前，广大的金融投资者迫切希望能够系统地学习和掌握金融投资（尤其是衍生品投资）的相关专业知识和实战指导，因为金融市场不但瞬息万变，而且金融投资还常常涉及大量的分析（不但包括国内、国外、宏观、微观以及政治、经济政策的影响，还涉及具体事件对投资风险的影响，等等），这就要求投资者不仅需要了解相关原理，还要懂得相关因素对投资品种的影响程度，金融投资因而已成为一门真正意义上的实战课程。

在此背景下，人民邮电出版社根据目前国内比较热的投资门类，引进并组织翻译了这套“金融投资入门系列”丛书，以满足广大投资者的需求。这套丛书的引入让大家眼前一亮，给刚刚入行的投资者提供了一整套完备、全面的投资宝典，也有利于专业的投资者借鉴国外各种投资模式的宝贵经验。本套丛书第一批共引进五本，内容分别涉及大宗商品、黄金、债券、外汇、期权，涵盖了目前国内已经上市的大部分金融衍生品。本套丛书不仅知识性强，而且覆盖面广、可操作性强。

首先，本套丛书的原作者们都具有较高的理论水平和实践经验，他们大多为长年从事金融投资理论和实战研究的资深专家；而中国农业大学期货与金融衍生品研究中心培训部作为国内金融衍生品投资研究及实战的权威机构，受人民邮电出版社委托，承担了本套丛书的翻译工作。这些年来，中国农业大学期货与金融衍生品研究中心培训部一直致力于金融衍生品投资的研究和实战教育工作，参与本套丛书翻译工作的译者大都是实战专家，对于金融问题，他们不仅具有战略层面的远见，而且还具有操作层面的丰富经验。在翻译过程中，他们结合中国目前的投资环境和现有的金融产品情况，从广大投资者的需求出发，努力将这套浅显易懂、具有实战指导作用的丛书完整地呈现给广大的金融投资者。

其次，本套丛书框架结构清晰，逻辑性强，便于实践。本套丛书的每一本都对相关金融产品的知识进行了梳理和结构化，并以简单明了的形式呈现给读者，便于读者操作。每一本书的内容都是基于该投资品的基础知识，就投资市场主体构成、投资风险、技术分析以及投资周期分析、投资者风险规避等众多方面，提供了统一的分析框架，便于读者全面了解该投资品的相关知识。

最后，本套丛书中的每一本都根据当时的市场状况配有分析图表，图文并茂地说明了各种影响因素带来的投资市场的变化，便于读者直观地了解产品的市场特性。

另外，经济的发展和社会的进步离不开人才的培养；反过来，优秀的人才也能促进经济的发展和社会的进步。纵观经济大国的崛起过程，尤其是第二次世界大战后的经济发达国家，无一不是金融市场与经济发展互相适应、金融行业高度发达。在这一发达的背后，层出不穷的金融投资大师们是最有力的支撑。在经济发展全球化的今天，只有投资大师辈出，我们才能在国际化的金融潮流中立于不败之地；只有投资大师辈出，才不至于在定价市场被边缘化，丧失定价话语权；只有投资大师辈出，才能够使民族金融业真正发展，拥有核心竞争力；只有投资大师辈出，才能将我国期货市场建成世界性的定价中心。美国的经济奇迹造就了索罗斯、罗杰斯、巴菲特等一大批大师，而中国的经济奇迹也一定会造就与他们相媲美的杰出人物。而要造就一大批在国际上有影响力的投资大师，基础、有效的教育条件是最根本的保证（例如，科学完整的教学体系、正确的投资理念、全面翔实的教辅材料以及系统的实战训练都是投资人才培养的最基本条件）。

我们可以预见，腾飞中的中国经济将有一个相当长的黄金成长期，这个时期将是中国人在世界金融市场上大师辈出的时代。不过，成为大师的道路是坎坷的，成为大师不仅仅需要机遇，需要个人的智慧和努力，需要个人交易经验的积累，更需要先行者不断地将自己的心得体会与大家一起分享，以承上启下、继往开来。无疑，在未来发展的道路上，这样的“铺路石”多了，路自然就平坦了，大师们也就应运而生了。

“金融投资入门系列”丛书将为那些有志于进入金融投资领域、成为金融投资大师的读者提供权威的理论指导和有效的实战经验。相信广大投资者也一定会从中受益匪浅。

中国农业大学期货与金融衍生品研究中心培训部

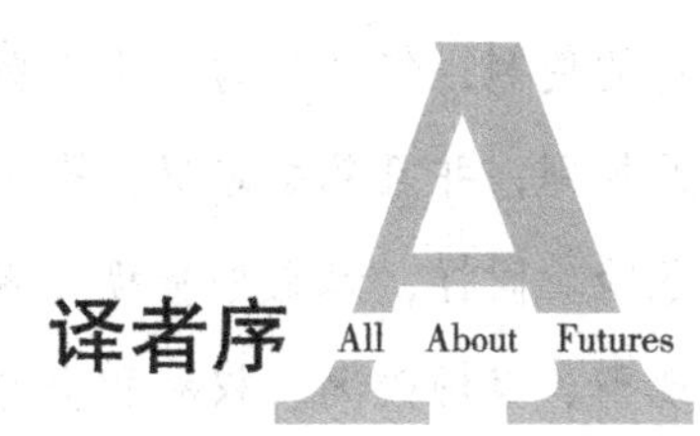

译者序

《期货交易从入门到精通》（All About Futures）是美国著名教育、出版、金融企业麦格劳·希尔公司出版的“All About 系列丛书”中的一本。我在有幸负责本书的翻译工作之前，曾参与了美国佐治亚理工大学的《量化与计算金融》在线课程的学习，在我仔细阅读的课程读物中，便有“All About 系列丛书”中的另外一部作品——《对冲基金从入门到精通》。“All about 系列丛书”覆盖全面、内容平实，是非常好的入门学习材料。当时，我正在一家英国金融集团负责海外期货衍生品的交易，也正是在“All About 系列丛书”的指导和促动下，我才回到国内，从事量化对冲基金工作。

《期货交易从入门到精通》并不像国内大部分投资书籍那样，只关注如何从市场上赚钱，而是将一个期货投资新人所需要知道的有关期货市场的方方面面的知识，条分缕析、徐徐道来。作者作为一个在美国期货市场从业近40年的老兵，以内部从业者的洞察，把和期货投资相关的各种问题讲得深入浅出。

作者在分享了如何分析市场、如何开发交易策略、如何从市场中赚取金钱之外，也对期货投资者的适合性、风险管理、委托投资顾问进行投资以及期货投资者的权利与资源等方面的问题进行了深入阐述。

在期货衍生品交易行业从业多年的我，非常认同作者的这一阐述方法。

期货投资，确实可以提供许多投资领域的便利，帮助我们实现资产增值的目标，但是同时，它也伴随着一定的风险。就如同驾驶汽车可以为我们带来出行的便利，但是作为一个驾驶者，在上路前如果不能深入掌握驾驶技巧和交通规则，并且熟悉路况，那么其驾驶行为就会给自己和乘客带来莫大的生命危险。同样，如果期货投资者在投资前没有深入了解期货的基本原理、交易规则、市场概况、权利和资源，那么无疑会为自己或客户的财产增加莫大的风险。因此，虽然这类内容对于迫切想从期货市场赚钱的投机者来说似乎有些无趣，但其重要性是毋庸置疑的。

本书作者为拉塞尔·沃森道夫，他是美国爱荷华州最大期货公司之一的百利金融（Peregrine Financial Group）的创始人，在期货市场从业近40年，具有丰富的期货市场教育经验。因为爱荷华州是美国最大的农业生产州之一，因此作者对于大宗商品，特别是农业类大宗商品，有非常深入的了解。在阅读作者关于期货基本面的介绍时，我感到大为过瘾。这部分内容让我能够重新梳理很多对于期货周期的理解和认识，对于我未来的交易工作大有裨益。另外，美国资本市场有着丰富系统的资产管理体系，同时对投资顾问活动有着完整和系统的监管，因此在阅读作者对于美国的大宗商品投资顾问的系统介绍时，我也获得了很多启发。我国的大宗商品投资顾问业务近几年刚刚兴起，想必在未来将大有发展，作为国内对冲基金的从业者，能够阅读参考作者有关此方面知识的介绍，也是十分开心的事情。

作为一个期货市场从业者，我可以深深感觉到我国期货市场的发展与进步。随着国家级别的监管机构的设立，交易所电子化信息处理能力的不断增强，投资者可以更加安全便捷地进行期货投资。同时，随着《关于进一步促进资本市场健康发展的若干意见》等一系列创新文件的出台，期货市场更是在规范化的前提下，迸发出了更多的发展机遇。期货风险管理和资产管理的业务规模正在不断壮大。也正是因为国内期货市场不断发展，同时期货市场的入门要求又相对较高，规则相对复杂，所以投资者和行业从业人员就更需要加强学习、不断完善自己，从而把握住行业发展和个人财富增长的机遇。

前言　期货市场的特质

All About Futures

许多个世纪以来，哲学家们总是说："即使上帝不存在，人们也会创造出一个上帝。"期货市场被创造出来，也是这样的必然。人们热爱期货交易，同时也憎恨期货交易。人们一边迫不及待地期待着生活变得越来越好，但同时也对明天的不确定畏葸不前。

而从期货这个行业来讲，商人和普通人一样，在应对未来的不确定上遇到了种种困难。如果厂商不知道自己生产商品所需原材料的未来价格，那么他们该如何为自己公司生产的商品定价，从而保证生产活动有足够的利润呢？这个不确定性问题，至少有6000年的历史了，可以一直追溯到当时在中国首先开创的稻米期货市场（**原作者这里写的中国历史有一些模糊，容易让国内读者困惑。译者认为这里所指的应该是范蠡在两千多年前进行的先约定价格、后交付货物的远期交易。按这个时间计算，并没有作者所写的那么久远。——译者注。**）到了中世纪，欧洲就已经出现了相对成熟的小麦和羊毛的期货市场了。

期货市场解决了商人们需要确定未来商品价格这一实际的商业需求。譬如，你是一个原油的进口商或加工商，如果没有期货市场，你该如何应对1990年伊拉克战争导致的原油市场剧烈波动？如果你是一个大型设备的销售者，而你的一笔大额销售订单在交货后120天到180天才能以日元回款，那么你是否需要考虑对冲日元汇率波动所带来的风险？如果没有期货市场，当农场主的作物还在地里生长时，他们该如何利用一直在波动的谷物价格来让自己获利呢？

期货市场帮助诸如谷物、肉类、金属、金融证券、食品、纺织品等大宗商品的使用者，在实际使用大宗商品之前，为他们未来的使用需求提前锁定一个合理的价格。值得注意的是，现在期货市场的覆盖范围已不仅仅是大宗商品，还包括证券、货币、利率等。大宗商品的生产者也同样需要在商品可供出售之前，就为商品的价格做一个可接受的锁定，从而保证利润的可控性。

然而，如果商品市场的使用者仅仅被限制为那些有真实对冲需求的人（商品的生产者或购买者），那么期货合约的成交量将非常低，甚至在一些交易日，期货合约根本无法交易。市场的交易量充足，是期货市场发现并形成公允价格的必要条件。期货市场的交易量越大，当时的价格就越能反映当时真实的供需情况。因此，期货市场需要投机者的加入——投机者为期货市场创造流动性。投机者在数以百计的市场上交易数以千计的期货合约，帮助那些有真实对冲需求的人更容易地转移他们的风险。

投机者认为他们理解商品价格的走势，能把握价格的趋势，因此愿意参与交易来获利，他们同时也为市场带来了流动性。进一步说，高流动性的市场对于交易者来说是更安全的。当你下单进行交易的时候，如果市场的交易量充足，你的订单会更容易成交。因为投机者可以为市场创造流动性，所以市场也愿意为投机者打开大门。而投机者自身的交易目标，自然是在市场的潮起潮落和价格的波动起伏中获利。

什么样的人适合成为投机者则是另一个关键的话题。投机意味着参与有风险的交易，并有一定概率获取丰厚的利润。所以投机有三个关键因素：风险、概率、丰厚的利润。

投机存在风险，并不意味着投机和赌博是一样的。赌博通常是关于体育赛事的押注，或者纯粹概率的对赌。而期货交易则需要更多的智力投入，需要参与者进行调研、制定策略和做出规划。

期货交易的反对者常常因为投机的概率性而贬低它。当你对未来可能发生的事情进行预测的时候，总是会伴随着概率的不确定性。地产投资者、保险公司、决定利息的银行专员或者是个人住房购买者在进行预测时，也都会遇到概率的不确定性。期货市场的快速波动通常是期货交易反对者认为期货交易是赌博的论据，但因为所有的未来事物都有不确定性，因此实际上这一观点并不正确。

最后一个关键因素是丰厚的利润。这一因素吸引了许多激进的投资者进入期货交易这个行当。许多个人投资者希望一夜暴富，他们很贪婪。然而，对丰厚利润的过分追求，可能是大部分散户亏损的最重要原因。成功的期货交易者需要有足够的耐心去等待高质量的交易机会，需要有严谨的资金管理，需要去对市场做深入的研究，需要在快速变化的机遇面前保持头脑清醒，需要在身边所有人都亏损时依然保持坚定。

期货市场里有很多方法可以帮助你避免灾难性的亏损，但是却没有谁有办法教会一个不适合交易的人盈利。“天生的交易员”和“天生的猎手”一样稀有。

这本书的目的是教会你掌握足够的进行期货交易的知识和一些自我保护的法则。但这些知识并不是你避免爆仓的保证。市场的意志无人可以改变，不要忘记这一点。如果市场疯狂地向不利于你的方向波动，你依然会惨遭重创。

期货市场是零和博弈。在每一个交易日结束时，每个人的账户都会被清算。每一个合约的购买者都会有对应的卖家。反之，每个卖家也会有一个对应的买家。这样的市场结构意味着，如果其中一方是盈利的，那么另一方就会亏损，每一天都是这样。每一天，输家都会以补交保证金或减少账户资金的方式，把钱付给赢家。

期货交易并不是所有人都适合的，但是仔细地学习会让你对期货和期货期权交易有更深入的理解。这些知识会帮助你确定期货交易是否能让你实现财务目标。并且，当你决定进入期货交易这一行业的时候，你会对如何操作、如何选择投资机会，以及如何制定交易策略来控制你的风险，更加了如指掌。

目　录

ALL ABOUT FUTURES

01

第一章

你适合交易期货吗

核心概念

- 你是否在经济上和心理上做好了交易期货的准备
- 高效交易者的五大个人特质
- 阻碍交易成功的四个因素

本章预期读者已经对期货市场的运作有了一定的了解。期货价格和期货市场的趋势反映了市场中各路资金买卖力量的平衡情况。如果大部分资金看涨，期货价格就会升高；如果大部分资金看跌，那么期货价格就会下降；如果资金的意见不够明确，那么期货市场就会进入盘整。

在开始学习期货交易之前，首先，你需要了解自己是否适合进行期货交易。国内外的监管法规同样也要求期货公司对你的投资者适当性进行调查。这些调查判断是对你自己的保护，是非常有必要的。投资者适当性调查通常包括一系列的问题，诸如你的个人资产规模、职业、年龄、投资经验等。

当获得这些信息之后，你的投资者适当性会被分为不同级别。期货公司会做初步筛选，同时你的开户信息会交给你的期货公司的客户经理，或相应的期货居间人。在美国市场，这些信息还会交给期货交易商（futures commission merchant, FCM）。期货交易商会在交易大厅为你执行交易。期货交易商还是交易所的清算会员，而期货公司或者期货居间人则作为你和期货交易商的纽带，帮助你和期货市场建立起双边联系（在中国市场，期货投资会更简单，期货公司会帮你把从开户到交易、结算的全部工作做完。——译者注）。

谁适合交易期货，适合的原因是什么

对于一个潜在投资者是否适合进行期货和期权交易的判断原则有很多，其中较常用的是投资者的资产规模、年收入和流动资产规模等财务指标。

在进入具体的投资者适当性评估之前，你需要了解期货和期权交易的区别。这两者最大的区别在于风险的大小，而风险的大小对于投资者适当性评估非常重要。对于期货，风险是不可控的，也是无限的；而对于期权交易，如果你是期权的买方，你可能会损失掉你投入的全部的权利金，但是损失的规模你是事先知道的，其仅限于你投入的权利金和交易费用。

如果你持有一个期货头寸，同时市场向你头寸相反的方向波动至涨跌停且你的保证金不足，那么你需要及时补足保证金；而且，市场可能会连续多天涨跌停。比如，铁矿石期货连续 6 天跌停，你开盘买进价格为 513 美元，铁矿石每日跌停为 8%，那么 6 天后铁矿石价格将跌到 311 美元。如果你持有 10 手铁矿石多头，那么你将损失 20.2 万美元。如果算上手续费，损失将会更多。如果你开始没有多余的保证金，那么你需要在 6 天内陆续补交 20 多万美元的资金，以避免期货公司强行平掉你的期货头寸。

而交易在交易所上市的期权合约，你的风险会更明确。你最大的损失就是你全部的权利金和交易手续费。当然，这里指的是你是看涨或看跌期权的买入方。如果你卖出期权，而且期权被行权，那么你将面临和买卖期货一样的不可控的无限风险，因为期权合约约定，你需要交付给期权买入者期权合约所对应的期货合约（以比市场价优惠的价格）。

期货和期权交易面临的风险差异解释了为什么不同账户需要不同的个人资产和流动资产资质。为你保管资金和执行交易的期货交易商（对应于我国国内的期货公司。——译者注），会面临你资金不足而需要他们垫付的风险，因此他们会制定具体的投资者适当性规则。

在核准一个期货交易账户的时候，期货公司会根据投资者希望进行的投资活动所涉及的风险，设定具体的投资者适当性资质要求，并和投资者的个人投资资质进行对比。投资者是否在个人财务上有足够的实力来承担对应的风险？比如，如果你希望交易超过你 10% 流动资金以上的期货资产，你的开户申请可能不会被通过。当一个账户保证金不足的时候，投资者只有 24 个小时或更短的时间来补足保证金。因此，只有投资者拥有足够的流动资产，才可以满足这一要求。

当然，个人流动资产仅仅是一个考虑因素。如果个人投资者有较高的个人收入（比如每年 10 万美元），他的账户申请即使在流动资产项上不达标，也有可能被批准进行期货交易。如果投资者收入不够高，他也有可能被批准进行买入期权的交易，因为这种交易行为风险可控，并且资金是提前投入的，并不存在补交资金的问题，因此期货公司承担的风险很小。

但是，一个投资者的财务状况并不是投资者适当性判定中唯一的参考因素。监管机构要求，期货公司需要对其客户有足够的了解。期货公司需要知道投资者的真实姓名、住址、年龄、职业或经营状况，以及投资者之前的投资经验。

同样，期货公司也需要对投资者的交易经验和掌握的交易技能有足够的了解。比如，对过于年轻和过于年长的投资者，期货公司需要进行额外的调查。曾经交易过期货的投资者，或者之前曾进行过融资融券交易的投资者会被认为是有经验的。

风险偏好

除了调查一个投资者的财务状况和过往的投资经验，好的期货公司还需要深入了解投资者的风险偏好。风险偏好是交易者制定交易计划来实现具体财务目标的重要参考因素。交易计划必须和投资者的个人风险偏好相匹配。

根据对投资者风险偏好的界定，期货公司通常将投资者分成若干类。每一个投资者都是一个单独的个体，其应对风险的反应都会有一定差异。如果期货公司无法掌握投资者应对风险的差异性，就无法和投资者建立长久的互信纽带。

在界定风险偏好的时候，经济学家引入了“效用”这一概念。效用是对一个人满足程度的度量，如果一个事物比另一个事物能给人提供更多的满足感，那么前者被认为具有更高的效用。

在期货公司和投资者讨论交易策略，或者和投资者讨论某一具体交易的盈亏设定的时候，期货公司会逐渐理解投资者的风险偏好，并将投资者分为风险厌恶、风险中性和风险偏好三类。比如，风险厌恶类的投资者，可能不会参与为一元收益承担一元风险、收益风险比为 1∶1 的交易。风险厌恶的投资者希望参与的是不承担风险或者承担较低的风险，但可以提供可靠收益的投资。如果你是风险厌恶型投资者，你可能不适合进行期货交易。

风险中性的投资者则愿意参与买入期权，或者相对保守的期货交易。

而风险偏好型投资者则是最常见的期货交易者。这些投资者愿意承担风险，进而换取交易成功所带来的高效用。

当你在考虑自己是否适合进行期货交易的时候，以及在填写账户申请单并提交审查前，你自己也需要考虑以下三方面的因素：财务状况、投资经验和风险偏好。

期货交易成功者的特质

适合做交易并不意味着你就可以在期货交易上取得成功。市场上大部分的期货交易者都是亏损的。那么，哪些人能够在期货市场上取得成功？一个成功的期货交易系统的最重要的组成要素是什么？

当交易者们聚集在一起参加会议、论坛或研讨会的时候，关于交易系统的讨论往往是最热门的。哪一个交易系统表现最好？基本面交易者可以知晓并分析全部对供求平衡有影响的因素吗？技术分析信号的稳定性如何？技术分析信号该如何解读？当你同时使用基本面信息和技术分析信号时，如果两者的信号相互矛盾，你将如何抉择？你的交易究竟是依赖于技术能力，还是仅仅是因为运气？

这些问题的答案存在于所有行业成功者的共同特质中。这些特质包括自知力、毅力、纪律性、耐心和独立思考。

成功的人具备的自知力是对自己内在的深刻了解和对自己毕生追求的熟

稳。似乎有一些神秘的力量在指引他们的生活，这些人具有清晰的目标。

毅力对于为实现目标是必须的条件。目标往往是分阶段实现的，而每一个阶段的进步都是有明确定义的。这对期货交易者意味着什么呢？大部分无法坚持的期货交易者，均会以亏损告终。

纪律性是设定实际目标并坚决执行时所需要的一项特质。有些人心血来潮进入到期货市场中，他们可能听到了白银将在未来三周从 4 美元涨到 10 美元的小道消息，于是就立刻让期货公司为他们买进白银期货或者期权合约。挣取交易佣金的期货经纪人会忽悠他们，这是笔“世纪大交易”。这样做交易的人，其胜率其实和买福利彩票的人没什么区别。其中只有非常少的人会赢，大部分人会输。

耐心是希望取得成功的交易者必须拥有的。交易员和希望取得成就的运动员很相似。职业足球运动员在很小的时候便开始训练，并且在中学和大学级别的赛事中取得八九年的成功。即便如此，在经历十年甚至更多时间的训练之后，他们才仅仅是职业联赛中的“菜鸟”。在职业比赛中，他们还需要付出更多的汗水，遭遇更多的挫折，之后才有机会进入到更高级别的比赛或者最终的决赛。很多期货交易员并没有为他们的第一个交易赛季准备十年之久，但是在交易的长跑中他们会慢慢领悟到生存之道。

独立思考对于忠于自己的判断并保持专注很重要。你采用哪种交易系统并不重要，因为大部分交易系统都被证明在某些条件下是有效的。重要的是，你能够选择一个和你个人特质和独特性格相匹配的系统，你的特质和这个系统盈利的核心因素相适应，这样你才能驾驭好交易系统。但驾驭交易系统，不仅仅是一味地适应系统，你要有能力在必要的时候，对系统做出独立的改变，使得系统更加完善。

这里有一些简单的案例。如果你在价格图里识别出头肩顶形态，并因此预测价格在未来将下跌 22 个基点，但你在心里却觉得这种技术分析方法完全不可靠，那么你可能并不适合做技术分析类的交易决策。或者，如果你在分析基本面信息时，觉得信息过量，信息流仿佛排山倒海而来，自己根本无法做出有效决策，那么基本面分析对你来说就是困难的，是你无法适应的。交易系统必须和个人特质相匹配，否则这个系统注定会失败。一些投资者开发出了非常复杂的交易系统，每天需要花费一两个小时来更新分析，但是后来却遗憾地发现，他们并没有足够的时间来使用这样复杂的交易系统。

你的交易系统需要适应你，适应你的心理状态，适应你能为系统花费的时间。进一步说，你也需要信任你自己的系统，和系统一起进步，不断改善，直到你的系统能够为你赚钱。没有耐心、毅力和纪律性，你将无法完成这样的过程，你将无法在期货交易上取得成功。

阻碍交易成功的因素

这部分将讲述取得期货交易成功的完整过程。在期货市场上取得成功并不需要什么神奇的交易系统。你需要的是制定可达成的目标，并为实现目标制定计划，同时要开发出一个你相信的、和你的性格相适应的、即使遭遇短暂挫折你也能保持信心的交易系统。最后，你需要学会去克服每个期货交易者都会遇到的四个主要困难：恐惧、自满、不切实际的希望和贪婪。

古希腊先哲们非常能理解一个聪明进取的交易员为什么持有一个不错的头寸，却最终亏了大钱。古希腊人给了这种有能力却无法取得最终成功的人一个专有的形容词：骄傲自大（hubris）。简单来说，就是这些人对于自己过于自信。当交易员说“我知道市场将何去何从”的时候，我们就需要格外提防这个人，因为他正处于骄傲自大的状态。

而恐惧、自满、不切实际的希望和贪婪，往往和骄傲自大相伴相生。这四个因素，比其他因素更能让那些本应在期货市场取得成功的人最终臣服于期货市场。

为什么这些情绪在交易者中这么常见？为什么交易者需要减少甚至克服这些情绪，才能在期货交易上取得成功？前面的问题很好回答。这些情绪都是人类天生的，我们在处理任何事务时，都无法回避人类的这部分天性。

当一个交易者的情绪像过山车一样上下起伏的时候，他将无法有效地洞察市场。比如一个交易者在原油期货上建立了长期的多头头寸。但他建立多头的原因并不明确，可能仅仅是他感觉市场会涨。

第一周过去了，市场真的上涨了，涨了大概 50 美分。交易者获取了 500 美元的利润（当然要扣去交易费用）。交易者觉得："我一周就赚了 500 美元，这真不错，但是我想在这笔交易上赚 1000 美元。"

在第二周刚开始的时候，市场开始了更快速的上涨，原油价格很快又上涨了 50 美分。随着价格的上涨，市场的情绪变得更加看涨（请谨记，市场看涨情绪的最高点，往往就是市场的顶部）。交易者知道自己已经赚了 1000 美元，但是身边大量看涨的情绪和信息，让他无法抽身、获利平仓。他想要赚更多。这时，贪婪的情绪已经悄悄地俘获了他。

第二周进入下半段的时候，一些负面的基本面消息传了出来，原油价格重挫 75 美分。在一天当中，这个交易者就亏损了 750 美元。"这只是技术性回调，市场还会创出新高的。"交易者这样想，"而且，媒体还在报道很多看涨原油的因素。我曾有 1000 美元的利润，如果价格回到那个时候，我就会及时离场"。

下一个交易日，原油价格又下跌了 75 美分。这样，这个交易者现在非但没有盈利，还净亏损了 500 美元。现在，媒体已经不再报道那些看涨原油的信息了。这时交易者想："我不会在这笔交易上亏损的。我一周前还有 1000 美元的利润，我现在已经丢掉了全部的利润。我仅仅想做到这笔交易不赚不亏，到那时我就平掉这笔交易，再找其他机会。"交易者不切实际的希望这笔交易可以至少不亏损，那样他这笔交易就还不算失败——没人喜欢失败。

在这周的最后一个交易日，负面新闻再次出现，原油市场暴跌了整整一美元。市场的下跌发生得非常迅速而且又是在临近收盘时发生，以至于这个交易者在收盘之前根本没有机会及时止损。

这时，这个交易者已经被恐惧所支配。但是不切实际的希望依旧在影响他，他希望价格可以像周五的暴跌一样，再次暴涨回来。可是他这样的希望是非常渺茫的。更合理的应该是希望周一开盘时，价格能够至少维持现状，从而他可以有机会退出这笔交易，避免进一步的损失。

这个交易者失败的经历告诉我们，在开始一笔交易之前设定一个具体的交易计划，将在很大程度上降低甚至可能消除这些有害的情绪。明确你的入场点和出场点，明确你计划盈利出场的点位和你计划止损认赔的点位。这样，你就有了清晰的、预先制定好的交易计划。当然，仅仅有计划还是不够的，你还需要确保你不会因为情绪的因素，改变你的交易计划。不要盲从那些市场中的“羊群”的想法。“羊群”往往是错的。从容冷静、按部就班的交易员，往往比那些任凭情绪主宰的交易员容易成功得多。这正是独立思考——这一个人特质对期货交易的重要性。

古人很早就发现了负面情绪的害处。就像古人为神明供奉牛羊一样，你在期货交易时，也需要做出牺牲。我们需要牺牲我们的骄傲之心。要实现这一点，在交易日志里面诚实而残忍地将自己犯过的错误一一记录下来，是一个不错的办法。比方说，当你的交易系统提示你卖点出现的时候，你正持有一个多头头寸。你没有听从你的系统，结果最终市场价格下降，自己的利润回吐。在日记中，如果这样的错误对改善你未来的交易水平有价值的话，你就需要如实地记录下来——记下你是如何违背自己的交易系统的。这样，你的交易日志将来就可以帮助你更加严格地恪守自己的交易纪律。只有这样做，你费时费力记录交易日志才是有价值的。

如何证明你已经掌握了控制交易情绪的技巧，或者至少可以控制自己的贪婪情绪呢？一个好的证明就是你可以很好地处理意外之财。

比如你在做空白银。你的分析指出，在未来一到三个月之内，白银的价格将下跌 25 美分。但是在你下单成交后不久，白银的价格就迅速下跌了 50 美分，比你预期的 25 美分多了一倍。你将如何处理呢？你会平掉头寸来获取意外之财，还是等待价格进一步下跌，又或是设定一个止损触发单来保护你的利润？

如果你选择了获利平仓，你将获取大概 2500 美元扣除交易费后的利润。

如果你选择等待市场进一步下跌，那么你是被贪婪蒙蔽了双眼，一旦市场反弹，你有可能会遭受到毁灭性的损失。如果你设定了一个止损触发单，那么你仍旧受到贪婪的影响，但是你至少对你的情绪和你的交易拥有了一定的管理能力。在设定了止损触发单的情况下，你仍然持有头寸。你至少在纸面上还保留一定的利润。但在大部分情况下，市场会最终触发你的止损订单，你将止盈出场，回吐一部分利润。

如果你可以交易多手合约，比如三手，那么你就可以通过平掉部分你已经获利的头寸，以更好的方法应对贪婪。比如你在做多玉米，你在交易计划中设定了一个获利目标价位。目前，价格处在起始价格到获利目标这一区间内，已经上涨了一半。这时，你可以平掉其中的一手；之后当价格到达你的目标价格时，你可以再平掉一手；留下一手，并设好触发单，来进行止盈保护，以博取更多的收益。

不切实际的希望能在期货交易中使你陷入困境。在日常生活中，保持乐观、充满希望的精神状态会帮助你，但是在市场中，持有不切实际的希望则是非常有害的。常见的情境是，市场正在朝和你的判断截然相反的方向前进。一切因素都在指明你判断错误了，但是你却依旧希望市场会最终反转，以此证明你的判断是正确的。不切实际的希望会让人上瘾，麻痹你自己的纪律性。打开你的交易日志，记录下为什么你会在自己已经被证明是错误的时候，依然持有错误的头寸。如果你能对自己坦白“因为我希望明天市场会向我想的方向发展”，你会发现自己因为不切实际的希望而陷入了困境。当发现了这一问题后，你应当尽早止损离场。如果你认为市场还有可能反转，你需要重新客观地评估整个市场状况，在认定再次进场的条件符合你进行一笔新的交易的全部条件后，重新下单进场。把一切当作一笔新的交易，重新开始。

当贪婪和不切实际的希望控制你的时候，恐惧也就不远了。恐惧是交易者每天都需要面对的。对亏钱的恐惧、对犯错误的恐惧、对做愚蠢交易的恐惧都会伴随着你。应对恐惧最有效的方法是牺牲一部分利润。金融市场有一句谚语：“牛市能赚钱，熊市能赚钱，猪市（震荡行情）则亏钱。”你可以通过不摸顶抄底来控制恐惧。如果市场将连续七天上涨，那么你可以在第六天就安全地抽身而去，获利离场，保留你的胜利果实。或者你可以对冲你的头寸。比如你持有了大量的多头头寸，你可以买入一些接近实值的看跌期权作为保护。这并不是软弱的表现，而是一个明智之举。另一个好的方法是不断从你的交易账户中取出一部分利润。这样，如果你的账户回撤，你至少还有一部分外部资金作为后备，你还保留了一部分利润。这时，你不会觉得自己身无分文，恐惧不会压倒你。

期货交易是非常个人化的挑战。填写下面的表格可以帮助你了解，你是否做好了开展期货交易的准备。

财务、心理状况调查表

1. 不要在期货或者期权交易这样高度投机、高风险的领域投入你无法承受的资金。不要在期货投资中投入超过你净流动性资产（现金或者是可以在 24 小时内变现的资产）10% 的资金。并且不要在某一单独合约上投入超过你总投资金额 10% 的资金。

净流动性资产（Net liquid assets, NLA）

现金账户	¥______________
银行存折和货币基金	¥______________
债券	¥______________
上市的股票	¥______________
其他	¥______________
总计	¥______________

可投入有风险交易的资金——净流动性资产的 10%　¥______________

2. 在期货公司开户前，你应当具备下面的基础条件：

- 足够的医疗和人寿保险
- 足够的净资产，可以保证你的生活质量即使在损失全部风险交易资金

后，也不会受到显著的影响

3. 确定你的风险态度

• 风险厌恶（不要进行期货交易）

• 风险中性（考虑买入期权或风险较低的期货品种）

• 风险偏好（可以进行期货交易）

4. 确定你想从期货投资中获取的年回报率。计划的回报率越高，往往风险越高。

25%	100%
50%	150%
75%	200% 或更高

5. 你过去的投资经验：

• 很少

• 有一定的投资经验

• 经验丰富

6. 你对期货市场的了解：

• 没有

• 有一定了解

• 非常了解

7. 测试你自己的抗压能力。

• 进行 10000 美元的投资，会让你的心跳加速。

• 亏钱会导致你失眠。

• 可以接受连续的盈利和亏损。

• 赌博和投机对你来说是舒适的。

• 在市场压力下，你依然可以保持客观。

8. 检查你能否接受期货交易中的糟糕情况。

• 在期货交易中，大部分交易是亏损的，只有少部分交易会盈利。

• 期货账户中的资金经常会发生回撤。

- 有时候，补足保证金是不能避免的。

9. 对你来说，在交易中取得成功的标准是什么。

- 果断地斩断亏损的头寸，并让盈利的头寸继续盈利。
- 控制自满、贪婪、不切实际的希望和恐惧之类的负面情绪。
- 制定交易计划，明确投资目标。
- 坚持记录交易日志。
- 开发一个交易系统。
- 选择一家满足自己需要的期货公司。
- 为交易账户获取足够的资金。

这些问题没有正确或者错误的答案。在诚实地回答了这些问题之后，和你信任的期货市场人士一同分析这些回答。之后，慎重地决定你是否已经做好了进行期货交易的准备。

ALL ABOUT FUTURES

02

第二章

期货交易的基础知识

核心概念

- 期货市场的历史
- 远期合约和期货合约
- 合约的标准化
- 了解牛市、熊市和震荡市
- 发现价格趋势

当你购买一份期货合约的时候，你实际上是和期货合约的卖家达成了一份约定：你需要在未来特定的时间，以特定的价格，买入特定量的标的商品。每一份期货合约，都具体约定了商品的数量、质量、交割地点和交割日期。你通过判断期货的未来价格走势而盈利（详见表 2.1）。当你买入了一份期货合约，你实际上持有了这份合约对应商品的多头头寸。如果你没有在交割日期前平仓的话，那么对应商品就属于你了。你需要以约定的价格买入该商品。

表 2.1 基础期货交易策略：低买高卖

多头策略	
目标	低价买入，高价卖出
案例	因为看好德国经济，你希望买入德国马克（目前已并入欧元）
初始头寸	在国际货币市场以 55 分买入一手 6 月到期的德国马克期货
平仓操作	在国际货币市场以 60 分卖出一手 6 月到期的德国马克期货
操作结果	获取了 5 分的利润。因为 1 分期货的利润对应 1250 美元，这笔交易总共盈利了 6250 美元；同时你需要支付大概 100 美元作为期货公司和交易所的交易费用
空头策略	
目标	高价卖出，低价买回
案例	你预期金价会下降，打算做空黄金
初始头寸	你在纽约商品交易所以 500 美元每盎司的价格卖出一手 8 月到期的黄金期货
平仓操作	你在纽约商业交易所以 450 美元每盎司的价格买回一手 8 月到期的黄金期货
操作结果	每盎司 50 美元的获利被锁定。因为每手期货对应 100 盎司黄金，这笔交易总共盈利 5000 美元。这笔交易你同样需要支付大概 100 美元的交易费用

注意：平仓操作必须在相同商品、相同到期月份、相同数量、相同交易所的合约上进行，并且交易方向和初始头寸的方向相反。

以实物商品为例，当你拥有某一商品的实物的时候，你是商品多头。比如，一个在谷仓里有 5000 蒲式耳二号玉米的农夫，他就是商品的多头。

当你卖出一份期货合约的时候，你实际上是和期货合约的买家达成了一份约定，你需要在未来特定的时间，以特定的价格，向买家卖出特定量的标的商品。如果你卖出了一份期货合约，那么你便是对应商品的空头。如果一个农夫已经承诺在未来的某一约定时刻，在约定地点，以约定的价格、数量、品级交付玉米，但是他目前的仓库里面还没有玉米，那么这个农夫可以看作是商品的空头。

了解一些关于期货市场历史的知识，会帮助你更好地理解期货这个概念。现代期货市场最早形成于 19 世纪。在当时，芝加哥是玉米、牛、猪等货物的集散地，因此逐渐形成了货物交易的金融中心。即使到今天，芝加哥依然是重要的金融中心之一。

商品短缺和过剩的问题

每到秋季作物丰收，农夫们就会保留一部分作物自用和喂养牲畜，把多余的运送到城里。因为芝加哥是货物运输的交通枢纽，因此芝加哥自然而然地就成为了货物贸易的集散地。在丰收的时候，货物在短期内是过剩的。作物的购买者（养殖者、谷仓、加工商等）给过剩的货物较低的价格，很多农夫不得不以非常低的价格贱卖自己的作物。

谷物中间商会在谷物价格低的时候，贮存尽可能多的谷物，但是贮存容器的规模毕竟是有限的。随着时间推移，贮存的谷物数量越来越少，这时那些谷物的需求者则不得不为那些剩余的、为数不多的谷物竞相报出高价。这样，商品贸易在一年中会周期性地遇到过剩和短缺。从收获季的低价格，到来年短缺季的高价格，商品价格在一年中会剧烈波动。这对谷物行业非常不利。因此，人们一直在寻找一个好的办法，来改变商品短缺和过剩带来的问题。

远期合约：有效的货物贸易工具

我们要了解期货市场的现代发展历史，就不能跳开远期合约。远期合约在今日依然是一个非常流行的风险管理工具。远期合约对买卖双方给予约定，其中一方同意，根据事先约定的价格，在约定的时间，交付给另一方合约约定的商品。远期合约这个名字，顾名思义，就是说它将在未来的某一时刻才会执行。

虽然远期合约出现了很久，但真正开始流行起来，还需要等到 19 世纪前半叶。那时的美国中西部，出现了大量的大牧场。这些大牧场距离美国东部的贸易中心非常远，因此他们不得不把货物长途运输过去。

同样在 19 世纪初，位于密歇根湖畔的芝加哥市，正逐渐成为美国谷物、牲畜以及其他实物商品的贸易集散中心。随着城市的发展，以芝加哥为中心、辐射四周的路网的铺设、货车运输线路的开发，以及铁路网的修建，芝加哥逐渐成为人口稠密的美国东部乃至全世界的谷物的提供方。

尽管芝加哥已经成为一个不错的集散地，用来销售中西部产出的农作物，但是农场主们不得不忍受农作物市场剧烈的价格波动。因为在当时，贮存谷物的方式有限，农场主们需要在收获后尽快把谷物运输到市场。而且，由于收获季节供给大于需求，农场主在定价上没有话语权，只能被动地接受市场价格。通常，在收获季节，谷物的价格会暴跌，市场上满是谷物的供给者。

最终，一部分农场主找到了一套更高效的解决方法。他们和谷物的购买者提前签订合同，约定在未来约定好的时间，以约定好的价格向买家提供商品。如果没有意外发生，那么农场主可以提前锁定商品销售的价格。尽管如果未来谷物价格上涨，农场主们会损失一部分利润，但是如果未来谷物价格暴跌，农场主将不会受到任何损失。

农场主通过远期合同，把部分价格风险转移给了商品的买家，因此在减少风险方面，是获益的。远期合同对商品买家同样有利。虽然他们不会因为商品价格下跌而获取更多利润，但是规避了未来商品价格暴涨的风险。

远期合约的出现，是金融理论的一大创举。但是这些早期的远期合约，同样存在着一些问题。远期合约很难执行，很容易出现违约。因为合约仅仅是买卖双方签订的，如果商品价格在交付之前上涨，农场主会受到利润的诱惑，撕毁远期合约；同样，如果商品的价格跌到了约定价格之下，那么买家也会有动机不执行合同，另行购买商品。

远期合约的不足

远期合约存在一个内生的问题，其不具备灵活性。为了更好地理解远期合约，我们设想下面的情境。在 5 月 15 日，一个农场主种植了 100 英亩的玉米。玉米长势良好，根据过往经验估算，这片地每英亩能产出 100 蒲式耳的玉米，即总共 10000 蒲式耳玉米。另一方面，一个玉米油压榨者，核查自己的玉米库存之后，决定到收获季时，需要购入 10000 蒲式耳的玉米，来满足生产需求。

农场主在当时有信心在收获季提供 10000 蒲式耳的玉米，玉米油压榨者确信自己在收获季需要 10000 蒲式耳玉米，并希望提前锁定玉米价格。

玉米的买家和卖家经过商讨达成一致，共同签署了玉米远期合约。约定如下。

约定价格：2.50 美元 / 蒲式耳
约定质量：2 号黄玉米
约定数量：10000 蒲式耳
交付地点：玉米油压榨者的工厂
交付日期：10 月 10 日

卖家签署了远期合同，因此需要履行他交付玉米的责任。

如果在此期间玉米的价格下跌，那么卖家受到了保护，但是买家就损失了机会——他原本有机会以更低的价格买入玉米。如果期间玉米的价格上涨，那么买家就得到了实惠，他可以用较低的价格购买玉米，但卖家就错失了以更高的价格卖出玉米的机会。

我们现在假设，玉米的卖家在签署合同之后，遇到了作物灾害，作物的产量减半。因为卖家约定在 10 月 10 日交付 10000 蒲式耳玉米，但是他仅能产出 5000 蒲式耳，因此他不得不从玉米现货市场，再另行买入 5000 蒲式耳玉米用于交付，因此加重了损失。

同样，玉米的买家也有类似的麻烦。如果玉米油的价格下跌，他就需要减少玉米油的生产量，从而不再需要那么多玉米原料。但是他根据远期合约约定，依然需要接受 10000 蒲式耳的玉米，并为这笔交易付钱。这样一来，他将持有多余的玉米库存，很可能不得不以更低的价格把这部分多余的玉米在市场中转卖。

远期合约相对于生产者持有谷物现货并期待它们未来会涨价来说，已经进步了很多；但远期合约在约定供给或约定需求发生预料外的改变的时候，依然存在非常多的无效之处和不方便的地方。谷物的买卖双方还需要更有效的工具。

标准化合约的发展

随着远期合约越来越常见，一些利用远期合约来进行投机的人出现了。他们希望暂时性地持有远期合约，并对其进行买卖。比如，一个谷物的卖家，想通过签署远期合约来锁定未来交割谷物时谷物的价格，但是却找不到一个谷物买家作为合约的对手。这个时候，投机者可能会介入，他们会充当谷物买家，和卖家签订对手合约。然后投机者会在之后的时间里，再找到一个真正的买家。如果他可以和真正的买家以更高的约定价格签订一个卖出合约，那么他就可以由此获利。

比如说，一个投机者以买家的身份和一个小麦的生产者签订了远期合约。很快，人们预期未来小麦的价格会上升，因此市面上签订远期合约的价格也升高了。这时，投机者意识到他手里的远期合约可以卖出获利了，现在的价格比之前约定的价格每蒲式耳高 10 美分。他可以向真正的小麦买家卖出这个远期合约，并有所获利。在这种情况下，真实的买家是乐于持有这样一份远期合约的，因为这份合约的交货价格比现在市面上能签署的远期合约的交货价格更低。如果不考虑交易费用，那么投机者可以获得这 10 美分的差价，即合同价和最新价之间的差异。对于一个 10000 蒲式耳小麦的远期合约，这个投机者可以获利 1000 美元。

当然你也可以看出，在远期合约上投机是麻烦的、低效的，并且有很多限制。为了更顺畅地进行远期合约交易，在 1848 年，82 家会员单位共同发起成立了芝加哥商品交易所（The Chicago Board of Trade, CBOT）。芝加哥商品交易所将作为中心化的交易场所，为标准化的交易过程提供服务。随着时间的推移，在芝加哥商品交易所交易的远期合约逐渐被标准化，约定了合约标的商品的数量、质量、商品种类、交割地点和交割时间，这些标准化的远期合约越来越接近现代的期货合约。这一从原始远期合约向现代期货合约的发展，可以说催生了商业历史上最灵活、最具创意的定价机制。

虽然芝加哥商品交易所在设立之初的目的是在广泛意义上促进商业发展，但芝加哥商品交易所的第一个成就，就是为小麦的远期合约设定了标准化交易框架，并对标准化框架小麦远期合约的交易活动和合约执行进行督导。由于克里米亚战争和随后的美国南北战争爆发，美国本土以及全球的大宗商品价格经历了数年的剧烈波动。到 1865 年，芝加哥商品交易所为应对价格剧烈的波动，不得不修改原有的交易制度，并催生了真正意义上的第一份期货合约。虽然具体的合约内容在后来又经历了一些修改和补充，但是这个合约仍被视为现代期货诞生的标志。

从基本因素来看，期货合约和远期合约在很多方面有所不同。第一，期货合约是在交易所内交易的，而远期合约仅仅是买卖双方之间的双边合同。第二，期货合约要求其标的商品在进行交割时，具备相同的品质。并且，每一张期货合约都对应相同的具体的标的商品数量，而远期合约的标的商品数量是任意的，由买卖双方决定。

远期合约要求买卖双方自觉遵守约定。而由于期货合约是在交易所内进行交易的，期货合约的买卖者并不需要担心他们的交易对手是否在信誉上诚实可靠，因为交易所的清算机构会保证合约的买卖双方履行他们的交易义务，并设定机制，即使交易对手违约，其义务依然会被执行。而远期合约的买卖双方之间，是没有这样的清算机构的。这就意味着，远期合约的买卖双方都需要仔细调查他的交易对手，以确保其值得信任。

远期合约不允许买卖双方轻易地改变他们之间的交易方案，而期货合约却具备更多的灵活性。比如，一个农场主在 3 月卖出——也就是做空了 11 月到期的大豆期货合约，预期大豆的价格在这几个月的时间内会下跌。然而，由于夏季的干旱，大豆的价格显著地升高了。由于农场主无法产出预期数量的大豆，他可以根据他地里大豆的预期收成，把超出部分的期货空头合约回购回来，从而不必在交割时交付其产量达不到的数量。而对于远期合约，生产者交付的产量是锁定的，他将不得不在交割时按照约定的价格，如约交付约定数量的大豆。

远期合约的价值在其到期之前，是没有市场公允价格的。而交易所会在每个交易日结束时，记录期货合约的市场价格（实际上，随着网络技术的发展，现在只要是在开盘时间，我们都可以很容易地获得期货市场的实时价格）。这就意味着每一个期货合约都会根据当日的收盘价获得一个当日价值。由于交易所可以获得每个期货合约的当日价值，那么交易所就可以计算出持有每个合约所需要的保证金数量。如果一个合约持有者的保证金不足，那么交易所就会要求他补足保证金，否则会对他的持仓进行强制平仓操作。这样，期货头寸上的亏损不会在交易日之间累积，也就降低了违约风险。由于远期合约没有像期货合约一样实行盯市制，因此如果商品价格发生剧烈波动，那么交易对手的违约风险就会很大。

远期合约的交易通常比期货合约更加复杂。复杂的金融交易在期货市场上比在远期市场上更容易执行。如果一家银行以固定利率将在 9 月向借款者借出贷款，并在 12 月回款，那么这家银行将面临 3 个月的利率风险。为了对冲这一风险，这家机构需要在远期市场上进行两笔交易，即在9月进行借款，再到12月还款。而在期货市场上，这家机构则仅仅需要执行一笔交易，也就是卖出一份9月到期的3个月短期利率期货合约（通常叫做欧洲美元合约）。

如果这家银行想在9月之前就平掉这笔交易，也仅仅需要在交易所买回一份9月到期的欧洲美元期货合约，就可以抵消掉之前的空头头寸。

期货合约

期货合约在任何时候都同时具有唯一的一个买家和唯一的一个卖家。期货合约的产生，仅仅依赖于一个买家和一个卖家在某一具体价格达成买卖一致。当买卖达成一致的时候，交易大厅里面就开设了一个新的期货合约。除了开设合约的数量，其他的合约条件都是标准化的、事先设定好的。

作为一个交易员，你需要将买卖指令传递给你的期货公司（现在通常通过交易软件传达，也可以通过电话、传真、邮件等方式传达）。期货公司收到你的交易指令之后，会将交易需求报送给交易所，再由交易所为你撮合成交（现在交易所都是电子撮合，在过去则有专门的场内交易专员为你撮合成交）。一旦你的交易订单成交，这个过程将反过来。交易所会把成交信息返回给你的期货公司，然后期货公司会通过软件推送或者打电话给你的方式，告诉你订单的成交价格等信息。

如果你需要平掉之前持有的期货头寸，你仅需要再进行一次相反的交易。你需要根据你持仓的数量，向你的期货公司提交一个数量相同、方向相反的买卖请求。在市场中，通常只有大概3%的期货合约是真实交割的，其他的合约通常在到期前就通过反向交易的方法平掉了。在期货市场中开设合约和释放合约，实现的方式是相同的。

因为期货合约是标准化的，所以合约的所有权变更和改变并不会影响设立远期合约的初衷，也就是发现价格、便利交割和转移风险。在交割日之前，期货合约可以多次换手。从期货市场发展的历史来看，随着期货投机者的增多，期货市场的有效性在增强，而价格波动在减小。

如果没有期货投机者的买卖行为，期货合约买卖双方的价格分歧会加大（以盘口买卖价差增大的方式表现），同时价格波动会更加剧烈。因此，如果没有期货市场上的投机行为，由于商品价格会更加剧烈地波动，谷物中间商需要赚取更多的利润，来应对由于交易不顺畅导致的价格风险。最终，人们将需要为诸如食品等日常消费支付更多钱。

标准化的重要性

正如之前所说，芝加哥商品交易所在 1865 年为小麦交割制定了标准化规则，这一规则的制定标志着现代期货合约的诞生。尽管远期合约可以用任何数量的商品作为交易标的，根据买卖双方的需求设定交割时间和地点，期货合约的合约条款却是要严格设定的。

期货交易所会为期货合约设定所有的合约参数。交易所会设定期货合约的规模，对应商品的质量品级（诸如美国 2 号黄玉米、30 年美国国债），合约的交割月份，以及在交易月份可以用于交割的时间窗口等。交易所同样需要约定期货合约的交割地点。

比如，在芝加哥商品交易所交易的玉米合约，约定交割对象为 5000 蒲式耳的美国 2 号黄玉米，交割地点限于交易所约定的交割仓库。可选的交割月份为 3 月、5 月、7 月、9 月和 12 月。

标准化促进了价格发现

当交易所约定了所有期货合约标的商品的关键特性后，期货合约的买卖双方只需要关注他们想要买卖的数量和价格就行了。当一个交易者向期货公司发出购买两手 12 月交割的玉米合约的交易需求时，期货公司并不需要考虑交易者究竟想买入哪种玉米，或者交易者希望的交割地点是哪里。所有发生在玉米期货合约上的交易，都是基于同一种商品。除了价格和数量，交易者不需要关注其他任何信息。

标准化促进了期货合约的流动性

合约的标准化意味着任何人，只要有闲置资金，无论是有真实的对冲需求，还是仅仅为了投机，都可以进行期货交易。因为期货合约是标准化的，因此没有人会为自己在交易什么而疑惑。当一个投机者发现了一个投资机会，他可以马上进入市场，而不需要先研究一下他需要买卖什么，以及买卖对象什么时候会交割。

同样，对冲者可以很明确地知道他们交易的期货合约能否对冲掉他们在现货市场的风险。对冲者和投机者一样，可以轻易地进出市场。

随着对冲者和投机者更加活跃地参与市场交易，市场的流动性会改善；流动性的改善则会降低交易成本。当然，一个期货合约要想成功，首先要能满足一定的现实对冲需求。如果不能很好地对冲现货风险，那么这样的期货合约就不会有好的流动性。如果在一家磨坊最需要对冲小麦风险的时候，却没有对应月份交割的小麦期货，那么这样的期货合约是没有什么价值的。同样，如果期货合约对应商品的质量等级和市面主要流通的商品不匹配，从而不能满足对冲需求，那么这样的合约恐怕也不会有什么人交易。

期货合约的设立也需要为投机者的需求考虑。比如，小麦期货合约的具体设定需要满足农场主和磨坊的需求，但是合约的规模设定也需要满足投机者的需求。如果一手小麦合约的标的规模太大，需要太多的保证金，则会使很多投机者负担不起参与交易的资金。同样，如果合约标的规模太小，则会引起很多不必要的麻烦。

标准化提供了更加准确的价格信息

和现货市场、远期市场相比，期货市场为买卖双方提供了更加准确的价格信息。远期合约的交割日期和交割地点往往各有差异。对于大多数人，尤其是非行家来说，有差异的合约意味着有很多不同的价格，因此很难确定市场的公允价格在哪里。而期货市场不同，期货合约的标的是高度统一的，因此具有统一的价格。

期货的价格实际是现货价格和持有成本（利息、保险、贮存费用等）的加总。持有成本通常不能在现货价格中得到体现。

库存管理的意义

为了进一步了解期货市场的驱动因素，你可以假想自己是某一商品库存的管理者——譬如大豆。一开始，到了收获季，大豆的供给非常充足。

对于一个商品库存管理者来说，他首先需要对“商品供需发生变化时，商品价格将如何反应”有足够的了解。经济学里面提出了商品的价格弹性这一概念，用来描述商品的价格发生变化时，商品的供给或者需求发生变化的程度。如果商品价格的升高或者降低，可以引起商品需求明显的变化，那么我们说这个商品在需求端是富有弹性的；如果商品价格的升高或者降低，可以引起商品产量的明显变化，那么我们说这个商品在供给端是富有弹性的；如果商品的供给或者需求对商品价格的变化几乎没什么响应，那么我们说这个商品在供给端或者需求端是非弹性的。

多数食物和饲料商品对价格的变化是敏感的。如果大豆价格飞涨，大豆的用户会去寻找大豆的替代品，或者控制他们对大豆的使用。养殖业则会转向其他饲料。植物油生产者也有许多非大豆的替代品，比如葵花籽、玉米、棕榈或者椰子。

职业的库存管理者了解大豆的价格是富有弹性的。商品的价格在很大程度上受供给和需求关系影响。在收获季节，由于大豆不能长期贮存，即使长期贮存也非常昂贵，因此大豆必须及时销售。这时，大豆的供给十分充足，所以在收获季节，大豆的价格很低。

对于大豆价格受季节性因素影响的研究，可以让我们比较清晰地发现，现货大豆价格十有八九会在 10 月或者 11 月见底。因此，库存管理者会将收获季当作一个好的买入时点。接下来，库存管理者就需要决定买入的数量，或者是否要稍作等待以匹配大豆的使用需求。这就需要库存管理者对市场的供求情况进一步进行分析。在美国的晚秋，南美会开始种植作物。种植面积有多大？亩产如何估计？巴西和阿根廷政府会出台什么样的生产和出口政策？

考虑到美国的农业会计方法和税收政策，为了平衡不同税务年度的收入，农场主会持有大豆到下一个税务年度。一般来说，新的税务年度开始于3月1日。这样的市场行为同样为库存管理者提供了另外一个买入机会。与此同时，南美的大豆也会在这个时间段收获，市场的供给又会变得非常充足。

因此，一个库存管理者需要在10月决定当时的买入量，因为下一次买入机会要等到来年3月。技术分析手段在这时会很有帮助。通过观察价格图表，库存管理者可以发现一些有用的信息。价格是否接近长期或者短期的支撑位？市场的波动性如何？这些信息会帮助库存管理者决定未来价格会是窄幅震荡，还是宽幅波动。由于大豆是非常富有价格弹性的商品，它的价格变化会显著影响供需。

作为一个库存管理者，上文提到的这些已知和未知的因素，你都需要紧密地关注。这些问题不仅仅对大豆适用，也同样适用于其他所有商品。如果你交易的是利率和债券等金融商品，那么你可以用银行资金主管的视角来审视资金的供需情况。如果你交易的是标准普尔500指数，那么你可以把自己当作一个基金经理，如果你有2000万美元的资产组合需要被管理，你会怎样做？

这些把自己设想为库存管理者的思维练习，可以帮助你对市场的基本面有一个全面的了解。你可以通过基本面信息，对于市场未来的上涨、下跌或者盘整有一个基本的判断。如果判断市场未来会上涨，你可以持有期货多头或者买入看涨期权；如果判断市场未来会下跌，你可以持有期货空头或者买入看跌期权；如果认为市场会盘整，你可以不参与交易，或者学着在市场的波动区间内做反转交易。

在交易之前，你也需要了解你对自己判断的信心。如果你在季节性信息、基本面信息和技术面信息上发现了互相矛盾的地方，你最好不要轻易地进行交易。当所有的信息均指向相同的结果时，你就可以更有信心、更果断地进行交易。

择时也是期货交易很重要的一部分。即使你的分析判断是绝对正确的，但是你依然可能会在期货交易中亏钱，尤其是在很短的时间尺度上。从长期来看，你必须有足够的资金和耐心来捕捉正确的交易机会，或者不断地以较小的损失结束失败的交易，直到巨大的获利机会到来。

你也同样不能认为你的分析是完全正确的。市场上总有许多未知的因素，诸如港口罢工、洪水、干旱、政府强制干预等。这些未知因素可以使市场掉头，向对于你的持仓不利的方向发展。因此，你需要学会一些技巧，比如保护性的止损订单，以此避免一些意外的损失。

期货市场的价值和好处就是，期货合约可以完全反映现货市场的价格。当期货合约到期的时候，所有未平仓的期货合约，或者要求进行标的商品的实物交割，或者会以现金结算。这样，现货市场和期货市场就统一在一起了。

如果你画出某一交易集散地的现货商品价格走势图，并和这一商品对应的期货价格进行对比——特别是近月合约，你会发现这两者的价格通常是一起波动的。图形在幅度上可能会有略微的差异，但是价格波动的特征是高度相似的。比方说，现货价格可能来自于作为交割地点的谷物码头。当地会有一些特别的因素，对现货价格有少许额外影响，因此使得期货和现货价格略有差异。

同样需要注意的是，期货价格其实是某一商品在未来某一特定时刻的价格。新闻、商品研究报告、经济周期性因素、季节性因素等，会最先影响期货价格，并且影响幅度大于现货价格。在这之后，这些影响才会传导到现货市场。有时，现货和期货的市场价格，会有两到三周的传导过程。最终，在交割的时候，这两者的价格还是会合二为一。这种机制使得期货市场的价格可以有效地反映实际的供需情况。

因此，商品的使用者和生产者即使并不交易期货合约，他们还是愿意时刻关注期货价格的走势。他们知道，在交易大厅里发生的变化，最终会在庄稼地里、矿山中或者银行资金池里反映出来。

另外，库存管理者也可能是对冲者，将持有风险通过期货合约转移给投机者。这也是库存管理者需要紧跟期货市场的另外一个原因。

一旦你了解了现货市场和期货市场的紧密关系，你就可以用库存管理者的思维，以更具备洞察力的视角，参与到期货交易中。现在，我们可以研究一些具体的期货价格趋势，并以库存管理者的思维，决定我们的应对方法。

交易上涨行情

现在假设你是一个大型大豆压榨公司的库存管理者，你负责维护30天的大豆库存。你的年度奖金主要依赖于运营库存带来的利润。为了获取利润，你需要仔细地选择大豆的购买时机。

现在收获季已经结束了。大豆价格触底后，开始了季节性的上涨行情。于此同时，南美大豆的生产遇到了意外的麻烦。每一次库存管理者查看大豆期货价格，大豆的价格都在上涨。面对这样的情形，大部分库存管理者会决定买入一定的库存，并且随着价格上涨，买入更多的大豆。

如果所有的库存管理者都这么做，那么会使上涨行情如何发展呢？这会使得大豆价格短时间内快速地上涨。随着价格暴涨，所有人都陷入了恐慌。羊群效应开始发酵。买家变得不计代价，愿意以任何价格买入。卖家则会变得惜卖，因为他们觉得明天价格会更高。可怜的库存管理员非常担心自己无法买入足够的库存，最终因为现有库存被用光而承担责任。

之后，价格变得更加不合理——大豆价格达到13美元每蒲式耳。大豆压榨公司的经理指示库存管理者不要再买入大豆库存了。现在大豆价格过高，大豆加工已经无法盈利了。现在更合理的决定是暂时关停大豆加工厂。

与此同时，很多大豆生产者已经积累了很多纸面富贵，因此开始为现货市场增加货物供应。一些有现货对冲的期货市场空头也选择进行实物交割，因此进一步增加了现货市场的供给。其他卖家也开始担心自己错过现在的好卖点，开始加入售卖行列。这些因素使得卖家们希望尽快卖掉自己的商品，价格开始下挫。而随着价格下挫，买家开始惜买。这样的行为解释了为什么很多商品价格在顶部都有非常尖锐的价格峰，并且以比上涨更快的速度下跌。

交易下跌行情

如果大豆价格进入下跌趋势，库存管理者可能就不会买入库存了。库存管理者只愿意每次买入足够开工的量，因为他们之后可以以更低的价格补入库存。耐心有时会有所回报，但是从长期看，充足的供给会促生更多的需求。市场会逐渐筑底，价格会最终掉头上涨。

交易整理行情

那么一个库存管理者如何应对不涨不跌的震荡行情呢？如果价格在一个价格通道内运行，当价格接近通道上沿时，买家会认为目前价格过高了，而不会进行购买。当价格转而下跌，买家会逐渐觉得价格已经很合适了，他们会进场买入，而买入行为支撑了价格，形成了价格通道的下沿。

最终，价格通道会被一些因素打破。这些因素可能是一些基本面新闻，譬如旱灾或是增产。这些供需面的改变，促成了新的价格趋势形成。

你在应对价格变化时的情绪反应和直觉反应，也是值得注意的。毕竟，市场就是所有参与者对于过去发生的事情：正在发生的事情和大家预期发生的事情所产生的反应的总和。简单来说，期货市场的价格就是所有市场参与者和市场影响者观点的总和。

做正确的决定

当你把自己设想成库存管理者，你需要考虑一下自己将面对的一些特殊情形。一个库存管理者可以为一个公司管理商品库存，也可以代表一个国家进行库存管理。所以，你需要了解商品市场的状况和库存管理者动机之间的关系。如果你想了解谷物价格的长期走势，你需要从不同的角度审视目前的市场状况。这样，你才有可能洞察不同参与者将会做什么，以及他们的行为加总起来，会如何影响谷物的价格。

不同库存管理者的行为动机是有很大差异的。比如一个南美的库存管理者作为净出口方，会和一个来自东欧的作为净进口方的库存管理者在行为动机上有很大差异。同样，你需要了解诸如美国这样国家的政治动机，因为美国经常把粮食出口作为政治筹码之一。在现在的情况下，谷物似乎正在筑底，那么全世界不同的库存管理者，将如何思考这一现象呢？

美国农业部（The United States Department of Agriculture, USDA）受美国国务院要求，需要缩减它的预算，因此，美国农业部希望谷物价格升高，从而缩减其对农户的补贴。与此同时，美国国务院和白宫则由于政治问题，不愿意为某一出口对象国提供信用支持，这样这个国家就没办法从美国进口谷物，影响了谷物的需求和未来价格上涨的预期。你可以通过分析，得出限制信用担保的行为将承受非常大的政治压力，所以美国农业部会在这个问题上获胜。这个结果，对于谷物价格来说将是利好。

而南美的几个谷物种植国家作为谷物生产者，在谷物流通上有一定控制力。他们也同样有很多经济和政治压力。他们可能急需卖出谷物，是非常急切的卖家，但是由于无法提供国际信用，他们很可能被迫选择降价来增加销量。

作为一个库存管理者，你需要仔细研究全球主要种植国之间的政治拉锯战所造成的最终影响。你可能分析得出“需求更加强劲，因此价格会上涨”的结论。但是，上涨的节奏也是有差异的。价格上涨可能会非常缓慢，上涨过程平稳有序，市场中有很多愿意出售的卖家，而激进的买家已经耗光了大部分资金，因而没有办法快速推进价格。

历史上，比如独联体国家这样大的谷物进口者，是丰收季节美国谷物的活跃买家。这一时点是谷物价格周期性的低点。这些国家的库存管理者在一年中的这个时候，会自然买入一部分谷物。在这时，你能看到一个市场是如何筑底的。那么，当一个市场见顶的时候，库存管理者愿意持有什么样的仓位呢？

首先，你得清楚自己是一个商品买家的库存管理者，还是一个商品卖家的库存管理者。当市场见顶的时候，买家的库存管理者会试图尽可能少地购买，仅仅买入足够开工的量就可以了。他们希望在价格上涨到他们无法接受的程度之前，市场就率先开始下跌。

卖家的库存管理者有可能在这个时候不愿意卖出商品。他们可能会期待之后能以更高的价格卖出商品。正是因为买卖双方这样的想法，市场的顶部往往是尖峰状的，同时又由于这时市场情绪比较激动，在尖峰之后有可能会跟随一定的反弹。

现有持仓量是影响库存管理者行为的重要因素

现有持仓是理解市场筑顶和筑底过程的另一个重要因素。一般认为，现有持仓量是在某一到期月份的期货合约上开立的所有多头和空头合约的总和。或者也可以认为，它是市场上在某一合约上已经开立，但是还没有通过反向交易平仓或者通过交割而执行的期货合约的总数量。

当市场接近历史低点的时候，期货合约的持仓量开始增加，价格开始稳定或者开始反弹，那么可以推断库存管理者们这时正在快速地增加他们的库存。同样，如果市场接近顶部，但是持仓量规模却在下降，那么现在生产者的库存管理者就在卖出商品。一般来讲，随着库存管理者进行买卖，市场的价格会跟随他们的行为而发生变化。

市场中对于商品价格有最大影响力的一方，就是那些有实际对冲需求的人。具有实际对冲需求的人，有可能是商品的生产者，也有可能是商品的需求者。他们按照计划，需要销售或者使用商品。这些人及他们企业的业务不能脱离对应的商品。这些有实际对冲的需求的人，不会被暂时的政治因素或经济因素影响，他们既不疯狂，也不愚蠢。如果商品的期货价格超出合理范围太远，他们不会做过于激进的交易。

牛市解析

理解牛市（上行趋势行情）和熊市（下行趋势行情），对于在期货市场取得成功来说非常重要。

通常，每一个大级别的牛市都存在7个不同的状态。你必须学会在每个状态完全形成之前，识别出市场目前所处的状态。通过训练识别牛市状态，你就可以追踪趋势，从而取得期货交易的成功。

1. 牛市的诞生

很奇怪的是，牛市一般诞生于商品过剩的时候。商品过剩，会使得商品运输规模增大，商品流通增加，并促使对商品的新的使用需求出现。当一个商品供给过剩时，通常商品的使用量会增加。低廉的价格、充足的供给，使得商品的使用者非常有信心。他们积极地进行扩张，开发出新的商品使用途径（比如玉米糖精、玉米油、玉米乙醇汽油等），去招揽更多的顾客，并且签订长期的供货合同。这一系列的行为，最终会增加对商品的需求。

从技术分析的角度来看，过剩的市场状态往往伴随商品价格圆弧底的形成。圆弧底的前半段，以逐渐减缓的下跌趋势和缩窄的交易波动区间构建出。绝对意义上的圆弧底部，通常是基本面信息最看跌的时候，同时商品价格徘徊在非常小的交易区间里。当所有的新闻都在说玉米价格将一文不值时，玉米期货价格实际上却在一个很小的（比如2美分）区间内震荡，当利空无法使市场进一步下跌的时候，市场很可能迎来了大底，这对你来说是个好机会。当市场不再对看跌的信息做出下跌反应的时候，这是牛市来临的最早信号。

2. 缓慢地上涨

另一个牛市来临的征兆，就是价格开始缓慢地上涨。像缓慢下跌一样，缓慢的上涨将形成圆弧底的右侧部分，最终共同构成了整个圆弧底。这一过程的上涨速度非常慢，同时价格波动会比筑底时期扩大一些。从基本面上看，商品的供给端并没有发生明显的改变，但商品需求者对商品的兴趣却开始发生微妙的变化。那些研究基本面的人，开始思考是不是有一些基本面因素可以推高商品价格。加拿大是不是可能会面临小麦短缺？如果巴西的咖啡减产怎么办？如果新建房屋开工率增加了10%会有什么影响？如果战争爆发怎么办？但是这些不确定的基本面因素实际上是猜测，并且其中的很大一部分并不会实际发生，因此这些猜测不会明显地影响商品的价格，而真正缓慢推高商品价格的原因，是大家在犹豫不决时，持有商品所需要花费的成本。

3. 价格突破

牛市的第三个阶段是非常有意思的阶段。它常常悄悄地发生，并没有什么公开的供需信息相伴。在技术交易者的术语中，这个阶段叫“技术性突破”。这个术语也可以解读为“市场发生了剧烈的上涨，但是我们并不知道是因为什么”。

技术上看，这一阶段的价格往往从之前圆弧底的底部区间突破开来，通常会有几个交易日甚至连续数周的快速上涨。但是这样的过程因为没有基本面的进一步支持，往往很难一直持续下去。这样，突破后往往会形成一个价格回落构成的价格峰，或者价格维持水平形成的价格平台。在这一阶段，价格从之前的圆弧底区间突破开来，但是市场的观点是非常不一致的。这时的基本面信息和技术面信息常常相互矛盾，甚至截然相反。

4. 快速上涨

当进入牛市的第四阶段时，市场中会出现越来越多更具体的信息。一些不那么重要的基本面信息出现了，比如美国中西部的天气状况飘忽不定，可能会对谷物市场的价格有影响。更多可能发生的利多因素也出现了。因此，这一阶段虽然有快速上涨，但是多头的信心并不充足，因此行情振荡起伏，上涨可能需要花一些力气。市场总是在上涨过后，又快速下跌一小部分。但整体上，这些快速上涨和之后的下跌，可以维持在45度趋势线之上。当价格跌回到趋势线附近时，交易者对于买入又重获信心。

5. 爆炸性的基本面消息

在技术分析层面上，这一阶段常常会出现跳空缺口。这一阶段，看涨的基本面消息会浮出水面，被更多的人接受。商品的使用者这时不得不连滚带爬地补足库存，而商品的卖家则开始惜卖。很有趣的是，那些分析者和新闻媒体在这个阶段往往会变得谨慎，觉得市场可能有见顶风险了。

6. 暴涨

在牛市的第六个阶段，市场开始真正的暴涨，上涨阶段几乎没有什么回撤，并且受越来越多的基本面信息支撑，涨幅越来越高。这个时候，公众全都注意到了这波上涨行情，连那些从来都没有交易过期货的人，都跃跃欲试，想加入到多头的行列当中。这个时候，新闻媒体还会报道那些因为商品价格飞涨而无法补足库存的生产者因此而破产的消息。

7. 收割

在第七个阶段，疯狂的投资者已经开始卖出他们其他优质的资产来加入到看多的大军当中了。大量的媒体在报道看多的信息，人们无法抵御价格上涨的诱惑。当你在《华尔街日报》等主流媒体阅读到越来越多这样的信息时，你要确保已经为自己的头寸设好了保护性止损订单。从技术经验上来看，市场在这个阶段仍然会跳空上涨，在有限的几个交易日里面连创新高，然后，市场开始收割已经长好的韭菜。接下来市场将哀鸿遍野，损失如瘟疫蔓延。期货有关当局在这之后，会开始考虑更加有效的监管措施，以避免投机带来的巨大风险。

熊市解析

熊市的下跌速度往往比牛市的上涨速度还要快。产生这种现象的一个原因是，熊市的成交量更小。由于成交量更小，因此价格变得更加捉摸不定和动荡起伏。市场中缺乏足够的交易来延缓下跌的趋势。低流动性的市场也因此对交易者来说更加危险。你必须要时刻紧盯市场。所有市场的成交量情况都会由交易所统计，并在交易软件或者各大金融报刊中报道出来。

和牛市一样，熊市也有不同的阶段。

在熊市的第一个阶段里，新的看多信息已经无法再推高价格。市场里或是没有人愿意相信这样的信息，或是大家都觉得市场早已经反映了这样的信息。

之后，市场开始几次较大幅度的回撤，通常能达到之前上涨幅度的 33%、50% 或者 66%。很多持有多头的交易员——多数是小资金量的散户，亏了很多钱而不得不被强平。因为开始回撤之后，就不再有新的看多信息进入市场，市场的下跌自我加强。

在回撤之后，市场一旦遇到了一些支撑，结束了回撤过程，可能会进入一个盘整的阶段，甚至有时市场还会小幅上涨。这一阶段的上涨是非常具有迷惑性的，盲目抄底会带来很大的损失。

最终，看多的消息变得非常少，甚至消失。这时，市场的价格会跌到一个非常低的位置，使得库存管理者认为是时机补充一下库存了。这时，熊市到达了终点。

价格发现的过程

深刻理解市场发现价格的过程，对于在期货市场取得成功非常重要。如果你能够理解市场如何发现价格，那么那些对新手交易者来说完全随机的价格波动，对你来说却是可以识别的，你可以通过这样的交易机会来获利。

把期货市场想象成一个公开投票过程。期货公司是投票调查者，他们对每一个参与交易的人进行问卷调查。“你认为未来的黄金价格将怎么走？”“根据你的判断，你认为现在原油价格是过高还是过低？”这些问卷的结果最终汇总到交易大厅，并且进行统计。而这些问卷调查的结果，在每个交易日结束后，被转交给纸质新闻媒体、电视和互联网媒体，之后被报道出来。

参与这样调查问卷的人，对于自己的回答是非常真诚的，因为他们为自己的观点付出了真金白银。加总在一起，这些调查结果实际上就可以代表整个金融业的想法、研究结论和情绪。这些被调查的人，可能会受到新闻媒体、个人财务状况或者世界上其他所有已经发生或者正在发生的事情的影响。

研究分析这些调查结果是有意义的吗？是的，通过研究，我们可以发现长期的价格趋势。《大趋势》（Megatrends）的作者约翰·奈斯比特（John Naisbitt）就是这样做的。你会从综合影响的角度，来最终理解市场的走向。通过阅读、收集和研究大量而广泛的，看似不相关的数据和信息，专家最终可以分析出很多准确而有价值的趋势，供决策者和商人们使用。

这一过程和期货市场的基本面分析非常相似。然而，即使你能够发觉长期的宏观趋势，你还是很难决定具体如何在市场中把握交易机会。同样，这些发现对于你进行交易择时也帮助不大。很多交易者，还是需要依赖于技术分析手段和图表分析手段进行具体交易。

左脑与右脑交易

科学研究表明，人类的大脑由左半脑和右半脑组成。从天性上，左半脑用来进行逻辑分析，而右半脑则用来进行创造性和艺术性的工作。

在选择交易机会的时候，你需要通过左脑来进行基本面和技术面分析。当你完成了研究工作，或者听取了你的期货投资顾问的建议时，你已经对这些信息有了比较深入的理解。这时，这些有效的研究会进入你的右脑，进行进一步的解读。你的创造性理解力会帮助你识别交易图表中的交易机会。对于很多成功的交易者来说，直觉是非常重要的。交易员可能会抓住一些看似冲动的交易机会，但实际上，这一决策已经经过他们左右脑的共同加工，十分明智。我们经常看到一些成功的交易员在临睡前对市场进行了深入的研究和思考，枕着数据入睡，结果第二天的交易状态有如神助。

好的商品交易顾问（commodity trading advisers, CTAs）在不同的时候会使用不同的分析工具。在某一时刻，他们是基本面交易者；然而在另一些时候，他们却是技术分析的虔诚信徒。

有经验的分析者会根据现在的市场状况来使用不同的分析工具。一些分析技术在市场处于上涨或者下跌趋势的时候有不错的效果，但是在震荡的市场环境下则是无效甚至危险的。一些技术图形比其他的图形更加可靠。有的时候，基本面信息清晰而有效，而另一些时候，基本面信息则是互相矛盾的。

时至今日，市场中有大量的基本面和技术面信息可以提供给交易员和交易顾问，也因此，一些被广泛使用的分析信号变成了自我实现的过程。所有人都明白玉米突破之前的阻力位或者跌落之前的支撑位这样的信息，因此当向下突破的时候，人们都会预期更低的价格而进行做空，这样就自我实现了价格的下跌。

完全自动化的交易系统是最好的吗？一般来说，一个由电脑程序自主控制的交易系统会减少在交易分析当中的主观干扰。但是，使用这样的交易系统，就像乘坐一架完全由计算机自动化驾驶的飞机一样，你会觉得不安。因为有经验的飞行员可以在特殊的情况下做出适当的反应，但是程序不能。期货交易是一份需要冷静、精确计算，但同时也依赖人类直觉的工作。如果一个交易员对某一方面过于关注，而不完善其他方面，他很难取得成功。

为了应对交易的压力，你必须对概率论有所了解。交易是一项要么成功、要么失败的投资活动。一些交易会取得成功，很多的交易会亏损。你必须一个一个交易去尝试，直到捕捉到获利的那笔交易。“斩断亏损，让利润奔跑”，说的就是这个道理。

你可以通过多样化，在不同市场交易不同的交易品种，以此增加在正确的时间做正确的交易的概率。这就需要更好的纪律性和资金管理技巧。这两点对于你在期货市场的生存非常重要。而对概率论的理解和使用，会给你在期货市场上带来优势。

ALL ABOUT FUTURES

03

第三章

制定交易目标，创建交易组合

核心概念

- 设定合理的交易目标
- 把交易计划记录下来
- 记录交易日志
- 选择交易组合

期货行业比其他任何行业都有着更多白手起家、一夜成为百万富翁的人。但从整体上来看，交易行业的真实情况却是大部分的个人投资者都是亏损的。因此，在进行交易之前，你最好设定合理的交易目标。合理设定的交易目标可以作为你每一段努力的标尺，用来衡量你的阶段性成果。学会这样做，你就会很清楚自己什么时候实现了目标，什么时候和目标还存在差距。

设定合理的交易目标

如果你想成功地实现交易目标，很多时候需要你把目标形成书面文字。这会使目标更加真实。更重要的是，你不会把自己设定的目标抛诸脑后，因此会有更大的概率实现它们。

在设定目标时，你可以准备一个清单，来记录你实现目标所面临的不利因素。这些不利因素可能是你没有足够的资金，或者是你对期货交易知识了解得不够，或者是你还没有开发出一套完善的交易系统，又或者是你能够用于交易的时间不够。不利因素也可能是你在某些方面过于激进了，比如你过于乐观、贪婪和自信。你也有可能受制于物理条件的限制，比如，你没有获得实时行情的途径，所以你没办法进行日内交易。你可能需要一台电脑去实践你现在的交易系统。或者，你现有的工作让你在工作时间或者一天中的一段时间里无法接触市场。无论你的交易限制是什么，你都必须在制定交易目标之前，先行考虑好。

大部分交易者的最终目的，都是从市场中赚钱。我们实际要考虑的是，我们要赚多少，以及要以多快的速度赚到。你是不是想每个季度都使你的资金翻倍，或者把你的交易资金尽快翻几倍？

你的目标越激进，你就需要承担越大的风险。请记住，实现你致富目标的唯一方法，就是在正确的时间做正确的交易。但是为了规避风险，你需要分散你的投资，在同一时间交易不同的标的。

对于一般的交易者而言，你只能在有限的时间内选择有限的交易对象。即使你的分析是绝对正确的，由于你的分析需要时间，你也有可能因为决策过晚而错过交易机会。而且，当你的资金不充裕的时候，如果你在其他的交易上亏了钱，你可能就没有足够的资金来把握可以盈利的交易机会了。因此，你必须了解自己在交易上面临的各种限制，否则你是没办法制定真正可实现的目标的。

把交易计划记录下来

在用文字记录交易计划的过程中，你并不需要过于正式和事无巨细，但是记录的内容应当能够回答下面的几个问题。

交易计划核对表

- 我是否在心理和财务上适合进行这笔交易？
- 我的交易目标是什么？
- 我的交易限制是什么？
- 我将如何把这笔交易记录在交易日志上？
- 我需要交易期货、期货期权，还是两者都要？
- 我要交易哪个品种的哪个到期月份的合约？
- 我将如何进行投资分析？
- 我将使用哪种交易系统？
- 我是否有果断有效的资金管理系统？

- 我将使用哪种交易策略？
- 我将使用哪种交易订单？
- 我需要期货公司为我提供什么？

一旦你可以很好地回答上面的问题，你就可以联系期货公司进行交易了。

把交易结果记录在交易日志中

交易日志是一个值得你坚持去做的记录。详实记录的交易日志，能够帮助你从那些失败的交易者中脱颖而出。交易日志有两方面的作用。一个作用是帮你记录你选择或者放弃一笔交易的具体原因；另一个作用，则是如实记录你的交易状态，以供之后检查。

很多期货交易员都认为记录交易日志过于麻烦。他们并没有意识到记录自己的交易活动的价值。他们会想："我会从期货公司收到月度的交易数据，那就足够了。"

首先，在月度交易数据中，是没有你进入一笔交易的具体原因的。例如，在进行一笔交易的时候，当时你预期市场将如何走？你当时的收益风险规划是怎样的？你因为选择了这笔交易，而舍弃了哪些可能盈利的交易？哪些基本面和技术面信息让你选择进行这笔交易？你最开始被什么吸引，从而进入了这笔交易？

记住这句谚语："不能记录历史，你将重复悲剧。"交易是一个非常个人化和情感化的艰苦旅程。就像人们可以从随机的墨点上看出图形一样，人们很多时候也这样来解读交易图表，并基于自己的解读来进行交易决策。很多优秀的交易员都会说他们有优秀的直觉。他们说，他们可以像猎犬一样，在交易机会来临之前就率先"闻"到利润。

交易员可以依赖直觉进行交易的观点是有一定道理的，但是记录交易日志可以激发思路，并澄清假设。研究人员分析了世界顶尖交易员的行为方式，发现他们的交易虽然看似简单，但绝非看起来那么随意。伟大的交易员会详实地记录他们在开市前、开市中和休市后的行为。他们从错误中学习，以避免重复错误。他们从胜利中学习，重复做正确的事情。有效的历史记录可以防止人们渐渐忘记过去发生的事情，从而无法有效地理解现在的情况。没有这些记录下的事实，人们很难对自己完全诚实。

因此，在实际进行一笔交易之前，你应当把你的交易思路和当时的情绪记录下来。即使仅仅是你的直觉觉得玉米会涨，你也应当把这些记录下来。记录下来为什么你会有这样的感觉，是因为新闻消息，还是因为图表形态，或者是因为其他的什么？之后，你或许有机会解答自己当时的疑问，并对市场有更深刻的理解。

可靠的直觉在期货交易中非常重要，就像直觉在其他人类生活中也扮演着非常重要的角色一样。期货价格的趋势和构成的期货图形形态，本质上就是期货市场在某一时刻参与交易的所有人的直觉和情感状态的综合反映。有经验的交易员可以通过直觉感知市场运行的方向，就像一个猎人可以靠直觉找到猎物一样。

你的交易日志可以帮助你训练你的交易直觉，或者抛弃掉那些无效的因素。你可以通过记录交易日志，学习到哪些发现是没有意义的，而哪些则非常重要。

如果你已经打算开始记录交易日志，那么你的交易日志需要记录下什么呢？或者你在什么时候需要开始记录，以及你在哪里记录这些信息？

实际上，交易日志是你交易系统的一个反映。通过问自己：“我是如何选择交易的？我的核心指标是什么？我的交易目标是什么？”你可以获得一些记录交易日志的感觉。比如，一般来说，一个交易员在进行交易的第一步，就是判断自己交易的市场是在上涨行情当中，还是在下跌行情当中。这可能是你最先要记录在交易日志当中的。之后，你可以对关注的其他交易信号做同样的事情。你要保持你的交易日志前后一致。

你需要多频繁地记录或更新你的交易日志呢？你可以从几个方面来判断。第一，你是一个长线交易者，还是一个短线交易者？第二，你交易的是那些价格波动缓慢的商品，比如燕麦期货，还是那些波动迅速的，比如标准普尔500指数期货？在每次检查交易状况的时候，你就应当有所记录。检查交易状况，一般指评估自己的现有持仓，并且考虑是否要进场或者出场。

交易日志的最佳格式是什么样的？对于一个日内交易员来说，一个由时间表构成的分时记录系统就是不错的。或者你也可以用电子化的表格，这样便于复制和保存。之后，我们要决定需要记录的对象、时间、地点和方式。

我们需要记录得多详细？这个问题就像问人的腿应该要多长一样，简单来说就是要长度刚好能够着地。交易日志应当满足你的基本需求。记录交易日志的核心目的是帮助你在交易上取得成功。最差的交易日志，就是变成没有实际参考价值的繁琐工作。如果你觉得你没什么好记录的，那么可能是你记录的对象不正确。

简洁通常使交易日志更加有意义。比方说，你购买了一项每周获取一次或两次期货分析图表的服务。在你分析每日交易区间的时候，你就可以把交易日志写在上面。你可以把交易图表截图，放在你的电子表格上面。当你平仓了一笔交易，你就把交易结果记录下来。之后，回顾你记录交易的期货图表，分析你的交易表现。在交易日志的最后，用两三句话加以总结。就是这么简单。

选择一个期货投资组合

一个期货投资组合可以帮助你规避保证金不足或资金不足的问题。不同商品的不同期货合约需要的保证金是不同的。不同的交易所（芝加哥商品交易所、芝加哥商人交易所或者纽约期货交易所，又或者我国的大连商品交易所、郑州商品交易所、上海期货交易所、中国金融期货交易所等——译者注）会为在其内进行交易的期货合约设定保证金要求。保证金要求一般根据合约规模和对应商品的价格波动性来设定。保证金可以是几百美元，也可以是数千美元，依据商品的不同特性而有所不同（我国也是一样，保证金可以是几千元人民币，也可以多达几十万元人民币——译者注）。一般来说，推荐只使用你账户资金的一半作为保证金，这样可以避免在价格剧烈波动的时候由于保证金不足而被强平。

保证金的作用是保证交易者为他们的交易行为负责任。保证金在每个交易日之后进行严格的清算。像燕麦期货这样的品种，保证金很低，通常不到500美元每手。芝加哥商品交易所规定一手燕麦期货对应5000蒲式耳现货。燕麦的每蒲式耳价格在过去25年维持在1.00到4.00美元之间。大多数时间，价格是在1.00到2.50美元之间。因此，一手燕麦期货的总价值一般在5000美元到20000美元之间。

燕麦期货的每日波动甚至每周波动都非常小。因此，那些资金量不足的投资者可以在燕麦期货上开始交易（我国投资者可以尝试交易PTA，保证金需求同样非常小，通常在几千元人民币左右——译者注）。你可以交易一手或两手燕麦期货。当然，作为一个燕麦交易员，你需要考虑你期望的收益，或者说是你的收入目标。因为你的资金量很小，所以你要考虑交易收益是否值得你为之付出辛劳。

在5年的时间里，本书作者的独有交易系统——沃森道夫交易系统（the Wasendorf Trading System, WTS）在模拟测试中，在每一手燕麦期货上赚取了11425美元的收益。因为不同期货公司的手续费差别较大，因此收益统计并没有考虑手续费。如果你把交易收益分散在5年中，那么每年的收益是2285美元。根据统计，这个交易系统每年大概交易7次。如果你每笔交易支付125美元的交易费用，那么你每年仍有1 410美元的净收益，或者大概是你需要支付的保证金的3倍。你如果投入2 500美元作为交易资金，使用500美元作保证金，那么你的账户大概有50%的年化收益。当然，在过去5年中，会有一些阶段是亏损的。也正因如此，你需要比理论上更多的保证金来应付你的资金规模波动。另外你也需要知道，一个交易系统的历史表现并不保证其将来的表现。

一些人会说，交易燕麦期货是很无聊的。如果你一年交易5到10次，那么你每个月平均下来将交易少于一次。并且，其中的 3 到 4 次交易可能就是常规的换月交易。换月交易指的是当你持有的期货合约即将到期的时候，你把你的持仓从这个合约转换到另外一个还在活跃交易的合约。比如，你可以从 6 月份到期的燕麦合约换月到 9 月份到期的合约。这样做，你可以保持总是持有活跃交易的合约。在交易中，你可以通过反向交易来迅速逃离不利于你的市场趋势。你也可以做反手交易，比如原本持有多头，平掉后再同时开仓空头。当然，另外一种从市场中脱离开的办法就是根本不参与交易。

选择一个分散性的期货投资组合

在选择分散性的期货投资组合的过程中，一个基本方针就是尽可能在不同类型的交易上分散风险。这一过程既是进攻性的，也是防守性的。进攻性在于，期货交易需要你在正确的时候做正确的交易。通过同时交易不同的期货合约，你有更多的机会去捕捉到一波大行情。没有人可以预测市场的下一个大波动是向上还是向下的。因此，参与更多的市场，你就有更多盈利的机会。

从防守的角度来看，通过把你的资金分散在不同的市场当中，你不会在每一个市场中都亏损，因此你的资金的波动会有所减少。

从经验上来看，不同的期货行业板块，一般具有较低的相关性或者负相关性。这意味着他们不会同时涨跌。当一个板块上涨的时候，另一个板块可能在下跌，而其他的板块在震荡。比如，谷物市场的价格一直在上升，这一过程会给牲畜养殖者很大压力，他们的饲养成本升高了，他们的利润会下降。因此，为了解决财务压力，很多牲畜需要提前卖出，这增加了牲畜的供给，造成了牲畜板块价格下降。把鸡蛋放在不同的篮子里，这样你可以避免被一网打尽的风险。

因此，一个分散化的期货投资组合可能是这样的。

谷物：玉米、燕麦、大豆

肉类：牛、猪

食物 / 纤维：咖啡、棉花、白糖

金属：黄金

能源：原油、燃料油

金融：日元、美元指数、迷你债券指数、标准普尔 500 指数

一个由 15 个交易品种组成的期货投资组合，像上面列出的那样，大概需要 40000 美元到 50000 美元的保证金。在极端时期，比如 1991 年伊拉克战争时期，由于市场波动过大，所需要的保证金也大幅升高。在当时，原油期货和黄金期货的保证金超过了每手 20000 美元。交易所和期货公司通过在极端情形下增加保证金的方式，来控制市场的剧烈波动。由于保证金要求高涨，很多个人投资者不得不退出某些期货品种的交易。

股指期货组合

你如何选择自己应当交易的期货品种？如果你已经投资了一个不错的股票现货投资组合，或者在股票交易上非常有经验，那么你可以考虑交易股指期货。

在开始股指期货交易之前，你有很多可以选择的股指期货标的。并且，很多股指期货，比如标准普尔 500 指数期货还同时有流动性非常好的期权品种可以使用。在科技股票暴涨（20 世纪 90 年代）之前，除了标准普尔 500 指数期货之外，美国投资者曾经只有三种其他的股指期货可以交易，也就是主要市场指数（the Major Market Index, MMI），纽约交易所成分指数（the New York Stock ExchangeComposite）和价值线指数（the Value Line）。由于科技股暴涨发展壮大了科技股板块，指数的标的也增加了。如果你想要判断这些指数会如何根据不同的市场情况变化，那么你就必须理解指数本身的特性。很多指数由非常多的股票组成，而有的市场指数仅由 20 只股票组成（见表 3.1）。

表 3.1 全球各主要股指构成

指数名称	包括的股票
标准普尔 500 指数	500 只股票，主要在纽约证券交易所发行
标准普尔中型市值 400 指数	301 只纽约证券交易所股票，7 只美国证券交易所股票和 92 只纳斯达克股票
纽约证券交易所成分指数	所有在纽约证券交易所上市的股票
价值线指数	大约 1650 只纽约证券交易所、美国证券交易所和场外交易的股票
主要市场指数	20 只蓝筹股，全部在纽约证券交易所上市，其中 19 只被列入道琼斯工业指数
罗素 2000 指数（Russell 2000）	都是小市值股票，858 只纽约证券交易所股票，84 只美国证券交易所股票，1022 只纳斯达克股票
纳斯达克 100 指数	100 只纳斯达克股票
IPC 指 数（Indice de Precios y Cotizaciones, IPC）	35 只墨西哥股票交易所（the Bolsa Mexican de Valores）上市的股票
日经 225 指数（Nikkei 225）	东京股票交易所全部上市股票

价值线指数覆盖的股票非常广泛。它既包括蓝筹股，也包括一些小市值股票。其中 80% 的股票在纽约证券交易所上市，14% 在场外交易（over the counter, OTC），6% 在美国证券交易所上市。近些年，罗素 2000 指数越来越流行，它是小市值股票的一个重要指数。

在指数覆盖类型上，主要市场指数和罗素 2000 指数截然相反。主要市场指数只包括蓝筹股，其中的 95% 是道琼斯工业指数股票。因此，如果想找一个和道琼斯指数最相似的股指期货合约，主要市场指数是一个很好的标的。

是不是蓝筹股的表现和小市值股票的表现完全不同呢？是的，蓝筹股在牛市中通常引领其他股票，起着龙头的作用。当蓝筹股启动了牛市，那些没有提前买入蓝筹股的投资者就会急切地去寻找那些还可以买入的尚未上涨的“低估股票”。随着机构和个人投资者开始买入这些股票，这些股票的价格会逐渐赶上蓝筹股。

当一个牛市的上涨动能衰竭的时候，一般来说，蓝筹股的价格会率先开始下跌。而市值规模较小的股票，反而会延续上涨。这是因为在牛市的末尾，依然会有很多个人投资者涌入市场。他们通常会受到最大的伤害，因为他们在这波行情中参与得实在是太晚了。他们通常会持有被严重高估的股票，然后市场将走入震荡行情，或者干脆开始下跌。

机构投资者的交易行为通常非常有参考意义。当机构投资者积极买入蓝筹股的时候，通常意味着牛市将要开启；而他们平仓股票转而持有现金类资产的时候，可能就预示着熊市不远了。当市场对股市信心不足的时候，投资者往往更愿意持有相对优质的股票。因此，蓝筹股在熊市的时候更能够保持价值。

牛市、熊市、震荡市

为了执行交易策略，你需要判断道琼斯工业指数未来将涨到 12000 点还是会下跌到 7500 点。你也需要准确地判断目前市场的状态，并确定将要使用的市场指标。

因为主要市场指数和道琼斯工业指数最为相似，因此在牛市开始的时候买入主要市场指数是一个好的选择，或者你可以在熊市的开端做空主要市场指数，因为在熊市开端，蓝筹股一般先开始下跌。一旦牛市或者熊市已经进行了一段时间，选择那些覆盖更广泛的指数，可能会取得更好的效果。

因为标准普尔 500 指数有活跃的期权产品，你可以在买入主要市场指数的同时，买入标准普尔 500 指数的看涨期权。当小市值股票跟随蓝筹股上涨之后，你可以执行标准普尔 500 指数期权，或者平仓期权获利了结。

一个价差交易策略

另外一个交易方法是交易主要市场指数和其他股票指数间的价格差异。一个价差交易策略，指的是你同时交易两个相同或者高度相关的市场，在两边一买一卖。这种策略的好处是，你只需要判断这两者价格间差异的变化，而不需要判断市场的整体涨跌。你的交易决策仅仅需要基于某一个市场表现强于另一个市场的判断。比如，你认为蓝筹股的整体表现将强于大部分股票，那么你可以做多蓝筹股指数，做空整体指数。

对于风险的思考

所有的期货交易策略都是具有风险的，即使是价差交易，也有一定的风险。如果你判断错了强势品种，那么价差会向你持仓相反的方向波动，你还是会亏损。你可以平掉价差中亏损一边的持仓，持有盈利的一边。但是盈利一边的波动必须要足够大，才能够弥补你在亏损一边的损失和其他交易费用。而如果市场保持震荡行情，价差本身没有明显的波动，你就没有盈利机会，但是你仍然需要支付交易成本。

而且，交易规则的不同也会带来一定差异。纽约交易所成分指数和标准普尔 500 指数以交割日的开盘价现金结算，而主要市场指数和价值线指数则以当日的收盘价现金结算。如果你持有主要市场指数和纽约交易所成分指数的价差，并持有到期，那么在可交易日的最后一天，你就必须要从开盘到收盘，承担主要市场指数价格的单边风险。这样的操作可能非常有风险，因为在到期日，合约的价格波动一般都很大。

程序化交易的发展

程序化交易对于股票指数波动性的影响是非常显著的。虽然交易所在 1987 年股市闪崩之后，对程序化交易在股票市场上的使用做了很多限制，但程序化交易的影响依旧显著。纽约证券交易所和其他的交易所，在股票指数期货上采取了交易熔断、做多做空限制、价格限制等措施，以减弱程序化交易对股票指数波动性的影响。

目前程序化交易包括一系列的投资组合交易策略，一般来说，可能是同时买卖一个价值 1000 万美元以上，包含超过 15 只股票的股票篮子。到 20 世纪 60 年代，股票大宗交易已经非常普遍了。大宗交易一般要求一次交易 10000 股或以上。在大宗交易应用初始，每次只能够交易一只股票。直到 20 世纪 70 年代中期，大宗交易才可以应用于多只股票。

在1974年，美国出台了《ERISA法案》，要求退休基金的基金经理需要用“技术、谨慎和勤勉”的态度来缩减退休基金的持仓风险。这一法案也叫《谨慎的投资者》或《谨慎的专家法案》。该法案要求基金经理保持谨慎态度，并在实际操作中遵守谨慎原则。如何证明你是谨慎的呢？你需要分散你的风险，不要把鸡蛋放在一个篮子里。这一法案也因此催生了第一个高度分散化持仓的指数基金，指数基金的目的是模拟标准普尔500指数或者纽约交易所成分指数的表现。

在这一阶段，大量的资金涌入了美国的共同基金（公募基金）。基金管理者需要制定相应的交易办法，使他们的基金可以比较容易地在股票资产和现金之间转换，以应对共同基金每天的申购和赎回行为。

“五月天”

1975年5月1日，美国的固定交易费用制度落幕了。现在，基金经理可以自主地和经纪公司在交易费用上讨价还价。因为交易费用的影响减少，基金经理可以一次交易更多的股票。如果基金的交易量大，经纪商很愿意对交易费用打折扣。

在1965年，你进行5000股的大宗交易是非常困难的，但是到了1975年之后，一次交易10000股都是很常见的。这一变化对波动性也造成了影响。经纪公司为投资者提供了5种大宗交易方案，即机构撮合、公开报价、盲报、双盲报价以及激励性交易（agency, open-hand, blind-bid, blind-blind-bid, incentive trade）。每股的交易费用从几美分到几美元不等。交易费用的巨大差异来源于交易中介承担风险水平的不同。

当交易中介需要事前承诺成交价格的时候，它将收取最高的交易费用。有时，交易中介需要在知晓交易的具体股票标的和具体交割时间之前，就提前提供报价。当然，这一过程中，交易中介会事先知道交易股票的大致类型。这种方式叫“盲报”。

交易中介如何处理“盲报”的风险呢？交易中介可以使用期货合约或者

期权合约来对冲风险。1982年，股指期货出现了，一年之后，股指期权也出现了。交易中介因此获得了对冲交易风险的工具。如果客户需要将来卖出一定量的和标准普尔500指数相似的股票，中介公司可以提前买入标准普尔500指数期货。因为持有了标准普尔500指数期货，中介公司不再承担市场风险。一旦交易实际发生，交易中的现货和期货将同时平仓，整个过程都不涉及市场风险。因此，中介公司的交易费用里面就包括进行对冲的成本。

与此相反，如果客户仅仅交易简单的投资组合，而期货公司不需要提前承诺价格，只需要在客户需要交易的时候帮助执行，那么这种方式就叫做机构撮合。在另外三种交易方式中，中介承担的风险处于"盲报"和机构撮合之间。在每种方式中，客户和机构都承担一定风险，每种方式风险的分配有一定不同。

程序化交易的影响

程序化交易将如何影响期货交易者呢？最明显的结果就是程序化交易影响股票现货市场的波动性，进而影响股指期货市场的波动性。

数年前，纽约证券交易所对程序化交易如何影响市场进行了研究，结果发现一个典型的程序化交易的市价订单对市场的冲击大概是0.2%。也就是说，当道琼斯工业指数3000点的时候，程序化交易对市场的影响有6个点（在10000点的时候将会是20点的波动）。由于程序化交易有一定相似度，它们经常成群结队地进入市场，同时有2个、3个、4个甚至10个这样的订单发出。如果每笔交易平均涉及价值1000万美元，包括200只股票，那在这10到15分钟的时间内，将对市场造成非常大的冲击。并且，在出现负面新闻的时候，这些订单的规模很可能是平时的一倍以上，那时的影响将会更大。（随着美国市场发展，流动性已经远超过作者写作的时候，并且程序化算法交易也得到了发展，目前程序化交易对市场的冲击远小于本文写作的时候。——译者注）

从更长期的角度来看，随着上世纪80年代中叶程序化交易的发展，纽约证券交易所股票价格的波动性显著增加了。在1983年到1985年的3年当中，由于指数套利和价差交易的广泛应用，市场有 13 个交易日的日波动超过 2%。到了 1986 年至 1988 年，日波动超过 2% 的交易日个数增加到了 897 天，并且日波动超过 3% 的交易日个数从 1 天增加到了 26 天，日波动超过 4% 的交易日个数从没有增加到了 14 天。

应对市场的波动

股票价格限制制度最先应用于 1987 年。当年发生了灾难性的股票下跌事件，道琼斯工业指数在非常短的时间内重挫了 500 点。在股灾发生之前，股票市场像发狂了一样屡创新高，证券和期货交易所的官员出台了一些控制波动性的政策，以维护市场稳定。纽约证券交易所制定了熔断机制和做多做空限制制度，以控制当市场出现自由落体式的下跌，或者疯狂的上涨时，程序化交易对市场的冲击。期货交易所也出台了各自的价格限制措施。

价格熔断机制和做多做空限制制度需要季度性的研究回顾，如果有必要，交易所会对其进行修改。价格熔断机制指的是，如果道琼斯工业指数单日跌幅较大，整个证券市场的交易行为将被暂停。具体的下跌幅度包括 10%、20% 和 30%。例如，1999 年第四季度的熔断规则实行如下。

- 道琼斯工业指数在下午两点（美国东部时间）前下跌 1050 点，将暂停交易一个小时；在下午两点到两点半之间，暂停交易半个小时；如果发生在下午两点半之后，无影响。
- 道琼斯工业指数在下午一点之前下跌 2150 点，将暂停交易两个小时；在下午一点到两点之间，暂停交易一个小时；如果发生在下午两点之后，将暂停之后的剩余交易时间。
- 道琼斯工业指数在全天任何时间下跌 3200 点，将立即暂停当日的全部剩余交易时间。

做多做空限制执行如下。

- 当道琼斯工业指数下跌超过 210 点或更多，所有的交易者，只有在标准普尔500指数高于之前成交价的时候，才可以做空。

- 当道琼斯工业指数上涨超过210点或更多，所有的交易者，只有在标准普尔500指数低于之前成交价的时候，才可以做多。

高于之前成交价做空和低于之前成交价做多，可以有效防止市场在快速上涨或者下跌过程中，新进入的订单进一步推动市场行情，造成极端情况。交易所的规则制定者希望这些延缓规则可以让市场摆脱疯狂的状态。

如果你希望交易股指期货，你需要对这些股票现货和期货的交易限制规则非常熟悉。请注意，这些规则每个季度都会被调整。

即使已经有了这些交易限制，你还是需要学会在股票现货和股票指数期货波动性增大的市场环境中保护自己。使用止损触发单，或者使用期权产品进行保护，可以帮助你实现规避风险的目的。相反，持有一个没有任何保护的头寸是非常危险的。

ALL ABOUT FUTURES

04

第四章

下达交易指令，与期货公司合作

核心概念

- 选择一家期货公司
- 开设期货账户，并了解期货账户的种类
- 理解并完成开户申请
- 了解交易订单的种类
- 理解清算公司的作用

为了实现你的交易计划，你需要及时、清晰地将你的交易需求传递给期货公司。因此，你需要选择一家值得信赖并易于合作的期货公司。你也需要学会期货市场的基本术语，以避免一些不必要的误解。

选择一家期货公司

选择一家对于期货行业有深刻理解并有较强订单执行能力的期货公司是非常重要的。在过去，当需要电话下达交易指令的时候，你可以用平实的语言讲清楚你的交易需求，而期货公司可以有效地把你的需求传递到交易大厅（现在除了特殊情况，一般交易需求均由交易软件下达，但是期货公司为你配备电话服务仍是必要的，电话服务可以解决一些突发情况；不同的期货公司，电话下单服务的水平差异很大，速度和交易能力也有所差异。——译者注）。比如，你可以下达任何数量的"取消前有效"订单（good-till-canceled, GTC）国内目前不支持此类订单，这类订单可以跨越交易日，在交易日结束之后仍保留在交易订单簿上，但是国内所有的订单在交易日结束之后，全部被撤销，无法跨交易日。——译者注），或者"区间触发订单"（这类订单是指当下达时，订单进入到准备挂入市场的状态，直到价格进入某一区间，订单才被触发，真正下达到市场；国内期货公司不提供这类服务，但是可以通过交易软件来间接实现这样的操作。——译者注）。你的期货公司和交易台会记录你的交易需求，并为你下达订单，直到订单成交，或者等待价格进入你的要求区间。你的期货公司同时也需要持续关注你的交易请求，以确保每一笔成交都可以及时通知到你。这样，你就不会忘记一笔“取消前有效”订单，或者成交了被你忘记撤销且不想成交的订单。

你需要决定你是想在一家折扣期货公司，还是在一家全服务期货公司进行交易。（国内期货公司没有这么明确的区分，但是很多期货公司可以提供专业的投资咨询服务和研究报告服务，因此手续费也会更贵一些。——译者注）近些年来，随着技术的发展，你可以直接通过网络进行交易。无论是折扣期货公司，还是全服务期货公司，均提供在线交易服务。

在一家折扣期货公司，每笔交易的交易成本大概是 25 美元到 35 美元，取决于你的交易量和你成为这家期货公司客户的时间长短。在多数情况下，交易者可以给期货公司总部的交易服务台打一个免费的交易请求电话。交易服务台的员工会把你的交易请求转交给他们在不同期货交易所的交易台。目前，多数的交易可以直接通过互联网转交给期货公司，交易成本和电话交易接近，大概在 15 美元到 30 美元之间。（实际上由于期货公司间的竞争，现在无论是美国还是国内，交易费用都变得更加便宜了。——译者注）

使用折扣期货公司的服务或者互联网交易，你需要一些交易经验。你的期货公司并不会帮助你分析并选择一笔具体的交易。期货公司只会严格地为你执行你的每笔交易请求。在你下达订单的时候，折扣期货公司也不会为你提供你需要的价格行情信息，或者其他需要的信息，比如市场的高点、低点、交易区间、趋势或者新闻（国内期货公司实际上会给你提供免费的行情信息，你在网上或其他软件的免费试用版上也可以获得免费的行情信息。——译者注）。折扣期货公司提供的服务较少，因此价格便宜。折扣期货公司适合于那些专业的期货交易者，他们有足够的时间和金钱来获取他们进行交易所需要的全部信息。

而全服务期货公司则可以为所有有经验或者没经验的期货交易者服务。他们可以为你的交易过程提供帮助，为你解读目前市场基本面的供求情况。全服务期货公司的交易费用大概是每笔 100 美元到 110 美元，但会同时提供分析咨询服务，而这些服务你是无法从折扣期货公司获得的。（正像之前所说的，国内期货公司间的差异没有这么明显，手续费都可以讲价到相对便宜的程度，但是一般大公司会更有实力提供丰富的研究和路演服务，手续费也会相对贵一点。——译者注）

如何识别一家好的期货公司

首先，什么是“好”？“好”应该是指对你是好的，好的期货公司适合你、适合你的交易风格、适合你的性格，适合你的需求。如果你不需要任何选择交易、记录交易、资金管理、技术和基本面分析信息、订单下达、交易大厅报告或者其他的帮助，你可以选择折扣期货公司，或者网络交易。（目前交易软件在记录交易、技术面分析和订单下达方面做得都很好，任何一家期货公司都可以提供这些服务，但是在技术和基本面分析信息上，服务会有所差异，侧重点和优势板块也会有所不同。——译者注）

一个帮你确定需要期货公司为你提供什么服务的好办法，就是回顾之前你写下来的自己的交易限制。你的期货公司应当是你交易过程的合伙者，你们一同赚钱。期货公司的手续费是从你这里挣来的。（实际上，目前很多期货公司的利润主要来自于交易所手续费返还和保证金利息收入，以及其他通道业务；由于竞争激烈，很多期货公司宁愿不从客户这里挣钱，或者只赚取非常少的钱。——译者注）

通常，个人投资者需要克服四个主要的交易限制。

第一，如何及时跟进市场，并从交易市场的大量谣言中辨伪存真。

第二，如何及时且便宜地获得市场的有效信息。因为期货市场变化非常快，你需要一个可以跟踪市场每一个波动的数据来源（比较幸运的是，在我国这些信息来源广泛，一档行情基本免费。——译者注）。你需要及时的新闻服务。因此你可能需要一些业余投资者支付不起的新闻服务资源（比如专业的交易终端）。

第三，期货交易经验。只有日复一日、年复一年地参与交易，经历了完整的牛市和熊市的轮回，你才可以获取足够的经验，可以预先发现市场的下一波大行情，并避免被假突破信号干扰。

第四，你需要在交易之前获取足够的信息和知识，以避免犯昂贵的错误。你需要了解你交易期货合约的合约规则细节——市场开市的时间，休市的日期，以及市场是否会因为一些原因提前休市。你需要了解如何下达交易订单，什么时候政府会公布重要的、可能对市场造成重大影响的数据和报告，或者什么样的小道消息正在交易大厅内传播。你需要了解的真的很多。

换一个角度来说，如果你对期货市场没有足够的了解，或者在没有其他人帮助的情况下就贸然进入期货市场，你可能会犯一些严重的错误。

比如，一个农场主想进行玉米对冲。他有 100000 蒲式耳玉米在谷仓里，所以他在芝加哥商品交易所卖出了对应 100000 蒲式耳玉米的期货合约。当他在平掉对冲合约的时候，他告诉期货经纪商买入 20 个玉米。因为一个玉米期货合约对应 5000 蒲式耳的玉米，因此这个农场主认为他可以买入 100000 蒲式耳玉米的期货合约，正好抵消掉他做空的数量。但是实际上，谷物期货的约定术语和其他期货合约不太一样。谷物的 1 个单位，在期货公司的惯例中，指 1000 蒲式耳。所以期货公司实际为农场主在期货市场中买入了 20 个玉米，或者是 4 手玉米期货合约。因为农场主实际在现货市场已经卖出了 100000 蒲式耳玉米现货，但他还依旧做空了 80000 蒲式耳规模的玉米期货，农场主实际承担了非常大的风险。玉米价格每上涨 1 美分，这个人将损失 800 美元。

一些诸如在收盘前下单等待成交这样简单的操作，实际上却是非常昂贵和危险的。比如，一个交易员在收盘前 15 分钟内计划执行一笔市价单，来平掉之前买入的持仓。但是由于他的表时间不准确，当他把交易订单发给交易所时，市场已经收盘了，他发单晚了。这样，他不得不承担持仓隔夜的风险，只能在第二天早上进行平仓。如果他和他的期货公司对于他的交易需求和交易所允许的订单种类有深刻理解的话，这个人其实可以使用“收盘市价单”（market on close order）。（这是指在紧邻收盘时以市价成交，我国目前不支持，虽然交易软件可以实现类似的功能，但是由于是在你的电脑触发，如果你的电脑和交易所的时钟不完全一致，这样的操作依然是有风险的。——译者注）

因此，在选择一家期货公司之前，你可以写下一个清单，来记录你希望期货公司能提供什么样的支持。就像这些年来你面试员工、选择商品、为你自己或者孩子选择学校，或者作其他关键的购买决策一样，在找期货公司时，你需要同样的选择技巧。你可以多和几家期货公司沟通，并为每家期货公司制作一张核对表来方便对比（见表 4.1）。如果你能给每家期货公司做好一张核对表，那么你的选择过程会容易很多。在制作核对表的时候，你可以回顾自己之前做好的交易计划清单。

表 4.1 期货公司核对表

期货公司名称：________________

电话：________________

我的需求或者限制	好处	坏处
实时行情	提供	
交易经验	10 年	
可靠的交易系统		不清楚
交易业绩		不清楚
个性	很好	
可靠性	好	
交易费用		72 美元 / 每笔
参照公司	待查	未知
交易策略路演		未组织
交易方法	技术类	
新服务		有限

我的整体印象是：

____

____

注意：你需要将你的交易需求和交易限制个性化。这个清单仅仅用来作为范例。

一家好的期货公司应当具备的特质包括如下几项。

优质的服务

好的期货公司应该能够在顾客需要的任何时候，为其提供优质的服务。由于不同产品的交易时间有差异，期货公司应该可以在从开盘较早的谷物市场到收盘较晚的美国国债市场的全部开盘时间内，都保持运营。如果期货公司相应岗位的人员不在，则至少要有副职或者助理人员在。你永远不会联系不到人。你应当询问你可能开户的期货公司，他们能否提供及时的服务。开户之后，在你真正遇到紧急情况之前，你也要做一些测试，比如在早上8点钟或者晚上8点钟联系他们。

负责任

你需要一个可以帮助你克服自己交易上的不足，并满足你的交易需求的期货公司。因此，期货公司必须要负责任。在选择期货公司的时候，你可以问他们一些抽象的期货问题，比如，美联储下次发布黄皮书是什么时候？你可以事先就了解期货公司的业务水平。你可以询问你的交易订单从你发出到报送到交易所的时间（现在，有一些期货公司可以为你提供托管机房服务）。你需要识别你的期货公司是否愿意为满足你的需求而付出努力。

诚实

本质上，你需要信任你的期货公司。在你询问期货公司你的期货交易思路，或者某一笔具体交易的交易风险时，你可以对此有所了解。如果期货公司规避谈及这类问题，或者试图搪塞期货交易本身的高风险特性，那么他们可能不够诚实。你的期货公司应该能够严肃无保留地告诉你，期货交易行为本身包括无限亏损的可能性。这正是期货交易和买入期权的不同。买入期权，你只可能会损失掉你全部的资金投入（期权权利金）和交易成本，你最多只会损失这么多。很多期权合约会最终一文不值，少量的期权交易会有所盈利。如果期货公司能够告诉你期货交易本身风险性很高，那么这是他们的一个加分点。

真诚地面对损失

当期货公司的投资顾问给出错误建议，导致了你的亏损时，很多投资顾问会逃避。最基本的信号就是，一旦造成了亏损，他们就不再和这个客户沟通。这一点很难在选择期货公司的过程中发现。但是，当你开始交易之后，你要对这一问题保持敏感。如果可行的话，你可以询问这家期货公司的其他客户，以作为参考。询问当他们的账户亏损的时候，期货公司的投资顾问是如何反应的。好的期货投资顾问可以真诚地面对这一问题，因为这是期货交易的一部分。

交易

了解期货投资顾问是如何交易的，他们使用什么样的交易系统。如果他们提供投资建议，他们是使用基本面信息还是技术面信息，或者两者都使用。他们是否会向你兜售一些投资建议。询问他们今天的投资建议，你需要了解他们能否为你带来交易机会。这些建议是否经过深思熟虑？是否有说服力？他们是否做足了研究工作？

纪律

好的交易员和期货公司投资顾问都非常遵守纪律。他们可以花数小时研究市场，完善他们的交易系统。不好的期货公司投资顾问，只会向你兜售一些当下流行的行情品种。可以关注一下期货公司每日的投资建议推送。看看他们是否会记录他们过去的建议？他们是否会根据你的持仓，为你提供一些帮助和指导？

经验、知识和历史业绩

如果你的交易经验比你的期货公司投资顾问还要丰富，那么究竟是谁帮助谁？了解期货公司员工的能力、他们知道什么以及如何能帮助你取得更多的成功。

交易的历史业绩是一个很微妙的事情。很多期货公司的研究员和投资顾问实际上并没有历史业绩。他们并没有实际操盘过账户，交易决策是由他们的客户自己做出的。所以他们只是咨询顾问，而他们的客户才是真正的交易员。根据美国的监管要求，他们不能用客户的业绩作为自己的业绩宣传。

另外，美国对期货从业者的交易业绩有比较严格的管理。因此，对于一个期货公司的投资顾问来说，提交交易业绩是非常困难和费劲的。这是很多投资顾问没有历史业绩的另外一个原因。个人意义上，如果一个投资顾问向你展示一个没有按照美国监管机构审核流程印证的交易业绩，那么这个业绩是非常值得怀疑的。

开设期货交易账户

读者在这部分将了解期货交易账户的种类，以及开户需要填写的申请文件内容和需要签署的已知晓文件内容。其中一些内容在不同期货公司之间会有一点差异，但是整体差异不大。

交易账户一般分为如下几种。

个人账户，个人账户意味着交易客户是个人。

独自管理账户，和个人账户非常相似，但是要求账户以个人所有的名义开设。

共同管理账户，共同管理账户归属于多个个人名下。共同管理账户需要提供全部管理者的信息。

一般合伙账户，一般来说，一般合伙是指两个或两个以上个人或者商业主体之间构成的商业协议，每一个主体以合伙人的名义来做出商业行为。每一个一般合伙人可以代表合伙人整体进行决策。合伙公司的商业业务按照美国对应州的法规执行。一个一般合伙制公司可以做一般性经营，比如售卖商品，或者专注于某种具体的投资，比如期货交易。一般合伙制最重要的特性是，每一个一般合伙人都有义务履行合伙制公司的义务，并为合伙制公司的全部债务负责。

有限合伙账户，有限合伙账户主要为投资行为设计，而不是服务于一般的商业活动。有限合伙制公司通常依照美国联邦法律或者州法律设立。有限合伙制最重要的特点是有限合伙人并不需要参与到公司的管理活动当中，并且他们对公司的责任义务也仅限于他们个人投入的资金。

公司账户，公司账户由公司设立。设立账户不需要投资者个人信息，但是必须要提供公司信息。并且，公司必须出具董事会决议，允许公司参与期货和期货期权交易，并且决议必须由至少两名公司高管签署。在开户材料中，公司必须指明具体责任人，代表公司行使交易工作。除了这些材料之外，公司必须提供个人担保文件，或者公司最近一期的财务审计报告复印件。

信托账户，信托是指专项财产由专人管理，但是受益人是管理人和委托人之外的人。比如，一个父亲可以发起一个财产信托，由他持有管理一部分财产，并让他的儿子作为受益人。又比如，一个退休基金，为受益的基金成员管理一部分资产，并在未来支付他们的退休金。如果一个信托需要交易期货资产，信托协议里面必须正式批准这一行为。通常，信托协议将和开户申请一起交给期货公司审核。

在开户时，你会收到一系列的需要签字的表格，这些材料一般统称为开户材料。每家期货公司都有各自的开户材料要求，但是所有的开户材料都需要满足美国监管机构的要求。因此，大部分期货公司的开户材料是非常相似的。

美国主要的期货监管机构如下。

- 美国国会（U.S Congress）
- 美国商品期货委员会（Commodity Futures Trading Commission, CFTC）
- 美国国家期货协会（National Futures Association, NFA）
- 交易所
- 期货公司

- 期货居间人
- 期货居间人下属公司

《美国国家期货协会合规要求 2-30》规定，期货公司首先要获取你的个人信息。期货公司必须要确保你的信息真实准确。具体来说，期货公司需要知晓：（1）你的姓名和家庭地址，（2）职业，（3）年龄，（4）你的投资经验。

获取这些信息的目的是审核你是否适合进行期货交易。你需要回答一系列的问题，或者填写一些个人财务报告。你同样需要提供你之前交易经历的信息。

开户材料的下一个部分是一系列的风险提示声明。这一部分的目的在于确保你了解期货交易所涉及到的风险。

《非现金保证金揭示声明书》（*The Non-Cash Margin Disclosure Statement*），该文件指明，如果期货公司意外破产倒闭，你在期货公司持有的非隔离资产会按照该资产之前占期货公司所有资产的比例，从期货公司剩余的可分配资产中返还给你。

《期货账户声明书和客户合同》（*The Commodity Account Letter and Customer Agreement*），这份文件应当被仔细地阅读。它们阐明了以下信息：订单执行、保证金比例、交易费用、商品期权、交割与做空、证券分红、账户清仓、外汇汇率变动、客户代表与担保、市场建议和信息、沟通、信用、记录、合约术语和杂项条款等。客户需要在他已经阅读并理解上文全部信息的条款下签字。如果账户涉及多方，所有人必须都参与签字，并注明日期。

《借款协议》（*The Lending Agreement*）在期货公司客户需要交割或者接受交割商品现货时生效。如果客户账户里面的资金不足够支付交割，那么客户的账户将进入负债状态，而借款协议可以允许期货公司以客户持有的现货或者将要持有的现货作为抵押品，为客户进行借款。借款将用于支付交割费用，直到客户将交割商品卖出，或者付清全部交割款项，这笔借款才会结束。

《允许充当交易对手协议》（*The Permission to Cross Agreement*）允许期货

公司可以非主动性地在期货市场里作为客户的交易对手，持有其订单相反方向的期货合约。美国商品期货委员会要求期货公司需获得客户的允许，才可以进行这一行为。由于期货公司每天进行大量的交易，但是实际上没有办法完全避免客户之间的交易冲突，因此需要你在这一事项上签字表示完全同意。

《期权风险揭露声明书》（*The Options Disclosure Statement*），将告知你期权交易涉及的风险，并描述不同期权品种间的差异。

《账户迁移表》（*The Transfer Form*），用于实现你将你的期货账户从一家期货公司迁移到另外一家期货公司的需求。

《争议前裁决协议》（*The Pre-dispute Arbitration Agreement*），用于在自监管机构或私人机构发起裁决申请，而不寻求民事法院的诉讼流程。裁决法案使你有权在美国商品期货委员会申请第 14 项规定的补偿流程。在你接到该通知之后，你可以在之后的 45 天内做出决定。美国国家期货协会禁止将签署该项协议作为开户的必须条件。

《风险揭示声明书》（*The Risk Disclosure Statement*）向你揭示了期货交易相关的各种风险。《美国商品期货委员会规则 1-55》要求，在每个客户的账户申请被批准前，必须要收到并签署这份声明书。如果你的开户负责人没有对这份声明书采取慎重的态度，那么你需要注意这家公司的专业性。阅读并理解你将面临的风险是非常重要的。

在你填写完开户材料之后，你需要把材料交给期货公司。他们的开户专员会对你的材料进行复查。之后，他们会把材料转交给期货公司开户部门审核批准。

在你的账户被批准开设后，你需要入金，才可以开始交易。你可以通过银行转账或者支票（国内需要绑定银行卡。——译者注），来进行入金。因此，如果你着急开始交易的话，你可以把转账信息和开户材料一起提交给期货公司。

交易订单的种类

理解交易订单的种类，并知道在什么时候使用什么订单，对交易者的交易安全来说非常重要。请仔细阅读下面的内容。

市价单（Market Orders）

市价单可以帮助你以当前的市场价格用最快的速度进行买卖。在交易撮合系统里，市价单会被最先撮合，因为市价单可以以任何价格成交。当你希望用最快的速度进场或离场的时候，你需要使用市价单。当你需要把握一波行情，并且不希望任何其他的事情延误你入场的时机时，市价单是合适的。没有什么意外的事情可以阻碍市价订单成交。

当你获得市价单成交回报的时候，成交价格可能和你下达订单时候的市场价格有一定差异。如果市场向某一个方向剧烈波动，成交价格和下单时价格的差异可能非常显著。而对于流动性较好、波动较小的时段，成交价格可能就是当前的市场价。

当发出市价单时，你其实是要求期货公司用当前可获得的最好价格帮你立刻成交。期货公司受到监管机构和交易所的监管，必须要帮你以能实现的最好的价格成交，并且期货公司也是按此原则严格执行的。但是由于你无法掌控市场，市价单的实际效果可能并不好。在一个剧烈波动但是流动性较差的市场里，你可能不愿意使用危险的市价单。

触发单（Stop Orders）

在一些情况下，你可能需要使用触发单。如果你认为未来价格会上涨，你可以使用买入触发单；如果你认为未来价格会下跌，你可以使用卖出触发单。

当市场在某一价格成交，或者申买价达到某一价格或大于某一价格时，买入触发单的触发条件被满足，触发单因此被触发，变成买入市价单。当你认为市场价格将突破某一交易区间和整理区域时，你就可以使用触发单。当触发单被触发时，你面临的成交风险和一个常规的市价订单是一样的，你可能以你满意的价格成交，又或者以一个不太令人满意的价格成交。市场的价格可能会突然上涨或者下跌触发你的触发单，然后在你进场后，转向不利于你订单的方向。你的触发单可能以非常不好的价格成交，这就是触发单带来的风险。

触发单在很多时候是用来止损或者用来保护获利持仓的。使用触发单保护获利持仓的这种方式叫做移动止损。当你的期货多头或者期货的看涨期权获利之后，你可以使用卖出触发单来保护你的利润。如果市场如你所愿，你的获利越来越多，那么你可以不断抬高触发单的触发价格。如果市场发生回调，那么你的触发单将被触发。触发单将变成市价单，你将以最快的速度平掉获利的头寸，保留大部分的利润，这个过程也叫止盈出场。

如果你做空期货合约，或者买入期货的看跌期权，你可以同样通过买入触发单来实现相同的事情。你可以在比你头寸的市场价稍高的价格挂入触发单。你等待着市场最终触发你的触发条件，获利平仓。

下达触发单需要一定的技巧和经验。如果你下达的价格和市场价格过于接近，那么市场的一个微小波动就会使你过早地离开市场。但是如果你下达的价格和市场价格过远，那么在你的订单被触发的时候，你已经损失了过多的利润了。

为了更好地选择正确的价格下达触发单，你需要对市场的交易量和波动性有所把控。最近几个交易日的波动区间如何？交易量是否足够让市场不受异常波动的影响？

触碰市价单（Market-If-Touched, MIT Orders）

和触发单相反的是触碰市价单。触碰市价单本身具备触发单的两个特点：（1）它们都是在市场价格达到某一特定价格时被激活；（2）一旦被激活，他们都将成为市价单。

触碰市价单和触发单的唯一的区别在于，买入触碰市价单，需要设定在当前市场价格之下（而买入触发单则需要设定在当前市场价格之上）。而卖出触碰市价单，则需要设定在当前市场价格之上（卖出触发单设定在当前市场价格之下）。触碰市价单既可以用来新建持仓，也可以用来平仓。

触碰市价单并不是芝加哥商品交易所的官方承认订单，但是如果交易者愿意承担订单的风险的话，期货公司可以为交易者执行这样的订单。触碰市价单可以在芝加哥商品交易所和其他几个美国的交易所使用。当你想使用触碰市价单的时候，你最好提前检查交易所的订单规则。

限价单（Limit Orders）

如果你不想使用像触发单或者触碰市价单这样交易结果依赖于市场情况的交易方式，你可以使用限价单（也叫指定价格订单）。限价单用于你想在一个具体的价格进行买卖的情况。买入限价单设定在现在的市场价格之下，只能以现在的申买价格或者更低的价格成交。而卖出限价单则设定在现在的市场价格之上，并且只能以现在的申卖价格或者更高的价格成交。

限价单和市价单不同，它的成交优先级较低。因此，市价单在限价单之前成交。在一个快速波动的市场中，限价单可能根本没有机会成交。就像触发单或者触碰市价单一样，如果市场没有运行到你指定的价格，你就不会进场，这可能是件好事，也可能不是。

触发限价单（Stop Limit Orders）

限价单的一个变种订单是触发限价单。买入触发限价单会在期货合约申买价格到达或者高于触发价格时被激活，变成一个限定价是触发价格的限价单。和限价单一样，如果市场没有在这个价格有足够的成交，或者始终运行在低于这个价格的区间，那么这个订单就不会成交。卖出限价单会在期货合约的申卖价格到达或者低于触发价格时被激活。如果市场在这个价格没有足够的成交，或者始终运行于高于这个价格的区间的话，这个订单也不会成交。

触发限价单的触发价格和限价单的指定价格也可以是不一致的。比如，你可以申明执行一个“在 90.20 触发的买入 90.16 的买入触发限价单”。当价格上涨达到 90.20 时，订单会被触发，变成一个以 90.16 买入的限价单。

触发单在很多时候是在价格快速波动时的保护机制，允许你在价格进入一定区间时，自动下入一些订单。

时间限价单（Time Limit Orders）

除了给你下的订单加上价格限制之外，你也可以对订单在什么时候被执行加以限制。时间限价单可以对订单被激活的时间加以控制。

不成交即撤单（Kill or fill, KOF）就是一种时间限价单。下达的这种订单必须立刻成交，如果没有成交，那么它们就会被撤销。交易员在发现一个交易机会的时候，经常使用这种下单方式。不过，由于不成交即撤单不是市价订单，因此它的成交时效性不是最高的。但另外一方面，它能给予下单者很大的灵活性。

另外一种时间限价单用于在开盘或者收盘阶段进行下单。开盘即下单（Market-on-open）必须在开盘阶段成交，而收盘即下单（Market-on-close）则必须在收盘阶段成交。

你也许想下达一种可以一直保留在市场中的订单，那么取消前有效（Good-till-cancel）订单可以帮助你。理论上，这种订单可以一直保存在市场里直到成交。这种订单的危险在于你可能忘记它们，并且一般来说，只有市场对你不利的时候，它们才会成交。一般情况下，不推荐初学者使用这种订单。

另外一种时间类订单可以让一个订单取代另外一个订单。这类订单叫做二择一订单（One-cancels-other，OCO）。当一个订单成交时，会自动撤销另外一个订单。

订单的优先级

一般来说，交易所会按照下面的优先级，撮合成交所有报送交易所的订单：（1）市价单，（2）触发单，（3）限价单，（4）触发限价单或时间限价单。

另外，在没有特殊注明的情况下，一般的订单都是日内订单。因此，如果在这个交易日内，你下达的订单没有成交，那么你需要在下一个交易日重新下达。有些市场，比如债券市场，一天有两个交易时段（国内很多品种一般分白天的日盘和晚上的夜盘。——译者注）。因此，根据不同交易所和期货公司的交易规则，在不同交易时段下达的订单，并不一定会被带入下一个交易时段（以国内为例，白天下达的订单会在收盘后被取消，晚上下达的订单则会保留到下一个交易日的白天。——译者注）。

撤销前有效订单或者开盘即下单，并不一定能实现它们名字对应的功能。一些交易所可能不接受此类订单。在一个交易时段如果有订单没有成交，那么这些订单就成为无法成交订单。无法成交订单简单来说，就是那些无法在指定交易时段或者指定价格区间成交的订单。

你的订单也可能会被认为是不在合理价格区间内的。这意味着你的订单价格处在该商品合约的通常交易价格之外。交易区间反映了每天的交易价格限制。比如，玉米的每日交易价格限制是 10 美分每蒲式耳。如果你的订单价格高于或者低于开盘价 10 美分，那么你的价格就处于不合理区间内（这类似于国内的涨停板和跌停板。——译者注）。大多数交易所都不接受价格在不合理价格区间内的订单。期货期权一般不设每日交易价格区间。

值得注意的是，谷物期货和其他期货合约相比，采用了不同的订单计数方法。谷物订单必须以千蒲式耳计数，而不是以合约数计数。比如，你想买入 10 张玉米期货合约，那么你必须告诉期货公司你要买入 50 个玉米。因为交易所的玉米期货每张合约对应 5000 蒲式耳玉米，所以买入 50 个玉米之后，你将买入 10 张玉米期货合约。如果你想平掉你的玉米期货多头，但是告诉期货公司卖出 10 个玉米，那么你实际上只平掉了 2 手玉米期货。你将还有 8 手玉米期货多头。这将是一个非常昂贵的错误。

芝加哥的美国中部交易所（the Mid America Exchange）提供了很多迷你期货合约。迷你玉米期货合约每张对应 1000 蒲式耳玉米，而不是 5000 蒲式耳。对于很多新入门的期货交易者来说，这也是一个不错的选择。

清算部门

在进入期货交易行业之后，你需要了解当期货公司帮你下达订单并成交后，后面还会有哪些流程。后面的工作将由清算部门完成。

期货市场如果缺乏诚信的话，将无法有效运作。如果期货市场的亏损方可以逃避付账，而盈利方无法获取利润，那么将没有人愿意参与期货交易。实际上，正是远期合约存在这样的信用问题，才催生了现代期货市场。

交易所如何保证期货的买家愿意接受他们买入商品的交割，或者期货的卖出者可以按照约定提供应当交割的商品呢？另外，期货合约一般在交割前会经历数千次换手，那么期货交易者又如何准确地记录究竟谁才是自己真正的交易对手呢？

幸运的是，交易所的清算部门会完成上述工作，因此投资者并不需要为这些问题烦忧。可以认为，交易所的清算部门实际是所有期货交易的对手方。

清算部门在美国一般由期货交易所的会员成立。当然，并不是所有的交易所会员都会成为清算公司的会员。清算公司会员需要买入清算公司的股份，以获取其对应额度的清算工作服务。清算会员同时需要交纳足够量的清算保证金，以满足万一有交易违约，交易所中的交易依然可以通过清算公司垫付的方式被执行。

交易所的非清算会员，必须保证他们的所有交易被清算。也就是说，他们的所有交易需要被清算会员验证和审核。

清算公司是如何保证交易被有效执行的呢？在每个交易日结束的时候，交易所的全部交易均会被清算公司记录。在那时，清算公司会为每一个交易找到它对应的对手方。

假设交易者 A 向交易者 B 卖出了一份 12 月到期的日元期货合约。在交易日结束的时候，清算公司会充当他们的中间方。也就是说，清算公司会作为交易者 A 持有日元空头的对手方，同时也作为交易者 B 持有日元多头的对手方。如果在盘中交易者 B 将期货日元多头转卖给交易者 C，那么清算公司将解除和交易者 B 的对手关系，转而作为交易者 C 持有日元多头的对手方。同时，交易者 A 并不需要记录交易者 B 向交易者 C 的转卖过程。而交易者 C 再向其他参与者转卖期货多头的时候，也不需要获得交易者 A 的批准。

这就是期货市场和远期市场的主要不同之处。对于远期交易，你必须要完全知晓你交易对手方的任何变更，并且对其信用进行调查。而期货交易者虽然也需要担心信用问题，但他只需要担心他的期货公司和清算公司的信用问题，而不需要过问他的交易对手的情况。

ALL ABOUT FUTURES

05

第五章

活跃的期货市场概览

核心概念

- 谷物和油籽市场（大豆、玉米、小麦、燕麦）
- 肉类市场（活猪、猪肉、活牛、幼牛）
- 食品和纤维市场（白糖、咖啡、可可、橙汁、棉花）
- 金属市场（银、金、铜）
- 能源市场（石油、石化制品）
- 股票指数市场
- 债券利率市场
- 外汇市场

本章并不想穷尽地列举，或者穷尽地总结所有可以进行期货交易的市场。本章列举的市场都是那些现在和将来有足够的交易量，可以满足新的交易者交易需求的市场。

缺乏流动性的市场几乎没有什么交易，无论一个交易者有没有丰富的经验，都会因流动性的缺乏而困扰。这种市场由于交易稀薄，少量的交易行为就会造成价格的大幅波动，因此交易者应当规避这样的市场。并且，很多时候，稀薄的交易量会使开仓或者平仓非常困难。你可能不知不觉地就困在了这些市场里面，或者遇到价格大幅波动而遭受严重的亏损。

专业的交易员需要深入了解市场的每一个方面，以避免因为信息盲点而遭遇预期外的突发事件。你可以使用本章提供的信息，作为你成功交易生涯的一个开始。

谷物和油籽市场

大豆市场概览

大豆已经被人类种植了大概 5000 年了。大豆起源于中国，美国种植大豆的时间较晚（大约在1930年前后），但是美国目前已经成为全球最大的大豆生产国。在1998年，美国可以年产28亿蒲式耳的大豆。从美国的南部三角洲到北部的加拿大边境，均可以种植大豆。爱荷华州和伊利诺依州是美国的大豆主产地。

如果你需要从基本面的角度进行分析，那么你必须了解影响大豆供给和需求的因素。你可以把基本面供需情况想象成一个平衡秤。如果供给大于需求，价格会下降；如果需求大于供给，价格则会上升。

供给因素

产量是影响大豆供给平衡的关键因素。有多少英亩的土地将用于大豆种植？每亩产量将如何？

对产量影响最大的因素是天气，但是天气本身是非常难以预测的，尤其是大豆产区遍布全球，你需要对全球天气都进行预测。你要了解是否有足够的水气来促使大豆发芽？生长季节降雨如何？收获季节是否会干燥并且没有降雪？

在北半球，8月对于大豆的收成非常重要。大豆的鼓粒过程主要发生在8月的前两周。这一过程对降雨非常敏感。芝加哥下一点小雨，大豆价格就会暴跌。如果8月持续干旱，那么大豆价格就会像火箭一样飙升。

过去25年里，一些南美国家尤其是巴西和阿根廷，加入到大豆生产国当中，这使得供给面情况更加复杂。巴西的大豆产量从1974年的3.64亿蒲式耳增加到1998年的11.39亿蒲式耳。阿根廷在1974年的大豆产量仅1800万蒲式耳，到1998年，产量已经达到6.80亿蒲式耳。

由于南北半球差异，这些国家的作物种植周期和美国正好相反。南美在11月播种，在来年三四月份收获。

大豆作为生产原料，可以被很多其他的作物替代。大豆经过压榨，产出豆油和豆粕。油脂可以由葵花籽油、棕榈油或者椰子油代替。而小麦可以作为豆粕饲料的替代品。

需求因素

豆粕用于喂养牲畜，因此，猪肉、牛肉的价格和存栏量对于大豆的价格有影响。同样的，其他油脂作物的种植面积、产量和天气情况也需要被投资者时刻关注。

大豆的使用量多少，依赖于大豆可以在合适的时候、以合适的价格提供给合适的地方。因此，出口问题（禁运、港口工人罢工）和运输问题（航道结冰、船舶运输费用）等因素需要投资者关注。

由于美国一半的大豆产量用于出口，因此美元的价值也是一个关键因素。美元越便宜，其他国家就可以采购越多的美国大豆。日本是美国最大的大豆出口对象之一。其他国家的本国使用和喂养需求，以及其他国家的经济情况，有时也会对大豆期货交易产生关键性的影响。

技术面因素

你可以从上文看出，追踪市场的基本面因素，实际上是非常复杂和痛苦的。这也是很多专业的交易员使用技术面信息进行分析的原因。

一个非常有用的技术分析工具是季节性分析。在收获季节，你可以预期市场上会有很多大豆供给，因此大豆价格很可能较低。而在收获季节之前，由于大豆加工者只能使用上一年有限的库存，这时价格往往较高。

季节性研究的效果很好。研究发现，70% 的全年价格高点在 4 月和 7 月之间，而如果算上到 7 月底（4 月初到 7 月底）的时间，80% 的价格高点可以被覆盖。而价格低点，有 80% 的概率发生在 8 月到 11 月之间。

价格周期理论指明，价格变换会以周期性的规律重复，因此价格周期理论具备一定的预测性。对于大豆，两个主要的大级别价格周期是 24 个月和 39 个月。这一结论由价格周期的研究者发现。除了大级别的周期，大宗商品市场中同样还有周级别的周期，以及日级别的周期。

用图表来分析大豆的价格行为同样被证明是可靠的。大豆市场通常是趋势性的市场，可以被比较准确地解读。但是某些技术形态——比如三角形突破，是不可靠的。而诸如头肩顶这样的形态，虽然比较可靠，但是出现的次数很少。

玉米市场概览

玉米同样是饲料作物中的一员。饲料作物一般包括玉米、高粱、燕麦和大麦。玉米是饲料作物中产量最大的，大概占全美饲料作物产量的80%左右。

玉米的作物周期开始于每年的10月1日，结束于来年的9月30日。因为玉米可以贮藏相当长的时间，并且易于长距离运输，因此记录全球的库存玉米量是非常重要的。因此，美国农业部会有规律地公布玉米的产量和使用量。

玉米可以在除了南极洲以外的所有大洲生长。美国是最大的玉米生产国，约占全球产量的40%。中国是第二大玉米生产国，产量占全球20%。巴西、欧盟和墨西哥的产量也值得注意，但是和美国、中国相比还是相差很远。玉米是最多国家种植的作物，但是大部分国家自产自销，并不出口玉米。

美国玉米产量中有相当一部分用于出口，大约占18%到30%。具体出口比例依赖于当年的全球作物总产量，以及其他各国的经济状况。亚洲的环太平洋区域正逐渐成为美国玉米的主要买家。大多数的玉米用于喂养牲畜。世界上绝大多数人口居住在环太平洋区域。

基本面因素

供给是影响玉米价格的关键因素。有多少玉米在种植，又有多少在谷仓中贮存（一般来自于前几年剩余的玉米）？目前种植区的预计产量是多少？这些数字将和预期需求进行比较。玉米的供需平衡因素一般如下：

期初仓储玉米 + 当年产量 + 进口 = 总供给

饲料、种子、剩余 + 食用 + 出口 = 总需求

总供给 − 总需求 = 期末仓储玉米

在美国，由于玉米产量巨大，进口量可以忽略。然而，出口量对于供需

平衡影响巨大。另外，如果仓储玉米过多，那么价格会下跌；如果玉米供给很少，那么价格会上涨。

供给因素

水是玉米产量的关键，每蒲式耳玉米生长大概需要5000加仑的水。在生长季节，需要450~600mm的降水，来保证玉米亩产量达到100 ~ 175蒲式耳。玉米长出1千克的净重（玉米叶、玉米茎、玉米穗），需要372千克的水。生长季节的降水一般只能提供玉米需要水量的一半。因此，土壤供水十分关键。

水分的问题在种植季节和收获季节同样有非常大的影响。对于爱荷华州和其他的美国中西部州，过于湿润的土壤会造成播种时间推后。如果播种大幅延后，农场主可能会改种大豆。在收获季节如果下大雨的话，会打折茎秆，延缓收获并降低产量。实际上，玉米很少有“风调雨顺”的生长年份，下雨不是过多就是过少。

玉米种植的关键阶段是传粉期，通常在7月中下旬发生，延续大概10天。这一阶段，玉米需要水分，无论是下雨还是土壤地下水都可以。并且，传粉期的气温不能过高。传粉时期，连续一个星期的高温会显著地降低玉米的产量。

需求因素

美国大约80%的玉米供给国内使用，用途包括喂养牲畜、人类食用、生产乙醇和种子储备。喂养牲畜是玉米主要的使用途径。生产乙醇这一用途最近得到了推广，生物乙醇可以作为氧化剂加入汽油，提高汽油辛烷的燃烧效率，从而降低空气污染。

美国国内和全球的饲养行业可以消耗美国80%的玉米产量。美国国家玉米种植者协会（the National Corn Growers Association）报告，玉米饲料可以分为基础饲料、青贮饲料、高油和高水饲料。

美国生物乙醇行业，从1979年仅有1000万加仑的产能，一路发展到目前18亿加仑的年产能。美国农业部估计，制造生物乙醇每年消耗了5亿蒲式耳的玉米，并且未来将以每年 1.7% 的速度继续增长。

玉米的需求量特别依赖于饲养者的财务状况，以及牛的存栏周期。牲畜的数量是在增长还是在减少？你只有掌握了牲畜的数量，才能很好地估计玉米需求。

小麦的价格也是一个必须要考虑的因素。如果小麦价格下降很多，饲养者会用更经济实惠的小麦代替玉米作为饲料。

出口也是需求的一个重要部分。尽管美国只出口 20% 到 30% 的玉米，但这对应了全球 75% 的谷物饲料贸易量。大部分国家的玉米产出仅供本国饲养使用，只有除了美国之外的几个国家有余力出口。但是这些国家的出口量并不稳定可靠，他们只有在产量非常富余的时候，才会出口。

价格预测

我们几乎没有办法使用基本面信息来预测玉米价格。记录全球气候对产量的影响，本身已经是非常艰巨的任务了。除此之外，你还需要准确地预测牛、猪养殖数量，以及那些用于生产酒精、播种和食用的需求。一些分析师尝试建立一些计量体系来处理这些可变因素，但到目前为止还没有人取得足够的成功。技术分析则更可靠一些。比如，季节因素是可靠的。价格高点一般出现在 7 月下旬或者 8 月上旬；价格低点一般在 11 月或者 4 月。同样，一些或长或短的价格周期也被研究者发现了。

图表分析也同样有用。头肩底形态一般很稳定。玉米价格同样会对旗形或者三角形价格形态做出反应。一旦玉米价格走出明确的趋势，趋势线就会很有帮助。玉米期货是人气非常高的期货品种，因此有充足的流动性。

小麦市场概览

和玉米一样，小麦也是一个全球种植的作物。小麦在全世界生长，并且全年都有产出。古埃及的石刻证据表明，小麦至少从公元前 1000 年左右就开始被人类种植。

小麦像其他草类作物一样，他的谷粒生长在中空茎秆上紧实的冠部，因此很容易收割。中国、印度、美国、俄罗斯、欧盟、加拿大、阿根廷和澳大利亚均是小麦的主要产地。虽然中国和俄罗斯是主要小麦产出国，但由于国内需求较大，因此产量一般被国内消耗，还经常需要进口一定量的小麦。

美国50%的小麦产量被用于出口。加拿大也是一个主要出口国。但是其他国家，由于小麦产量经常变化，出口量比较不稳定，因此对全球小麦价格影响很大。欧盟对北非国家的小麦销售补贴，尤其是其小麦主产地法国的补贴，减少了美国在这些地区的销售量。

因为大部分国家的小麦自产自销，所以几个主要出口国的产量需要被格外关注。同样，小麦分析师需要对全球的小麦供给量心中有数。因为小麦主要用于食用，因此小麦的价格非常有弹性，对市场供需变化非常敏感。

小麦的种类对于小麦价格分析非常重要，这是小麦独特的地方。美国产出的小麦也是世界最大的出口小麦品种，一般是普通小麦和杜伦小麦。普通小麦也要进行区分，一般按颜色（红色或者白色）和硬度（软、硬）来分类。小麦也可以按播种时间分类（春季播种和冬季播种）。在美国的小麦产出中，春季小麦和冬季小麦的产量比较接近。

供给因素

冬季播种小麦一般在秋天播种，之后小麦在冬季休眠（最好有雪覆盖，可以避免土壤和种子被侵蚀，并为春季发芽提供足够的水分），最终在5月或6月收获。春季播种小麦一般在春季一开始的时候播种，最后在夏天结束前收获。

硬质红小麦是美国主要产出的小麦品种。其富含蛋白质，因此被各国喜爱。硬质红小麦同时富含强韧、有弹性的面筋，因此是做面包的理想原料。这类小麦需要在干燥的气候下生长，主产地包括堪萨斯、内布拉斯加、俄克拉荷马和北德克萨斯等地区。

软质红小麦则在降水较多的地区生长，比如五大湖区、亚特兰大海岸和东德克萨斯。这类小麦主要用于制作糕点、薄饼、饼干、蛋糕或者其他类似的产品。相比硬质小麦，它的蛋白质含量较低。

最后一个美国主要产出的小麦品种是杜伦小麦，其一般生长于北达科他、南达科他和明尼苏达等地。杜伦小麦主要用于生产粗粒小麦粉，是制作意大利面的主要原料。

需求因素

全球的小麦需求来自于全球数十亿人每日的饮食需求。大部分国家会吃掉他们全部的小麦产出。在美国，除了自己食用，一部分小麦产出会被出口到其他国家，出口过程一般由商业公司或按政府计划执行。

食物是一个非常敏感的政治问题。一个人民能吃饱的国家，其政局一般是稳定的。对外也是这样，美国将小麦出口作为政治筹码，出口大量的小麦给合作国家以维持其政治稳定。因此，政治因素对小麦需求有很大的影响。

小麦同样可以被饲养公司作为玉米的替代品来喂养牲畜。然而，小麦在饲养行业的使用量非常小。因此，这部分需求一般不怎么影响小麦价格，而主要是小麦价格反过来对玉米价格造成影响；即使饲养需求能影响小麦价格，其影响也是非常短暂的。

价格决定因素

全球天气状况是小麦价格的主要影响因素。小麦的供需平衡分析可以参考玉米的供需平衡等式。我们也需要额外关注像中国这样的小麦进口大国的当年进口需求。

政府政策是小麦价格第二位的影响因素。如果一个国家的小麦供给不足，该国政府会在公开市场上购买多少小麦以弥补国内短缺呢？或者政府会直接告诉大家勒紧裤腰带以应对困难？诸如美国这样的小麦出口国家，又将制定什么样的对外出口政策，从而影响小麦价格呢？

另外一些主要影响因素包括汇率（强势美元将影响小麦出口）、小麦库存（库存越高，价格越低）、仓储能力和运输能力（对价格有短期影响）、生产和消费结构的变化（这些因素会逐渐改变），以及季节性。

小麦价格在收获季一般会因为供给充裕而下跌，而在年末的时候则一般会上涨。

技术面分析

小麦是非常受欢迎的期货品种。小麦期货具有非常好的流动性，并且对很多基本的技术分析信号有很好的响应。

燕麦市场概览

燕麦也是一种草类谷物，在凉爽适宜的气候下生长良好，并且遍布全球。因为燕麦能够在相对贫瘠的土壤中生长，因此种植者很喜欢种一部分燕麦。即使在那些土壤非常肥沃的地区，你也会在相对较差的土地上看到有燕麦种植。

供给因素

独联体国家是全球最大的燕麦生产地区。美国、德国、加拿大和波兰的燕麦产量紧随其后。在过去的十年中，燕麦种植逐渐被其他价值更高的作物的种植取代，但是在美国，燕麦的种植量在 21 世纪初触底反弹。在 1998 年，美国的燕麦产量大约是 1.67 亿蒲式耳。美国一直是食用燕麦的进口国。美国农业部预测，美国未来的燕麦产量大约是 1.55 亿到 1.65 亿蒲式耳之间，但是需求量大概是 2.7 亿蒲式耳。因此，美国需要进口大概 1 亿蒲式耳的燕麦。

燕麦像小麦一样，一般由生产国自产自销。全球仅有 5% 的燕麦产出用于出口。

在美国，燕麦的主产地是南达科他、北达科他和明尼苏达等地区。美国主要种植白色燕麦，尽管也种植一些红色和灰色燕麦，但是数量较少。燕麦一般在 4 月初到 5 月底期间种植，并在 7 月中旬到 8 月底之间收获。

需求因素

燕麦的主要用途（近 95% 需求）是喂养牲畜。在牲畜成长阶段，需要喂养最多的燕麦。因为燕麦具有谷物作物中最高的蛋白质含量，因此燕麦是马匹、哺乳期牲畜、幼年牲畜和家禽的良好饲料。燕麦的碳水化合物含量也非常高，可以提供大量能量。

农业中使用的马匹和骡子的数量下降，因此也导致了燕麦种植量和产量的下降。

一少部分的燕麦（少于 5%）被加工成了人类食物。这部分燕麦被用作早餐燕麦，或者其他类似的食物。最近，有临床研究表明，食用燕麦麸可以降低血液胆固醇含量。这可能会引起燕麦食用量增加。当然，这些增加对于全球燕麦的总产量来说是微不足道的。同样的，每年燕麦产量的一小部分会被贮存起来，作为种子用于来年的播种。

季节性

像其他作物的价格一样，燕麦的价格在货源充足的收获季节会下降，一般低点在 7 月或 8 月。在收获季节之后，燕麦价格会逐渐上升，通常在 1 月到达高点。

价格决定因素

燕麦，正像前文所说的，主要用于喂养牲畜。因此，饲养的牲畜和家禽的数量与种类，对于燕麦价格来说是影响因素。因此，分析师需要对美国农业部报告的家禽数量多加关注，同样也需要关注农业部的作物报告，因为诸如玉米、高粱、小麦等作物，都可以作为替代饲料。

如果你需要监控燕麦的基本面情况，下面是部分你需要阅读的报告的清单：种植意向报告、预计种植量报告、月度作物产量报告、月度蛋鸡火鸡养殖报告、季度生猪养殖报告、牲畜和肉类行业情况报告、肉牛存栏量报告、周度全球产出和贸易报告、美国出口销售报告、牲畜存栏量报告、谷物市场新闻、养殖市场新闻、小麦市场情况报告等。并且，你应当阅读州农业报告，尤其是北达科他州和南达科他州的报告。

另外一个燕麦价格分析的重要因素是，燕麦通常比其他谷物更轻。1 蒲式耳的燕麦只比半蒲式耳的玉米重一点点，所以燕麦的价格也只比玉米价格的一半多一点。因此，相比于购买玉米，农场主需要买更多的燕麦来饲养牲畜和家禽。所以燕麦和其他谷物不能一比一分析。如果你以重量来衡量燕麦和玉米的价格的话，燕麦的价格大概是玉米价格的 85% 到 90%。

和其他作物一样，天气也是燕麦价格的主要决定因素。但是，燕麦是易于生长的作物。燕麦和其他作物相比，不容易受到坏天气的影响。能够在北达科他和南达科他这样气候相对恶劣的州生长，也说明了燕麦的坚韧性。

在预测价格的时候，之前年份剩余的贮存燕麦数量也是会影响价格水平的。这些影响和玉米非常相似，可以参考之前的分析。前些年剩余的燕麦越多，价格水平就会更低。你同样需要把燕麦贮存量和其他作物，尤其是玉米的贮存量进行对比。如果一种作物的贮存量较低，而另一种作物的贮存量较高，那么养殖者通常会选取供给充足的作物，因为他们往往价格更低。

政府对于作物价格的影响也是非常大的。你必须要了解是否有政府政策影响了燕麦的价格，以及政策将如何影响，影响有多大。

交易员的注意事项

燕麦期货合约的投机性交易和玉米期货合约很像，但是有一些重要的区别。由于玉米市场体量巨大，并且有巨大的对冲需求，因此市场的走势变化非常缓慢。玉米价格趋势的改变是非常久的。玉米市场可以有效吸收大额买卖带来的市场冲击，比如一个外国买家意外地要求买入数百万吨玉米。

燕麦期货市场的交易量比玉米期货和小麦期货小很多，因此对交易行为更加敏感。很多交易者依据燕麦市场的这一特性，将燕麦价格作为谷物市场整体走势的先行指标。

如果燕麦市场的走势发生了改变，那么交易者就会在玉米和小麦市场提前布局。如果你只交易燕麦期货，请注意交易量小的市场通常波动巨大，具有较大的风险。但另一方面，买卖燕麦期货的保证金通常是所有期货合约中最少的。

肉类市场

活猪和猪肉市场概览

从全球来看，美国在猪肉生产国中排名第三，落后于中国和俄罗斯。但是，由于美国猪肉的进出口量非常小，因此我们可以把关注点主要放在美国市场本身。

爱荷华州是美国最大的猪肉生产地，其他的几个州（佐治亚、伊利诺伊、印第安纳、明尼苏达、密苏里、内布拉斯加、北卡罗来纳和俄亥俄）也是猪肉的主产地。这些州生产了大概全美 75% 的猪肉。

猪肉行业有行业独有的术语，这点你需要理解。产猪（farrowing）意味着接生新的猪仔，未产猪（gilts）指的是雌性尚未生育的猪，种猪（boars）是雄性的用于配种的猪，去势成年猪（stags）是长大后再阉割的种猪，而去势幼猪（barrows）是在猪成年前就进行阉割的品种。

猪需要进行阉割的原因很简单。阉割可以增加猪增重的速度，并减少攻击性行为（打斗）。猪的生产周期通常很短，母猪每年会生育两次，每次产出 5 到 15 头幼猪，大概 9 头中的 7 头可以活到成年。未产猪（雌性）一般达到成熟和待宰体重需要花 6 个月的时间。这时，未产猪可以用于生育下一代幼崽，或者送去屠宰场。去势幼猪（雄性）也需要 6 个月达到待宰体重（220 磅）。一头猪从出生到它的下一代被加工成猪肉送达餐桌，大概需要 1 年半的时间。

供给因素

猪的养殖者通常联合生产。养殖者经常会自己种植饲料（玉米或者大豆），为他们的猪配种接生，并饲养猪到待宰重量。一头猪通常在一个地方度过他们的一生，或者即使有移动，也非常近，比如从育儿所转移到一般的猪圈。这样的养殖场一般叫做从接生到屠宰一条龙操作。

在过去，猪仔在牧场里接生，并在开阔的围栏里养殖。所有的雌性猪会在春季和秋季生育两次，因此造成了猪肉市场的季节性特征。而现在，猪的养殖过程变得更加复杂，全年产量则因此更加均匀。

一头 220 磅的上市活猪，将产出大概 153 磅的猪肉、配料和猪油。火腿占 18.5%，猪肉（五花肉、培根）占 17.5%，内脏占 15%，配料占 18%，肘子占 8.5%，其他占 22.5%。猪肉的 6 个用于销售的种类是火腿、内脏、肘子、肩胛肉、五花肉和肋排。这一般是活猪 40% 的重量，或者整头猪 90% 的价值。

需求因素

猪肉是美国人餐食的重要组成部分。在过去 20 年中，猪肉面临着其他肉类（牛肉、鸡肉、鱼肉）的激烈竞争。由于饲养者开始饲养更瘦的猪肉品种，猪肉的市场份额最近开始回升。

和通常直接被食用的牛肉不同，猪肉通常被加工和贮存（烟熏、罐头、冷冻）。猪肉（五花肉）可以不加工直接冷冻后贮存一年以上。由于猪肉容易贮存，因此在分析猪肉价格的时候，需要同时考虑贮存供给和现有产量的双重影响。

什么是猪肉（五花肉）

猪肉（五花肉）是猪腹部的一层肉和脂肪共存的部分。每只猪在身体两侧有两份猪肉，覆盖前肢和后腿之间的区域。这部分一般重 10 ~ 20 磅，绝大多数重量集中在 14 ~ 16 磅。在美国，大部分的猪肉（五花肉）被加工、烟熏、切片成培根。猪肉（五花肉）的现货市场非常发达，因此也会影响到期货市场。

基本面分析

基本面分析一般采取产业链分析的思路。目前新生猪的数量是多少？有多少活猪准备出栏？有多少未产猪会用来生育？目前已出栏猪的重量是多少？目前猪肉库存水平如何？你需要关注美国农业部披露的季度生猪和猪肉报告。这些报告在 3 月、6 月、9 月、12 月公布，覆盖全美最大的十个猪肉生产州。

生猪周期

生猪的价格周期一般为期 4 年，但有可能短至 3 年或者长达 6 年。在过去 50 年中，共有 12 个生猪周期，每个周期平均 4.1 年。扩张期平均维持 2.4 年，收缩期平均维持 1.7 年。

季节性

正像前文所说的，随着生产技术的变化，生产的季节性开始变得不那么重要了。然而，生猪价格依然有比较明显的季节性特征。生猪价格一般在春末和年末见底，而在 8 月份达到价格高点。但是猪肉（五花肉）的库存会对季节性价格变化有所影响。并且也会有明显的需求面的季节性因素，比如夏季末，人们对于培根、生菜、西红柿三明治的需求会增加。

价格决定因素

一般来说，供需情况是最主要的价格决定因素。你需要了解生猪出栏量、屠宰量、平均宰杀重量、未产猪去向等。另外一些影响因素包括如下几个。

生猪 - 玉米比例。这个比例是玉米价格和生猪价格的比。如果这个比价低，那么养殖生猪的利润就很高。如果较高，生猪养殖就没有什么利润。但是随着猪舍投资和饲养器械的增多，这个比例逐渐变得没那么可靠了。

天气。异常的炎热或者寒冷的天气可以影响生猪增重。这一因素的影响被现代喂养系统减弱了，但是并没有被完全消除。

本段之前提到的一些因素，比如饮食习惯、健康因素和广告推广因素等，会对猪肉的需求造成影响。

交易和技术分析

猪肉（五花肉）期货合约一直以来都因为其日内波动巨大而被日内交易员和激进的交易者喜爱。但对于新交易员来说，猪肉合约的巨大波动性需要被慎重应对。

生猪期货和猪肉期货非常适合进行价差交易。近月合约通常在牛市中上涨得更多，而在熊市中则下跌得更多，因此提供了价差交易的机会。尤其是使用价差交易时，你可以支付更低的保证金（在国内，价差交易在盘中不会有任何保证金缩减；清算后部分交易所会按单边收取保证金，但是减少的保证金并不多，因此在国内进行价差交易在保证金节省方面并不够理想。——译者注），并使你的交易风险相对可控（相比于持有单边合约）。

在生猪和猪肉期货交易中，一定要预设止损触发单。生猪和猪肉期货会对新闻、天气或者行业报告产生非常剧烈的反应。

活牛和幼牛市场概览

牛肉的生产过程需要育种、喂养和增重等过程。像猪肉市场一样，牛肉市场也有一些专有术语，你需要理解它们。

已育牛（Cow）：已经生育过的，成熟的雌性牛。

未育牛（Heifer）：小于三岁且尚未生育的雌性牛。

未势牛犊（Bull calf）：雄性牛犊，尚未阉割。

已势牛（Steer）：经过阉割的雄性牛。

未势牛（Bull）：未阉割的雄性种牛。

牧牛（Yearling）：喂养超过一年牧草的牛犊。

牛肉生产行业另外一个独特的地方就是它的周期性。一般一头雌性牛犊出生后，需要经过 14 个月到 18 个月才可以生育。怀孕时间一般是 9 个月。

一头雄性牛犊出生，需要经过 17 个月到 19 个月的时间，才可以进入待宰状态。因此，一头母牛怀孕后，需要大概两年半的时间，它的后代才可以被摆上餐桌。在牛肉的生产周期中，人们需要做很多工作。牛的成长可以分为不同的阶段，而且在这些阶段中，它们会被转手很多次。

牛肉行业有三个主要且相互独立的部分。

第一个是牧场（ranch），也叫母牛 - 牛犊阶段（cow-calf operation）。牛犊和幼牛在这里产出。

第二个是饲育场（feedlot），幼牛在这里被喂养以满足待宰条件。当幼牛可以上市的时候，它们被称为肥牛（fat cattle）。

第三个是屠宰加工厂（packer），在这里，牛被加工成牛肉和其他制品。

供给因素

牧场产出牛犊。这是牛肉生意的主要推动因素。在美国，一个典型的生育母牛群由 75 头母牛组成，并且为每 20 头母牛配 1 头公牛。根据牧场的气候情况和降雨量，牧场需要 5 英亩到 200 英亩的土地来供养一个养育母牛群。

牛群通常在夏天产仔。牛犊可以直接送去饲育场，也可以在牧场再待 6 到 8 个月，直到他们长到 300 磅到 500 磅体重。

断奶后的牛犊也可以有两种选择，或者是直接送去饲育场育肥，或者接着在牧场生活 6 个月到 10 个月，直到他们长到 650 磅到 800 磅。这些决策需要参考活牛价格、生产成本和经济情况。另外，牧场需要留下 20% 的未育牛，来替代那些年老的母牛。

饲育场从牧场接收牛犊，育肥他们，以供屠宰。屠宰前，公牛一般喂到 1000 磅到 1200 磅体重，母牛一般喂到 850 磅到 1000 磅。

一般来说，有两种饲育场：商业饲育场和农场饲育场。其最大的区别是商业饲育场规模非常大，可以一次性饲养 1000 头以上的牛。如果饲养能力小于 1000 头，这样的饲育场一般归类为农场饲育场。一般商业饲育场的养育效率更高，每头牛的增重较快，每日增重较大，喂养时间更短。

供给端的最后环节是屠宰加工厂。他们购买活牛、屠宰并销售（牛肉、牛皮、牛油、牛骨头、牛血、牛内脏）。牛肉部分，大约占活牛体重的 62%，其中 50% 可以用于制做牛排和用于烤的牛肉。其他部分，除了 5% 用于炖牛肉之外，剩下的将用于制作汉堡。

需求因素

经过屠宰加工之后，牛肉进入零售食品店销售。牛肉基本上全部供人类食用，只有很少一部分用于制作狗粮。牛肉也面临很多其他肉类的竞争，比如猪肉、鸡肉、鱼肉等。其他的植物蛋白质制品，比如豆腐，也会对牛肉构成直接或者间接的竞争。

基本面分析

由于牛肉的生产周期较长，且保存能力有限，因此供应链分析方法是比较合适的。供应链分析需要从供应端的不同部门的供应能力入手，并试图预测供应链上不同部门的管理者将如何决策。牧场是否会保留超过 20% 的未育牛来增加他们的生育牛群数量？牧场的牛会直接被送去饲育场，还是留在牧场？

供应链的基本信息可以从美国农业部季度饲养活牛报告中获得，报告覆盖了 13 个主要的牛肉生产州，占美国饲养活牛量的 85% 到 90%。因为典型的饲养过程需要两个季度，因此你可以根据两个季度前的数据来估测宰杀量。美国农业部也会公布屠宰活牛和牛肉生产的数据，可以拿这部分数据与之前的存栏数据预测结果进行对比。

牛周期

牛群数量有一个独特的、较长的周期变化规模。自1892年以来，我们可以识别出8个牛周期，平均12年一个。具体长度则从短的9年到较长的16年。一般来说，美国的牛群会经过7年的扩张期和5年的收缩期。出现牛周期的主要原因是牛的生产周期较长，且牛肉生意本身投入资金量（土地、设备、牛群）很大。

季节性

和农业作物不同，牛是没有固定的播种和收获时间的，但是牛肉价格仍然有季节性周期。多数牛犊在4月前后45天出生，并在10月前后45天内断奶。体重350磅到500磅的牛犊，通常还会在农场饲育到再长250磅到350磅。之后，它们会被送到饲育场，以每天增重2磅的速度，再喂养210天。那时，牛一般已经26个月大，体重约1150磅，并可以屠宰。

价格决定因素

除了我们之前已经讨论过的供需平衡等式之外，还有一些其他因素会对牛肉价格造成影响。饲料成本占牛肉生产成本的大概30%。玉米价格降低将刺激牛肉生产，同时牛也可以更快地增重，从而增加牛肉供给，降低牛肉价格。

因为牛肉生产需要较大投资，所以利率政策对于牛肉行业很重要。天气也会影响牛肉生产活动。天气过冷或者过热都会影响牛增重。口味、饮食习惯、销售推广活动会影响顾客需求。吃牛肉是否健康？电视节目是否会推广牛肉，或者告诉观众应当吃其他肉类？

交易和技术分析

由于牛肉行业需要较长的时间来产生变化，因此牛肉期货会出现较长的周期性趋势，非常适合进行技术分析。牛肉市场的这一特性也经常会使期货价格震荡在较小的区间内，从而减少了投机获利的机会。

食物和纤维市场

白糖市场概览

白糖有两种类型：蔗糖和甜菜糖。历史上，蔗糖占全球白糖产量的60%。甘蔗是一个有18个月生长期的多年生植物。甘蔗收获后，留下的茎秆可以用于下一次收获，但是每收获一次，产量就会下降一次。最终，种植者需要重新播种。

甘蔗在全球各地均有种植，并且全年都可以收获。主产国包括巴西、欧盟、印度、美国和中国。这些国家产出了全球一半的蔗糖产量。巴西自1994年以来，蔗糖产量增加了90%，占全球蔗糖产出的15%，其25%的蔗糖产量用于出口。

甜菜糖占白糖产量的40%。欧盟产出了超过全球总产量75%的甜菜糖。甜菜是一年生作物，因此种植量可以在春天获得，并可以跟踪估算当年的产量。甜菜糖的竞争作物甘蔗是全年收获的，因此甜菜糖对于白糖的供求平衡有非常大的影响。

供给因素

从统计上看，白糖生产季从9月1日开始，到来年8月31日结束。和其他食品类大宗商品一样，年终库存对价格分析非常重要，预估产量也非常重要。最早的官方种植量数据来自于林氏咨询公司（F.O.Licht）的欧盟甜菜种植量报告。该公司对全球种植量的估计报告，直到每年10月份才会被公布。

供需平衡等式的供给端，同样会被白糖的替代品影响。高果玉米糖浆（High-fructose corn syrup, HFCS）因为玉米价格下跌，而成为了受欢迎的甜味剂。和白糖有竞争关系的还有非营养性甜味剂，比如阿斯巴甜、糖精、乙酰舒泛K和蔗糖素等。

需求因素

白糖需求在近些年里增长稳定，一般每年增长2%~3%。因为白糖使用量稳定，所以人们很容易预测未来的需求。全球白糖需求量从1990年的1.12亿吨增长到1997年的1.29亿吨。虽然1994年到1995年没有什么增长，但是在1995年到1996年需求快速增加了600万吨。然后在1997年后，每年都有300万吨的增幅。

白糖需求增长稳定的原因如下。

- 很多国家限制白糖进口，严格控制白糖价格。
- 白糖在很多产品中是必需的，没有替代品。
- 即使存在高果糖浆，但是由于口味有一定差异，消费者不一定认可。这一点在软饮料行业非常明显，改换配方是非常危险的。
- 非工业白糖需求是稳定的，白糖价格变化对使用者影响不大。

因此，白糖需求的预测是相对简单的。如果白糖没有出现大牛市的话，白糖的种植量不会大幅增加（尤其是多年生的甘蔗），白糖的使用量会维持在过去两到四个种植年度的水平。如果出现了白糖的大牛市，那么可以预期白糖使用量会有少许减少。

价格预测

在白糖价格的历史走势中，有一个非常特别的阶段，很多分析师把这段历史比作17世纪荷兰的“郁金香大泡沫”。那时，对于郁金香价格的狂热投机，把郁金香球茎的价格推向惊人的高度，随后泡沫破裂，价格瞬间崩盘。

1974年的白糖价格泡沫也是这样的。在1974年11月牛市顶点的时候，白糖价格已经达到1973年价格的8倍。在最后两个月的牛市当中，白糖期货价格飙涨了36美分。这36美分已经是第二次世界大战之后，白糖历史高点价格的3倍了。

白糖泡沫始于非常看涨的基本面信息。在1973年底，白糖的库存和需求比仅有20%。欧洲的甜菜种植面临了很多不利的因素。从基本面上看，白糖价格应当达到20 ~ 30美分，但是价格却一路上涨到65美分1磅。当时有人说每磅白糖将上涨到1美元。然后，价格快速地下跌，比上涨的速度还要快，最终下跌到了 15 ~ 20 美分区间。同样的疯狂上涨在 1980 年又出现了一次，但没有上一次那么严重。这次价格蹿升到 45 美分 / 磅。

有时，世界原糖和美国 14 号原糖的价格可以相差很大。在 1999 年第一季度，这两者的价格差异达到了自 1987 年以来最大的点。美国的价格达到了 22.48 美分，而世界原糖价格（离岸价，加勒比一号合约）是 6.75 美分。这一差异的原因是美国限制了白糖进口，因此糖价稳定，而全世界其他国家受到欧盟甜菜糖产量过剩的影响，价格下跌较多。

从历史来看，白糖价格一直有泡沫上涨的倾向，价格常常涨到超出基本面支持的位置。白糖市场是一个投机情绪驱动的市场，当你交易白糖期货的时候应当注意这一点。

技术分析

因为白糖市场充满了投机性情绪，并且有价格泡沫的历史，白糖也是一个适合进行技术分析交易的市场。技术分析方法可以帮助你捕捉大行情。

季节性规律显示，每年的价格低点一般在 9 月，而高点一般在 1 月或者 2 月。人们认为白糖的周期很奇怪。白糖周期的特点是具有非常尖锐的价格峰，持续时间很短，然后往往跟随着长时间的低价蛰伏。这一周期特性可能来自于一些基本面因素，比如甘蔗全年都可以收获这一特性。

咖啡市场概览

由于史料不全，咖啡开始广泛使用的时间点现在无法认证。大部分学者认为咖啡最早由埃塞俄比亚人使用。从那里，咖啡逐渐在阿拉伯国家流行开来，之后传到土耳其。在 17 世纪，从意大利开始，欧洲国家也逐渐开始饮用咖啡，包括较偏远的英国。英国的伦敦目前是世界咖啡商业的中心。茶，后来也成为英国及其包含美国在内的殖民地的流行饮品，直到美国独立战争改变了美国人的饮食偏好。现在，美国是全球最大的咖啡消费国。

阿拉比卡豆咖啡和罗布斯塔咖啡

咖啡主要有两个品种。最流行也是需求量最大的品种是阿拉比卡豆咖啡。这种咖啡味道相对温和，主要生长在巴西、哥伦比亚和南美的其他一些地区。阿拉比卡豆咖啡口味醇厚。高品质的阿拉比卡咖啡生长在海拔 600 ~ 2000 米的地区，并且海拔越高，其质量越高。巴西的阿拉比卡咖啡生长在海拔 200~750 米的土地上。

罗布斯塔咖啡主要来自非洲和亚洲，但巴西也开始产出越来越多的罗布斯塔咖啡。这种咖啡生长在从海平面到海拔 750 米的地区，并且和阿拉比卡豆咖啡相比，对害虫和高温有更强的抵抗性，但是对霜冻抵抗性较差。罗布斯塔咖啡的味道更重，但是缺乏芳香，因此主要用于混合咖啡或者速溶咖啡。

新种植的咖啡树在种植后的第 4 年开始结果，并在之后 25 年里每年都会结果。每棵树可以平均产出一磅的可销售咖啡豆。咖啡树先开出白色的花，然后授粉结果。咖啡果最开始是绿色的，之后随着逐渐成熟，会变成红色。在收获的时候，咖啡果被用手采摘下来。咖啡果包含甜味多汁的果肉，和两个被果肉覆盖的大咖啡豆。

在收获后，咖啡果可以通过湿、干两种方式加工成咖啡豆，这两种方式目前都很常见。在湿法中，人们先将咖啡果肉用机械除去，然后将咖啡豆放入发酵罐发酵。这种方法主要用于温和的阿拉比卡豆咖啡。干法则主要用于罗布斯塔咖啡，即咖啡果被放在太阳下晒干，以去掉果肉。这种方法对于天气条件有一定要求。

以上的加工过程完成之后，咖啡豆将依照大小和质量进行分类，然后会被装入袋子（每袋 132 磅）以储存或运输。大多数的咖啡豆被运输到纽约、新奥尔良、旧金山、勒阿弗尔、安特卫普等地，进行烘制、混合和打包，以供销售。

需求因素与供给因素

尽管美国是全球最大的咖啡消费国，但咖啡本身并不能解渴，也没有营养价值。咖啡的流行在于其可以起到兴奋作用（咖啡因）。咖啡可以激发人们的情绪，数百万人需要早上喝一杯咖啡，才能开始工作。

这一特性使得咖啡需求对于价格不敏感。价格只有上涨得非常多，才会对需求有影响。因此，咖啡的短期需求可以被精确地估算。长期咖啡需求则并不是太确定。很多添加咖啡因的软饮料，开始对咖啡的需求造成影响。

现在，很多年轻人愿意早上喝一杯苏打饮料，而不是咖啡。这一改变在美国和欧洲一些国家已经开始影响咖啡需求的增长速度。替代因素，再加上某些国家的需求已经饱和，可能会对长期需求产生负面影响。在美国，已经有一些市场活动开始重新鼓励年轻人找回喝咖啡的习惯。

供给因素在咖啡的供需平衡中对价格有更经常的影响。咖啡树的产量不是很稳定。由于咖啡树存在两年一次的生长周期，它的产量波动很大，而且咖啡树也容易受到天气和种植因素的影响。

在巴西的咖啡种植地，咖啡种植在每年6月或7月经常受到霜冻的影响。气温低于零度，或者即使只是气温降低的可能性，都会导致咖啡价格暴涨。即使是在靠近赤道的区域，如果其海拔高于1800米，咖啡的产量也会遭遇到冻灾影响。另外一个对咖啡产量的威胁，特别是对巴西咖啡产量的威胁，是那里9月、10月间的干旱。干旱，会影响咖啡树的传粉和结果，从而影响产量。尽管咖啡需要足够的降水（每年至少40英寸），但是暴雨会影响咖啡树开花。其他天气危害还包括大风、虫害和疾病。

季节性

咖啡没有具体的收获季节，因此其价格波动和一般作物有所不同。只要没有特殊因素造成供给短缺，咖啡豆是全年供应的。另外需求变化可以由库存咖啡满足，因为绿咖啡（尚未加工的咖啡）可以长期贮存，并且不影响质量。

价格决定因素

正如之前提到的，天气是主要的短期价格决定因素。但是，还有一些其他因素需要我们关注。运输是一方面。咖啡需要从它的原产地运输到咖啡加工和消费的地方。任何干扰咖啡运输的因素（港口罢工、战争等）都会影响价格。

咖啡库存可以在作物生长出现问题的时候，对价格的上涨加以限制。自20世纪90年代以来，咖啡加工商通过改善加工技术，大大降低了他们生产过程中需要的咖啡库存。他们使用即买即用策略，可以在之前认为无法正常生产的低库存状态下仍然正常生产。但这种方式也有一定的潜在风险，1997年的咖啡价格暴涨就证明了低库存风险的存在。

国际咖啡公约（the International Coffee Agreement），由伦敦的国际咖啡协会建立（International Coffee Organization, ICO），它在1963年到1989年的国际咖啡定价历史中起到了重要作用。这个体系采用出口限额政策，以把咖啡价格控制在进口会员国和出口会员国都能接受的范围内。这个体系在1989年解体。在1992年到1993年间，各国尝试重新回到出口限额体系，但是失败了。在那之后，形成了新的定价组织，叫做咖啡生产国协会（the Association of Coffee Producing Countries, ACPC）。这个生产国卡特尔可以在需要的时候限制出口，以维持咖啡价格稳定。然而，这个组织对于市场的影响力很小，因为很多限制是自愿的，因此经常被各国忽略。另外，实际上全球30%的咖啡产量来自于咖啡生产国协会之外，这也进一步限制了其影响。即使如此，我们还是应当关注咖啡生产国协会的动向，因为其依然有潜在的影响力。目前，国际咖啡协会成为了一个统计咖啡行业数据的机构，同时为一些咖啡的生产国和消费国（不再包括美国）提供洽谈场所。没有人再做出行动，来恢复之前的国际咖啡公约下的市场规则。

为了更好地理解供求平衡因素，我们需要多关注美国农业部、美国国家咖啡协会和国际咖啡协会公布的数据。

交易员的注意事项

交易受天气影响较大的期货品种是非常具有挑战性的。而交易咖啡期货则更加复杂，因为咖啡期货的交易量比较小。交易量较小意味着少量的交易行为就可以引起市场价格的大幅波动。换句话说，交易咖啡期货风险较大。

因为阿拉比卡豆咖啡合约在纽约咖啡、白糖和可可交易所交易，而罗布斯塔咖啡则在伦敦交易所交易，一些交易员会交易这两个期货合约的价差。

跨期合约因为咖啡没有作物年度周期，而缺乏盈利机会。

可可市场概览

可可是一种中美洲的古老作物和饮料。可可曾经非常重要，甚至可以作为交易货币使用。从 16 世纪起，可可在欧洲出现，但直到 1828 年，一个荷兰加工商才发现，可以从可可豆里面提取可可油。将白糖和可可油混合，可以生产巧克力。稍后，在 19 世纪，瑞士糖果商开始将牛奶加入到可可油和白糖中，从而生产出了第一份牛奶巧克力。

供给因素

可可树生长在热带地区。它们生长在南纬和北纬 20 度以内的地区，并且每年需要 120 厘米的降雨。可可树幼苗需要 5 年的时间才能产出可可豆。之后，可可树可以在未来 40 年到 50 年中，持续产出可可豆，一般在 15 年后达到最高产量。

可可的产出量曾经对价格变化非常不敏感。但由于监管放松，自 20 世纪 90 年代以后，可可产量开始变得对价格敏感起来。监管放松主要体现在，各国取消了政府对生产者承诺的采购价格。近 10 年来，可可产量逐年上升，主要原因是非洲产区种植了更高产的可可品种，以及印度尼西亚的种植面积逐年扩大。

在主要的可可生产国（科特迪瓦、加纳、印度尼西亚、尼日利亚、巴西、喀麦隆、马来西亚），主要产出时间是当年 10 月份到第二年 3 月份。这段时间产出了全球四分之三的可可。年中收获的品种主要在 5 月到 8 月产出。因为可可豆成熟较慢且时间不固定，因此可可有非常长的一段收获期。由于可可的主要生产地在热带地区，但是主要的消费国在温带，因此可可必须要用船舶运输到发达国家的甜点厂进行加工。这使得交通运输成本成为决定价格的重要因素。在加工前，可可豆不能在热带环境中保存很久。历史上，全部的加工工作（以及贮存）都是在发达的消费国内完成的，尤其是美国和欧洲国家。目前，生产国则开始做更多的加工工作，以提高出口价值。巴西国内对于巧克力的需求也在增加，因此越来越多地将其产出的可可留在国内进行加工。马来西亚和以科特迪瓦为首的一些非洲国家，也开始进行国内加工。巴西目前国内加工其可可产量的 20%，并计划将这一比例增加到 50%。

可可存货分为不同阶段。可可果是一个阶段，之后的初始加工过程是一个阶段。之后，进出口运输过程中会积累一部分库存，糖果加工厂也会持有 4 到 6 周的存货，并且会有更多的可可存货积累在中间贸易商手里。

在 1988 年之前，国际可可组织（the International Cocoa Organization, ICCO）也持有一定量的可可存货，以维持可可价格。国际可可组织的支持市场行为停止后，其持有的库存在 1993 年 10 月到 1998 年 4 月这段时间里，以月度拍卖的方式被逐渐清空。

可可豆的加工方式非常复杂。首先，成熟的果肉和豆荚会被从 7.5 米高的树上砍下。豆荚被拨开，人们从中取出 20 个到 40 个杏仁大小的可可豆。之后，可可豆将进行 2 天到 9 天的发酵。这一过程可以杀死可可豆里面的微生物，并激活可以产生独特风味的酶。

发酵过后，可可豆会被晾干、装袋并运送到加工厂。加工厂会清洗、混合并烘制这些可可豆。这一过程会打碎并除去可可豆的外皮。这一阶段的可可豆叫做碎豆（nibs）。碎豆里面含有 54% 的可可油。碎豆会被压榨、提炼出可可油。可可油和一小部分碎豆混合在一起，组成巧克力浆（chocolate liquor）。巧克力浆可以直接食用、贮存，或者加工成巧克力蛋糕、可可、牛奶巧克力或者甜巧克力。可可饮料一般含有 22% 的可可油。

需求因素

可可具有独特诱人的味道，因此没有什么替代品。大约 98% 的可可用于制作巧克力和巧克力风味的食品，比如饮料、饼干和冰激凌。剩余的可可主要用于化妆品行业。由于可可的终端产品属于奢侈品，因此可可主要被诸如美国、欧盟等高收入国家消费。因此，价格变化对于需求的影响非常小。不成熟的市场（日本、俄罗斯、东欧）对于价格变化更加敏感，而且这些市场的消费量目前在逐步增加。

价格决定因素

尽管零售市场的价格一般比较稳定，但是在批发和期货市场上，可可的价格经常发生变化。可可市场对于消息反应剧烈。这一特点可能是因为可可的原产地离美国很远，因此很多产能信息很难有效地传递过来。可可的生产国和这些国家的政府，比如科特迪瓦，经常会向外公布产量减少的假消息，从而抬高价格。到了20世纪90年代，信息传递问题得到了很大改善。这一方面是因为通信科技的发展，另外一方面也是因为行业整合。这使得可可使用者可以参与到可可的种植和运输中，增加他们对可可供应的信心，并减少他们需要的存货。

和其他作物相似，天气对可可的价格也有影响。可可树需要大量的降水。如果降水不足，可可产量会下降；降水过多则使得可可树容易得病。沙尘暴（来自撒哈拉沙漠的干燥、多沙的大风）会严重影响科特迪瓦的可可产量。

收入和人口变化也会影响可可价格。一个国家的财富增加，一般对可可的消费量也会增加。

同时，由于生产国对可可监管的放松，现在生产国政府对可可供给和价格的影响力大大减弱了，并且像国际可可组织这样的权力机构的影响也不存在了。现在，国际可可组织监管的《国际可可公约》（包括多数可可贸易国，但不包括印度尼西亚和美国）仅提供自愿性的出口建议，以支持价格。和咖啡的自愿性监管机构一样，这些建议也基本被忽略。贸易并不按照国际可可组织的框架进行，国际可可组织在2001年基本被废弃了。

可可油也面临着一些其他可以加入巧克力的植物油的竞争。生产者担心这些替代品会显著降低可可的使用量。但巧克力行业从业者则声称他们会通过产品创新和改善贮存设施，来增加对可可的需求。

白糖是巧克力的另外一个主要成分。因此，白糖价格也会影响可可价格。这不是因为由白糖制作的糖果是巧克力的主要竞争品，而是因为如果白糖价格上升，那么巧克力也会涨价，从而影响巧克力需求。

其他价格决定因素如下所示。

- 运输。将未加工的可可豆从热带地区运出非常重要。任何运输中断或者引起运输中断的威胁，都会推高可可价格。
- 美元指数。美元指数走强会降低可可价格。
- 库存水平。可可三阶段的库存会占据可可市场供给的很大一部分，这部分供给对稳定价格很重要。

季节性

由于生长季节较长，且有三层复杂的库存体系，可可价格的季节性不明显。价格低点经常发生在一季度，高点则在 7 月或者 8 月。这主要反映出，一般每年 10 月到来年 3 月可可的收获量相对较大。

交易员的注意事项

可可市场对于基本面交易和技术面交易都不是特别适宜。基本面交易者需要依赖很多不可靠的数据（来自于一些欠发达国家，这些国家通常缺乏良好的统计设施，或者有动机篡改数据）。而对于技术面交易者，由于可可市场的申买价格和申卖价格间差距较大，图表也不是非常可靠。而且可可期货保证金要求较高，每个点价值 10 美元，也限制了很多投机者参与交易。总之，可可期货是一个波动剧烈的市场，可以使即使非常有经验的交易员陷入巨亏。如果你需要交易可可期货的话，请确保和有非常多可可交易经验的人一起进行。

橙汁市场概览

橙子被种植在全球很多国家，巴西和美国是主要的生产者。墨西哥、西班牙、中国和意大利也具有较大的产出量。美国过去一直是橙子和橙汁的主要生产者和出口者，直到近些年才被巴西赶超。到 1998 年，巴西可以产出大约 1900 万吨橙子，占世界总产量的 31%。美国则可以产出 1300 万吨橙子，占世界总产量的 21%。根据美国农业部国际农业统计局的数据，在 1970 年到 1979 年这段时间里，美国占世界产量的 28%，而巴西占 22%。在过去的一段时间里，美国已经成为了橙子的净进口国，进口量根据当年的产量而有一定差异。多数进口来自于巴西。

佛罗里达州自 16 世纪以来，就一直种植橙子。佛罗里达是美国主要的橙子产出州，种植量占全美 70%。加利福尼亚州自 18 世纪开始种植橙子，是美国的第二大产出州。之后德克萨斯州排在第三，亚利桑那州也出产一定量的橙子。

受益于 1947 年人们开发出了一套可以保留原始风味的橙汁冷冻技术，橙汁变成了非常流行的全年早餐饮品。冷冻过程包括浓缩橙汁成为浓稠的橙汁浆，然后加入新鲜橙汁和其他风味剂，最后冷冻。这样，我们获得了冷冻浓缩橙汁（frozen concentrated orange juice, FCOJ）。

白糖是冷冻浓缩橙汁的主要添加剂之一。橙汁的买家很关心冷冻浓缩橙汁的其他固体添加物重量，即溶解入橙汁的其他固体添加物的含量。橙子越成熟，它的甜度就越大。西班牙瓦伦西亚橙子因为其成熟晚、甜度高而成为最好的橙汁品种。

供给因素

天气和病虫害对于橙子生产的影响非常大。美国多数的早季或者中季橙子在 1 月底收获。而晚季橙子一般在 4 月中旬到 6 月收获。因此，早季和中季橙子易于遭受霜冻。这些危害会导致橙汁价格大幅波动。在 20 世纪 80 年代的头 4 个种植季，佛罗里达遭受了连续 4 年的霜冻灾害。霜冻灾害对橙子树和橙子果实都有非常大的损害。因此，严重的霜冻灾害会影响之后数年的橙子产量。

佛罗里达产出了美国主要的食用橙子和冷冻橙汁。但是由于 20 世纪 80 年代初的霜冻灾害，人们开始怀疑佛罗里达能否成为稳定的橙子提供来源。巴西产量的增加抵消了美国的减产。但是如果美国和巴西这两个主要生产者同时遭到不利天气或者病虫害，这依然会给市场带来很大的问题。

巴西政府通过向橙子种植者提供奖励和补贴的方式，在过去几年里明显地提高了橙子种植量。圣保罗是巴西最大的橙子产出区，种植了大约 2.25 亿株橙子树（1.975亿株目前可以结果，0.274亿株还需要生长一段时间才能结果），但是根据美国农业部报告，在圣保罗的橙子主产区，柑橘腐烂病已经成为圣保罗橙子种植者的最大问题。橙子保护基金——由圣保罗州政府资助而成立的橙子种植保护部门，正在负责诊断并销毁感染柑橘腐烂病的病株。根据美国农业部的数据，将有数百万株橙子树被销毁，以控制病害蔓延。

需求因素

很多商品的价格都受供求双方影响，但是冷冻浓缩橙汁并不是这样。对于冷冻浓缩橙汁，橙汁的供给几乎完全决定了价格。在过去，新鲜的橙子经过船运，或被压缩成橙汁，或直接剥皮食用。橙子是季节性食品。如果没有橙子供应，消费者也没关系。但是现在，冷冻浓缩橙汁可以被全年供应。如果冷冻橙汁的价格过高，消费者也可以选择其他更便宜的水果、果汁或者饮料。换句话说，需求端是非常有价格弹性的。需求会对价格变化做出反应。如果价格上涨很多，那么需求会下降；如果供应充足价格低廉，那么需求就会上升。

除了用于压榨果汁和食用，橙子也有一些其他用途。橙子果肉可以加糖、干燥并制作成果酱。橙子皮可以压榨出橙子油，用作食品添加剂或者香水的香味剂。压榨橙汁之后剩余的果肉，可以用做牲畜饲料。

季节性

像其他作物一样，橙子现货和期货的价格一般在收获季节之前达到高点，然后随着收获季节的到来而回落。对于冷冻压缩橙汁，价格高点一般在11月份，而低点在6月份。

价格决定因素

橙子价格比其他任何商品的价格都更加容易受到天气影响。冬季冻害，从11月到次年2月中旬，可以使佛罗里达的作物死亡。由于巴西位于南半球，冬季在6月、7月、8月这3个月到来。橙子树需要温暖和水分。开花季节缺乏水分是毁灭性的，而降水过多或者过分灌溉也是有害的。另外，害虫也有巨大的危害。气温突然升高会导致未成熟的果实提前掉落。甚至强风也会影响产量。柑橘腐烂病和柑橘冠状病毒，都会摧毁橙子树。所以，橙子是一个很难种植的作物。

由于橙汁是供给决定的市场，全球性的供给竞争也是主要的价格决定因素。在巴西的橙子产量超越美国的产量之后，位于佛罗里达的由巴西企业投资的橙子加工厂甚至从巴西进口橙子。它们加工巴西橙子，并把巴西橙汁和佛罗里达橙汁混合。分析师必须追踪记录全部的橙子种植量，以及刚刚开始结果的幼年橙子树数量。一般来说，一棵橙子树种下之后，要过 5 年才可以结果。

冷冻浓缩橙汁可以近乎无限地贮存，所以库存水平需要格外被关注。库存被不同部门持有，包括浓缩加工厂、经销商、仓库和大型连锁食品公司。

冷冻浓缩橙汁的主要消费市场在美国，但是其他发达国家也开始食用橙汁。这一扩张过程会增加消费，提高价格。

消费者口味的不断变化也会影响价格。近期，和冷冻浓缩橙汁不太一样的冰冻橙汁也逐渐开始被人们消费，这一趋势值得关注。

交易员的注意事项

交易冷冻橙汁和交易猪肉期货很像，适合喜欢刺激的交易者。预期外的大幅价格波动会突然发生。你需要有颗大心脏，并拥有足够的资金支持。

棉花市场概览

棉花是一种古老的作物，种植始于 5000 年前的中国。受亚历山大大帝的扩张影响，棉花逐渐向西传播，从印度、波斯到欧洲。最早的棉花纺织技术在 13 世纪传入西班牙。从西班牙出发，棉花纺织技术一路传播到荷兰和英国，并从 17 世纪开始进入繁盛。北美最早的棉花工坊始于 1790 年，位于罗德岛。

1793 年，怡莱·惠特尼发明了轧棉机，从而大大推动了棉花工业。轧棉机将棉花生产效率提高了 50 倍。轧棉机可以从棉花纤维中分离出种子，因此剩余的纤维可以直接用于纺织衣服。这是历史上第一次，纺织工业企业获得了足够的棉花纤维。

供给因素

在棉花的供给侧，有 75 个棉花种植国家，产出大约 8500 万包棉花。绝大多数国家内部消费了它们的所有产出。最大的棉花生产国包括中国、美国、印度、巴基斯坦，以及独联体国家。土耳其和埃及是主要的粗棉生产国。

棉花有很多种类，但是只有一种叫高品质陆地棉（upland）的品种是国际贸易的主要商品。高品质陆地棉有三个评价特征：品质、长度、马克隆值（micronaire）。

第一个特征是品质，其由几个因素决定，如颜色、杂质度和成熟度。颜色指的是棉花的白度或者鲜艳度。低品质的棉花是多杂色斑点的。杂质度是指棉花收获时混入的尘土、植物皮、碎叶和其他不纯的物质的比例。成熟度指的是棉花的粗糙程度和纤维均匀性。

第二个特征是棉花纤维的长度。短纤维棉花的长度低于 2 厘米；中等长度纤维在 2 ~ 2.8 厘米之间；长纤维棉花长度在 2.85 ~ 3.33 厘米之间；超长纤维棉花的长度在 3.5 厘米。高品质陆地棉一般是中等或中等长度偏长。

最后一个特征也叫麦克值（mike），是马克隆值的缩写。马克隆值由测量仪器测量棉花纤维的气体通过量获得。不成熟或者过于成熟的棉花的马克隆值低于完美生长的棉花。

棉花需要 180 天的生长周期，其间不能有霜冻灾害。高温伴随间歇的降雨是比较好的气候。近些年，灌溉技术取代了自然降水。

美国的 14 个州生产了全美 98% 的棉花。德克萨斯州是最大的产出州，加利福尼亚州次之。其他的产出州包括阿拉巴马州、阿肯色州、亚利桑那州、佐治亚州、路易斯安那州、密西西比州、密苏里州、新墨西哥州、北卡罗来纳州、俄克拉荷马州、南卡罗来纳州和田纳西州。

需求因素

美国的主要棉花使用需求来自于服装制造行业，剩余的棉花被家用或工业使用。因此，棉花的需求比较稳定。

因为合成纺织材料的价格低廉且耐用，因此逐渐变得流行起来，并对棉花需求产生了很大的影响。但是后来随着人们审美和穿着习惯的改变，棉花相对诸如尼龙、涤纶这样的合成材料，又争回了相当的市场份额。在1968年，棉花占美国市场份额的49%。到1982年，棉花的市场份额已经下降到了35%。随后，棉花行业开始了强大的市场推广活动。到了1990年，棉花的市场份额提高到了60%。根据美国国家棉花协会的数据，1997年，棉花占全美纺织原料市场份额的68%。

棉花需求同样受到从远东进口的服装纤维和制成服装的影响。韩国和中国的服装和纺织使用这些国家自己生产的棉花，从而减少了对美国棉花的需求。

价格决定因素

棉花是一种每年收获一次的作物。尽管棉花在75个国家种植，但大部分的国家内部使用了自己全部的产出。因此，棉花分析师主要需要追踪前文所说的5个棉花产出大国的产量。

另外，尽管棉花的需求变化很大，但是需求通常以缓慢和可以预测的方式变化。而棉花的供给变化，则经常以无预警的方式迅速发生。

天气同样是棉花供需平衡的首要影响因素特别是在生长季节。比如，降雨和低温会延迟春季的播种。而播种较晚的棉花又容易遇到霜冻。如果秋季多雨低温，棉花铃很容易腐烂。如果降雨冲掉了棉花上的杀虫剂，害虫，尤其是象鼻虫、棉铃虫、蓟马，会对棉花造成危害。水分过少会降低产量，水分过多会降低结果率，并延缓成熟期。

政府政策在过去60年里，对棉花产量的影响和天气一样强。美国在1929年通过了《农业销售法案》，确定棉农生产的贷款利率，以保护棉花种植行业。稍后，美国推出了价格维持计划，使得美国棉花存量在20世纪60年代中期达到1700万包。

美国农业部表示，1996年的农业法案确立了对棉花种植者种植灵活性的保护（棉花种植者可以自主选择种植的棉花种类），因此自身价格、竞争作物价格和其他市场因素都会对高品质陆地棉的种植面积产生影响。美国棉花出口量在 2001 年后轻微下跌，但在 2008 年开始恢复上涨，上涨了大约 2%。1996 年的农业法案限制了棉花行业的市场补贴（用于保持美国高品质陆地棉竞争力的两步支付计划）总额，要求 1996—2002 财年内，最高支付 7.01 亿美元。虽然这个计划覆盖到 2002 年，但是资金在 1998 年就被用光了。美国农业部计划从 2003 年起，不再对资金上限做限制。因此，2002 年之后，每年的补贴计划至少是 1.5 亿美元。

流行偏好也会影响棉花价格。人们对于免熨烫衣服的需求，近些年来影响了对棉花的需求。不过这个流行趋势很快消退了，人们对于“更自然”的纯棉服装，尤其是裤子的需求越来越多。正如之前所说的，美国服装市场中棉质衣服的份额从 1982 年低点的 35% 增长到 1997 年的 68%。

库存和余留棉花量是随时随地可以供应的供给端组成部分，因此是价格分析中的一个重要因素。轧棉厂、中间商、加工厂和货物运输阶段都会持有库存，同时商品信用组织（the Commodity Credit Corporation）也持有一部分库存。

棉花的季节性是可以预测的。棉花价格通常在晚秋的收获季达到低点，而高点一般在 5 月到 7 月之间。棉花的作物年度一般开始于每年的 8 月 1 日。

交易员的注意事项

棉花的种类很多。在分析需求的时候，你需要确认你分析的需求和你计划交易的棉花期货品种是否一致。比如，纽约棉花交易所上市的合约对应 100 包（50000 磅）“低中品质，1 又 1/16 英寸，中等麦克值”的棉花。当你发现你做多这个品种，而市场需求的却实际上是超长型棉花的时候，你是不会高兴的。

金属

白银市场概览

白银最早在 4000 年前开始被人类使用——就在人们开始使用金和铜的不

久之后。最早的纯银矿（以纯银而不是化合物的形式存在）是在小亚细亚半岛被发现的。

白银最早主要用于珠宝和盔甲的装饰。人们在古卡尔迪亚王国的皇家墓地碑文中发现，早在公元前4000年，白银已经成为了一种交换媒介物。古希腊是最早流行使用铸制银币的地区。欧洲一直使用白银货币，直到16世纪葡萄牙和西班牙在美洲发现了大量的白银矿。

供给因素

目前全球的白银供给量在每年3亿到5亿盎司之间。主产国包括澳大利亚、加拿大、墨西哥、美国和独联体国家。

美国多数的银矿已经被采空，目前美国的白银主要是其他基础金属（铜、锌、铅）开采的副产品。银矿也通常和金矿共存。由于白银多数以副产品形式产出，因此白银的产量对自身需求并不敏感。而如果基础金属的需求增高的话，反而会导致白银供给过剩。

人们喜欢囤积贵金属。这一行为会扭曲供给需求平衡。当白银价格上涨过高时，贮存起来的白银就会流入市场，并打压白银价格。印度市场最能反映这一现象。据估计，印度人目前持有50亿盎司的白银，这是大概12.5年的全球产量。

法国同样是世界最大的白银贮存国之一。但是目前并没有法国居民持有白银量的准确数据。

另外，目前人们研制出了高效的技术，可以从胶片中回收白银，因此在供给侧增加了回收白银这一部分。

需求因素

白银作为货币交换媒介这一需求已经完全消失了。只有7%的白银供给目前仍被加工成硬币。白银目前的用途主要是珠宝、餐具和艺术品，占每年白银需求的一大部分。

白银最大的工业需求是来自于电子和影像行业。白银有几个非常好的物理特性。白银和铜相比，是热和电更好的导体。白银的一些化合物，则对光或者辐射敏感，因此是大多数胶片感光乳剂的活性成分。在影像行业，一半的白银被用于X射线成片。

白银的交易

伦敦是全球白银交易的中心。伦敦有两种截然不同的白银市场。第一个是银条现货市场。三家银行，即汇丰银行、德意志银行和加拿大丰业银行，会每天早上举行定价会议，确定他们愿意支付的现货白银价格。定价会议确定了白银的现货价格，同时给全球的白银交易中介一个价格参考。

另外一个市场是期货市场。全球两个主要的白银期货市场分别在纽约商品交易所（the New York Commodities Exchange, COMEX）和芝加哥商品交易所。伦敦金属交易所（the London Metal Exchange）在1999年也引入了白银期货。

基本面分析

白银的基本面分析需要从五个关键方面入手。

第一点是工业需求。胶片感光乳剂的需求预期是增加还是减少？数码相机的流行和网络图片传输技术的使用，对这部分需求产生了威胁。统计数据显示，在1997年，数码相机销售了200万台，这是第二次数码相机年销量超过传统相机了。数码相机无论在商业应用上，还是在民用上，都取得了广泛的认可，而这一趋势对光学工业白银的需求是负面的。其他工业白银需求，诸如导体和催化剂，也需要好好分析。

第二点是汇率波动。虽然白银不是通胀的完美对冲品，但是白银价格会对通胀有所反应。

第三点是政治因素。世界政局不稳定会鼓励民众贮存白银避险。一些国家政府则希望通过立法或法案来控制白银价格。其他政府，比如印度政府，则试图限制其贵金属的出口量。你能否预测可能发生的政治行动？政策变化会对白银价格造成什么影响呢？

第四点是产能和回收产能。一般来说，每年的白银需求量大于开采量，但是白银供给依然充足。

最后，你需要考虑一些不可预测因素。比如一些白银生产国常常干扰市场，以获得政治收益。

技术分析

两个技术分析形态对于白银市场很有效。白银市场的低点一般是圆弧底。圆弧底可能历经数年形成，比如 1974 年到 1978 年，或者 1968 年到 1973 年。

在经历圆弧底之后，白银市场经常会经历非常强的上涨过程，经常创出前高两到三倍的价格。但是白银的高点可能只会维持极短的时间。白银市场高点的反转过程通常是非常尖锐的峰形，以“岛形反转”或者其他剧烈反转的形态出现。

从季节性来看，白银市场通常会在夏季产生低点，而在 1 月达到高点。

黄金市场概览

和白银一样，黄金在公元前 4000 年左右开始被广泛使用。黄金最早以金块的形态被发现，后来则以金矿的形式被开采。尽管黄金在久远的年代就开始被使用，全世界 90% 的黄金实际上是在 1848 年之后才被开采出来的。从古至今开采的黄金，有四分之三是近 30 年生产的。这一现象的原因很简单，因为我们的开采技术进步了。

黄金的一个独特性质是其延展性非常好。一盎司的黄金可以被塑造成长达 1500 米的金属线。这也是为什么黄金是非常好的珠宝原料。

然而，从供给需求的角度来看，黄金是非常没有弹性的。这意味着黄金需求对供给价格的变化不敏感。如果供给减少，需求可能不会变化太大。黄金和食物不同。对于食物，如果供给消失了，食物价格会飞涨。但是如果黄金供给消失了，消费者（尤其是工业消费者）可以不使用黄金，或者使用黄金的替代品，比如铂金、钯或者银。

黄金投资者还需要了解一些其他的黄金供给需求平衡因素。首先，应用黄金的工业生产过程通常可以回收黄金。因为黄金本身价值较高，所以很多生产过程会计划回收全部投入的黄金。因此，工业使用的黄金基本不会消失，这和其他原料诸如大豆、玉米、活牛、铜等不一样。

供给因素

新产出的黄金来自金矿开采。南非是主要的黄金产地，随后是美国、中国、独联体国家、澳大利亚和加拿大。其他国家产能远少于这些国家。

黄金贮存者会扭曲供给需求平衡。一些国家的中央银行通常持有大量的黄金现货。比如，15 个最大工业国的中央银行，持有全球黄金年产量 85 倍的黄金库存。所以，即使 1% 的黄金库存被投入到市场，那么当年的黄金供给也会翻倍。

黄金是对政治信息最敏感的商品，而且黄金出产国的行为很难预测，这也会影响价格。

石油输出国组织（the Organization of Petroleum Exporting Countries, OPEC）的成员是除了央行之外，另外一个不稳定的黄金贮存者。他们根据石油价格来决定黄金的购买和销售。如果原油价格下降，他们不得不卖出黄金以清偿债务。而如果原油价格上涨，他们会买入一部分黄金以贮存。

个人，尤其是那些货币政策不稳定国家的居民，也认识到了贮存黄金的重要性。以德国为例，在过去 100 年中，德国经历过 4 次货币危机。法国也经历过几次。所以德国人和法国人都有贮存黄金的习惯，而美国人也贮存了很多黄金。黄金基本面分析的一个难点就在于，没人能准确估计民间的黄金储量，以及什么情况会使得这部分黄金重新流入市场。

需求因素

装饰需求——主要是珠宝和艺术品，占黄金需求的 60%。其他的主要用途包括电子产品生产、牙医、铸币、药品制造和临床医疗。

对于黄金价格分析不利的是，由于黄金是非弹性商品，因此需求对黄金的价格影响很小。另外，黄金也有很多替代品。

黄金的交易

和白银一样，黄金现货也是在伦敦的每日定价会议上被决定价格。五个主要的黄金经纪商在每个交易日会聚集两次，来决定黄金价格。这五个定价经纪商是罗斯柴尔德银行、德意志银行、汇丰银行、加拿大丰业银行和纽约国家银行。其他的黄金交易中心包括苏黎世、香港等，芝加哥和纽约则主宰了黄金的期货交易。

基本面分析

对黄金进行基本面分析的最大挑战在于如何分离出其他影响黄金价格的因素。黄金的用途很多，但是人们对于黄金珠宝的喜爱，使得黄金有更大的影响力。政府使用黄金制作金币或者偿付外债，这使黄金具有货币价值。个人通过贮存黄金来抵御通货膨胀，或者在金融危机发生的时候保护自己。

央行和各国政府控制着大部分的已开采黄金。因此，黄金也成为了各国执行外交政策或国内政策的一项工具。1933 年，罗斯福“新政”颁布后，规定个人持有金条违法，所有个人持有的金条须没收充公。

在 20 世纪 90 年代后半段，在黄金已经经历了十年的下跌之后，欧盟中央银行通过出售其黄金储备以使得其成员国满足欧元区条件，而使得黄金价格进一步下跌。国际货币基金组织（the International Monetary Fund）同样计划出售储备黄金来资助贫穷国家偿还债务，这也使得黄金价格承压。黄金价格在 1999 年中期，一度跌到 260 美元每盎司之下。但是到了 1999 年年末，为了维持金价，欧洲央行（the European Central Bank, ECB）和其他 15 国央行决定他们会在 2004 年之前，把每年的黄金出售量限制在 400 吨以内。同样，国际货币基金组织受到美国国会压力，放弃了其 1000 万盎司黄金的销售计划，并重新评估 1400 万盎司黄金价值的债务减免计划。

技术分析

就如同黄金是最流行的财富代表一样，黄金也是一个分析师最喜欢预测价格的期货品种。因为每个人都对黄金感兴趣。

黄金的季节性表现为其高点一般在 2 月份，而低点一般在 8 月份。这一现象的主要原因是南非的流动工人 2 月来到农场工作并在 8 月从农场离开回家。南非的金矿矿工数量在2月份减少，因为他们需要去种地（南非的夏季）。而在8月份他们会回到矿场（南非的冬季）。

白银对黄金比价交易也是一个很简单的技术分析系统。你可以计算购买每1盎司黄金需要的白银数量。目前，常见的比价是60：1。当比价降低到50：1时，黄金的价格可能被低估，我们应当买入黄金。当比价超过70：1时，我们要买入白银。黄金市场的趋势性很强。基本的K线图形态都可以成功地应用。

铜市场概览

铜，是一种从古代就开始被使用的红色金属，主要被人们用来制作武器、盔甲和工具。因为铜延展性高，人们学会了将铜和其他金属混合，以制作硬度较高的合金材料，比如青铜和黄铜。自有历史记录以来，铜就被广泛应用。即使今天，铜依然是交易最活跃的国际大宗商品。

供给因素

铜的供给渠道有两个：新开采铜和回收铜。铜的挖掘采用露天开采的方式，需要挖掘大量泥土，之后经过粉碎、熔炼和精炼三步产出铜。在粉碎过程中，人们需要压碎并研磨从露天矿坑开采的泥土。之后原材料会进入浮选过程，来分离铜矿和泥土，并产生富集矿。在熔炼中，富集矿被加强热，并熔炼出99%纯度的铜。最后一步是精炼。精炼使用的是一个电学方法，可以除去其他的杂质，使得铜的纯度增加到99.9%。这个纯度是期货市场最常见的品级。

新开采的铜矿主要来自四个地区：安第斯山脉西侧，如智利和秘鲁；非洲南部国家，如刚果和赞比亚；美国；加拿大。这些国家占全球铜开采量的三分之二。在美国，亚利桑那州是铜的主要产地。

铜最受欢迎的特点是其抗侵蚀性。这使得铜可以循环利用。铜废料和二手铜作为铜的供给来源，数量越来越大。这一部分的供给也需要纳入到基本面分析当中。

需求因素

铜是一种工业金属。因此，铜的需求主要来自于发达国家。铜具有很多工业需要的使用特性，比如是热的良好导体、电的良好导体、抗侵蚀、强度高、韧性强和具有延展性。铜经常和锡、镍等金属构成合金。

美国和日本是两个主要的铜消费国。但是，日本并不是一个铜生产国。电子行业对铜的需求量很大。铜因为导电性好，被用作电线和其他电子组件。近些年航天和通信行业的发展使得铜的需求量更大了。铜的其他需求来源包括家用、汽车和水管行业。另外，相当一部分的铜也被用于装饰珠宝和铸币。

价格决定因素

因为大部分铜开采于欠发达国家，而被发达国家使用，因此铜需要通过出口，从产出地运输到消费地。这就意味着汇率变动和运输成本对于铜的价格有很大影响。另外，没有哪个国家可以垄断铜的开采生意或者铜的精炼生意。铜是一个全世界流动的商品。这一特点加剧了铜的市场竞争，对价格造成影响。

正像前文所说，铜是一种商业金属，广泛应用于建筑、汽车和电子行业。因此，铜的供需平衡对发达国家的经济情况非常敏感。如果新建住房数量或者新销售汽车数量下降，铜的价格会因为需求下降而下跌。实际上，铜的价格甚至会领先实体经济而变化，因为铜的使用者在经济不好的时候首先会缩减库存。

因此，在经济不好的时候，我们应当做空铜，前提是经济衰退是全球性的。如果不是全球性的，那么铜价可能会保持坚挺，因为世界其他地区的需求依旧旺盛。

在研究经济周期的时候，你需要格外留意经济状况变化的速度。铜的需求变化速度很快，一旦需求开始旺盛，价格就会快速上升。

在发达国家，促进地产、基础设施建设，或者制造电子设备的政府计划会增加铜的需求，并使得铜价上升。政府也可以通过货币政策来影响铜的需求。比如，发展工业或者增加就业的政策对于铜价是利好。政府同样可以控制用于生产铜币的铜使用量。如果政府降低利率，那么新建住房会增多，并最终传递到铜价上。最后，国防行业也是铜的主要使用者之一。

铜的各级库存也会影响铜价。库存过多，则价格会下降；存货不足则会激发牛市。

季节性

由于住房行业和汽车行业是铜的使用者，因此铜也有季节性。这些行业在2月、3月、4月增加库存，会使得铜价出现高点。价格低点多数来自于夏季末尾或者初秋。

交易员的注意事项

铜期货具有非常长的历史，并且交易量巨大，会产生长期的价格趋势。因此，铜期货很受投机者欢迎。铜期货和原木期货很相似，同样都是商业用大宗商品，并且受利率和住房开工率影响很大。

铜期货在纽约商品交易所交易，同时伦敦金属交易所也提供铜期货交易服务。

能源

石油和石油产品市场概览

在20世纪70年代之前，石油市场是一个相对稳定的市场，有稳固的价格和可靠的贸易通道。自20世纪70年代起，石油市场出现了很多变化。主要的变化在于1973年到1974年之间，石油输出国组织（OPEC）成立了，并且执行了石油禁运政策。此后，石油价格飞涨，加油站前排起了长队。

这一变化的主要结果是，原油市场的权力从之前的大型石油公司（七姐妹）手中，转移到了石油生产国的手中。石油输出国组织在追求对原油市场的统一权力过程中，其本身的地位和权力也有所起伏，它的影响力也一直在变化。石油输出国组织的主要领导者——沙特阿拉伯，经常对石油输出国组织制定的贸易限制视若无睹。一些石油生产国家拒绝加入石油输出国组织，也影响了石油输出国组织在维持油价上付出的努力。

20世纪90年代末期，原油价格大跌到10美元每桶，致使石油输出国组织成员开始对出口限制更加重视，全球原油供给有所缩减。在1999年，原油价格回到了每桶20美元以上。

供给因素和需求因素

原油的主要生产者——独联体国家和美国，实际上也是原油的净进口国。因此，全球原油的供给主要由其他几个出口国决定：沙特阿拉伯、伊朗、伊拉克、科威特、利比亚、尼日利亚和阿尔及利亚。这些产出国需要合理规划他们的原油产量和需求。

在过去，石油产出国认为原油需求永远是大于供给的。他们可以随意定价，并且所有的进口者都愿意支付。但是高昂的原油价格使美国居民不堪重负。最终，在1983年，由于人们开始节俭使用石油，当年美国的原油需求历史上第一次没有增加。这使得原油供给过剩，原油价格降低，并使得原油垄断集团的团结被削弱了。从1983年到1986年，美国的原油进口量一直在下降。到1986年，美国的进口量降低到320万桶/天的低点，不过随后原油需求又开始回升。到1998年底，受美国经济变好的影响，美国进口量回升到870万桶/天。

季节性

石油的需求还有其他的影响因素。汽车汽油使用量在夏天最大，而对燃油的需求则在冬天达到高点。当我们从原油需求、精炼和贮存能力等角度来看时，这两个因素是互补的。

石油精炼的基本过程是蒸馏。原油被加热后汽化，之后再将蒸汽冷凝为液态。这一过程可以将原油分离成一些不同的石油制品。石油中的各种化合物成分会在不同温度汽化；化合物的重量越轻，它们的汽化温度就越低。因此，可以将石油中的不同化合物成分分开，从轻到重可以分为丁烷、汽油、石油脑、煤油、燃料油和剩余油。

另外两个关键的考虑因素是精炼过程使用的原油种类和精炼所使用的蒸馏方法。

第一，原油分为轻质原油（sweet crude）和高硫原油（sour crude）。原油的含硫量越低（含量低于总重的0.5%），我们就说原油越“甜”。高硫原油含有超过1%的硫。由于污染防治标准的出台，这一特性变得非常重要。由于可以产出更多的有价值成分，比如汽油和航空燃料，轻质原油更受欢迎。原油的来源也非常重要，因为来源决定了一些原油的特性，比如黏性、流点、颜色、闪点、金属含量等。

第二，每家精炼厂都是被设计来高效加工某一种特定原油的。如果精炼厂需要的特定种类的原油无法获得，那么这种特定原油的价格就会暴涨，但是其他类型的原油可能还是找不到买家。

价格决定因素

同样，石油价格的决定因素还是以天气开始。冬季气温过高或者过低都可能会造成燃料油需求的恐慌。节能措施也是一个影响因素——消费者将如何应对政府和其他群体号召的节能活动？诸如战争、贸易封锁等政治因素可以使原油价格飞升，和平和国家间的合作可以降低原油价格。石油输出国组织间的团结会推升价格，而其间的争执分歧则会使价格下降。充足的原油库存和顺畅的管道运输可以降低价格，库存短缺会使价格飞涨。

发现新油田会打压价格预期。原油价格处于高位，一些已经关停或者低效的油井会重新开始开采。原油和石油产品可以贮存相当长一段时间。我们可以预期原油期货价格可以反映原油的贮存成本和保险成本，这和谷物市场一样。但是，由于汽油和燃料油的季节性（两个主要的原油产品），原油期货对储存和保险成本的反映并不好。另外，汽油是非常区域性的商品，不同地区的原油需求量不同。

交易员的注意事项

汽油市场是一个需要进行对冲的市场。原油公司需要为他们未来的产出进行对冲；精炼厂需要一方面对冲他们未来的原油需求，另一方面也需要对冲他们的汽油和燃料油的产出；汽油零售商则需要对冲他们的汽油需求。

跨合约（原油对汽油、原油对燃料油、汽油对燃料油）以及跨月份（买入某月、卖出另外月份）的价差交易是非常流行的。更高级的交易者可以在纽约和伦敦市场上进行原油期货交易。值得交易者注意的是，原油市场的流动性非常好。

股票指数

股票指数期货市场概览

股票指数和股票指数期货在 20 世纪 90 年代中期的大牛市时期开始流行。最早的股票指数期货——价值线指数（the Value Line Composite Index）期货在 1982 年 2 月 24 日上市，在堪萨斯交易所交易。其他的股票指数期货紧随其后出现，包括标准普尔 500 指数（the Standard & Poor' s 500 Stock Index）期货，纽约股票交易所成分指数（the New York Stock Exchange Composite Index）期货，以及主要市场指数（the Major Market Index）期货。标准普尔 500 指数期货还拥有基于它的期权品种。

其他一些指数期货在 20 世纪 90 年代逐渐出现，主要反映了科技股和小盘股市场的发展。权重股指数包括道琼斯工业指数（the Dow Jones Industrial Average），罗素 3000 指数（the Russell 3000），施瓦布 1000 指数（the Schwab 1000），标准普尔 500 成分指数（the Standard & Poor' s 500 Composite），以及威尔希尔 5000 指数（the Wilshire 5000，但实际上包含 7000 只股票）。中等规模公司指数包括标准普尔 400 中型市值指数（the Standard & Poor' s 400 Mid-Cap）和威尔希尔 4500 指数（the Wilshire 4500）。小市值成分指数包括罗素 2000 指数（the Russell 2000）和标准普尔小市值 600 指数（the S&P SmallCap 600）。

这些指数各对应一类股票组合。比如，标准普尔 500 指数和成分指数是覆盖比较广泛的股票组合。标准普尔 500 指数包含 500 只股票，而成分指数则包含超过 1500 只股票。这两个指数均以市值作为权重。而主要市场指数则近似模拟道琼斯工业指数，价值线指数则更接近小市值股票指数。主要市场指数以价格作为权重，而价值线指数则是等权重。罗素 2000 指数包含了罗素 3000 指数中市值最小的 2000 只股票。现在，罗素指数越来越受欢迎，尤其是在基金经理群体中。

股票市场风险

股票指数期货合约以及其对应的期权，主要是用来对冲股票市场本身的风险。

基本来讲，和股票市场相关的风险有两种。

第一种风险是股票市场所有股票整体的价格变动风险。目前股票市场是处于牛市还是处于熊市？道琼斯工业指数或者其他指数，正在向什么方向运动？

第二种风险是单个股票的价格相对市场整体的变动风险。

第一种风险一般叫市场风险，第二种风险则叫个股风险。

作为一个投资者，你需要了解个股价格对应市场整体的价格变化，尤其是变化幅度。变化幅度也叫个股波动性。如果一只股票的个股波动性大，那么这只股票会有相对市场更大的波动幅度。波动性一般用希腊字母 β 来表示。比如，如果一只股票的价格升高 1.5%，而整个市场的价格只升高了 1%，那么这只股票就拥有 1.5 的 β 系数，同时我们认为这只股票是高波动性的。反之，如果一只股票具有低 β 系数或者低波动性，那么股票的价格就会波动得比市场整体更小。

股票投资组合经理希望在牛市时持有高 β 值的股票品种。高 β 值股票的表现会比市场表现更好。在熊市中，股票投资组合经理则会持有低 β 值的股票，或者干脆空仓度过。

指数交易策略

投资者或者投资组合经理，可以同时交易股票现货和股票指数期货或者其对应的期权。比如，如果你预期整个股票市场会上涨，但是你对你持有的个股或者股票组合未来的表现并不确定（因为个股有可能并不会跟随股票市场整体上涨，或者至少价格波动的幅度是不一样的），那么你可以继续持有股票现货，但是通过买入股票指数期货或者看涨期权，来在你预期到的价格上涨中获利。如果你预期熊市即将到来，那么你可以做空股指期货，或者买入指数的看跌期权。

在对冲一只股票或者一个股票组合的时候，你需要选取和你的投资组合最接近的期货合约。使用标准普尔 500 指数期货对冲一般股票，使用罗素 2000 指数或者价值线指数来对冲小市值股票，并用主要市场指数期货来对冲那些和道琼斯工业指数股票接近的标的。

价格决定因素

一般来说，你可以使用股票指数期货或者其期权来对股票市场的整体涨跌进行投机，而不必持有具体哪只股票。但是和其他期货市场一样，你需要对市场未来价格的涨跌有一定想法。

从技术面角度来分析股票指数期货的价格，你至少可以使用两种方法。第一种方法使用图表分析和图表形态分析，比如各种均线体系、震荡指标或者相对强弱指标等。第二种方法则依赖于各种股票市场的外部参考指标，比如短期利率、专家意见、涨跌比例或者市场上涨下跌的博彩赔率等。

我们也有一些股票市场的基本面分析方法，具体如下。

- 公司盈利。更高的公司盈利意味着更高的股票价格，股票指数也会因此上涨。
- 利率。利率越高，公司利润越少，股票指数越低。
- 经济环境。经济较好意味着更高的公司利润，但在长期也会导致利率升高。因此股票指数一般会先涨后跌。
- 公众预期。如果公众对近期股票市场持乐观态度，那么股票指数价格会涨。如果公众对近期价格持悲观态度，那么股票指数会下跌。

交易员的注意事项

你可以看到股票指数期货的大部分交易量和持仓集中在近月合约。这意味着大部分投资者比较关注近期的股票市场价格变化，并避免交易长期的情况。长期股票市场指数期货很难交易，因为它们会因为投资者的情绪变化而大幅波动。

债券市场

利率市场概览

简单来说，利率是持有资金的成本。就像你必须支付钱来获得其他有形资产或者服务一样，你需要为你使用的资金付钱。和其他商品一样，资金的成本随着供需平衡的改变而改变。

利率会对所有交易的商品产生直接或者间接的影响。比如，低利率使得农夫或者生产者更容易扩张。这会使他们产出更多的玉米、大豆、活牛等。充足的供给会降低商品的价格。当生产者因为利率低廉而可以扩张之后，他们的收入会增加。公司收入增加会使得其股票价格升高，并使得诸如标准普尔 500 这样的股票指数上升。

利率变化会对交易所交易的债券类合约的价格产生直接影响。利率升高，债券价格会下跌；反之利率降低，债券价格会升高。因此，当你交易债券类期货的时候，你需要考虑你对利率涨跌的判断。在期货交易所交易的债券类合约包括美国各种长短期限的国债期货和政府债券期货。

基本面因素

理解一个国家目前处于经济周期的哪一个阶段，是进行利率交易时最关键的基本面因素。研究表明，利率水平和国家的经济活跃程度紧密相关。当经济在扩张的时候，人们对资金的需求增高，因此资金价格，即利率也会升高。在经济衰退的时候，资金的供给则会大于需求，促使利率降低。

羊群效应也会影响利率。在经济扩张过程中，即使扩张结束，人们对资金的需求依然会继续。对资金需求的动能会使需求得到保持，并以高利率的形式反映出来。在经济衰退的时候也是这样，利率会继续下降，即使经济扩张已经开始了。

事实上，经济周期从繁荣到衰退的转折点，也是利率的主要改变点，因此我们需要紧密跟踪一个国家的经济情况。美国商业部会公布三个非常有用的指数，我们应当关注。这些指数是经济先行指数（the Index of Leading Indicators）、经济重合指数（the Index of Coincident Indicators）和经济延时指数（the Index of Lagging Indicators）。

利率需要发生一段时间的持续变化，才会改变这些经济指数。因此，经济延时指数是和利率变化最相关的。但是因为我们需要预测利率变化，所以关注其他两个指数也是非常重要的，尤其是我们可以用 3 个到 6 个月的时间来印证经济趋势改变已经发生。在实际交易中，我们可以使用下面的思路：通过观察经济先行指数来做好准备，通过经济重合指数来验证观点，最后在经济延时指数确认时进行交易。

银行储备金

利率和银行的净借入货币储备金数量有非常强的相关性。当储备金规模降低时，利率也会降低。而储备金增加的过程，也会伴随利率的增加。因此，银行的储备金规模是资金供给平衡情况的一个好的指标。美联储（the Federal Reserve）会在每周五公布《银行储备金报告》。

美联储

美联储可以通过三个工具来控制银行储备金，从而控制利率。

第一个是央行利率。当央行利率上升的时候，银行的储备金规模会下降，反之会上升。

第二个工具是储备金比例要求。银行在贷放货币时，需要按一定比例缴纳储备金。储备金比例和央行利率一样，影响力非常大，除非执行重大的利率决策，否则央行很少使用。

第三个也是美联储最常使用的工具是公开市场操作。公开市场操作需要美联储在市场上购买或卖出美国政府债券。如果美联储想要降低市场利率，它可以从经纪商手中买入政府债券。这一过程会向金融体系注入资金，增加资金的供给量。如果美联储想要提高利率，那么美联储则需要卖出政府债券，从而将资金从金融体系中抽出，减少市场中的货币供给。

政府对经济体进行控制或者干预，在现如今的经济运行中是无法避免的。但是如果政府强行人工干预通货膨胀的话，只会使干预的结果更加复杂化。最终，市场会比在没有干预的情况下受到更多的扭曲。

预测经济趋势

跟踪经济活动和美联储政策是预测经济的第一步。预测经济面临的真正挑战是，如何在这两股力量共同的作用下，评估其对利率的影响。美联储的某项降低利率的行动，是否会使经济陷入衰退呢？

美国经济或者世界其他国家的经济，实际上很像是一艘战舰。战舰占据了一定海域，其惯性很大，需要一定时间才能调转船头。换句话说，在处理利率问题上，时间和耐心是非常重要的。

技术分析

债券期货在机构投资者和个人投资者群体当中，都很受欢迎，这也使得对其进行技术分析很有必要。我们可以把关注点放在图表形态分析和周期性分析上。你必须仔细地研究这两个方面。

外汇

外汇期货市场概览

1973 年 3 月，《斯密斯协定》(the Smithsonian Agreement) 开始生效，所有的国际货币汇率进入了自由浮动模式。这一变化使得芝加哥商品交易所下面的、成立于1972年的国际货币市场（the International Monetary Market）得到了很大的发展。国际货币市场目前仍是全球最大的货币期货市场。

最开始，外汇期货市场主要覆盖英镑、加元、德国马克、日元、瑞士法郎和墨西哥比索的交易。之后又加入了法国法郎、澳元、南非兰特、新西兰元、巴西雷亚尔和欧元。

外汇期货合约一般是在3月、6月、9月、12月进行现货交割。所有的期货合约都有相同的到期日和交割日期。在交易外汇期货时，交易者需要交付保证金给交易所。和远期合约不同，外汇期货的价值每时每刻都在变化。

外汇期货的怀疑者认为，设立外汇期货市场是没有必要的，因为银行间已经有非常完善的外汇远期市场了。然而，银行间的外汇远期市场有一些缺点。

第一，只有信用良好的大型银行和公司才可以参与银行间外汇远期交易。小公司和个人投资者是无法参与的。第二，只有100万美元以上的交易才可以在银行间外汇远期市场交易。第三，银行间外汇市场的设立，主要用于对冲未来的外汇收入或者支出，如果想在到期之前解除外汇远期头寸，通常非常昂贵和困难。

因为外汇期货完全没有上面这些问题，所以外汇期货很快就在外汇交易市场中有所作为。成交量这些年来一直在增加。

在2002年欧元区执行完整合后，欧元区统一使用欧元代替其他各国货币，这使得外汇交易的复杂局面有所改变。欧元在1999年1月1日开始使用，由欧元区15国中的11国率先使用。最先开始换成欧元的货币包括比利时法郎、德国马克、西班牙比塞塔、法国法郎、爱尔兰镑、意大利里拉、卢森堡法郎、荷兰盾、奥地利先令、葡萄牙埃斯库多和芬兰马克。丹麦选择不加入第一轮的融合，奥地利和希腊则因为在经济层面不达标，因此无法首轮加入欧元区。

英国，虽然是欧盟的一员，但是并没有加入欧元区，所以英镑仍然是独立货币。尽管1997年工党经选举后执政，英国一度计划加入欧元区，但是因为历史原因，英国还是对于放弃英镑的想法非常审慎。瑞士则选择不加入欧盟，因此瑞士法郎依然是独立的货币。

欧元在之后马上就成为了主要流通货币，并被用于公司或国家之间的交易。欧元实际全流通的时间是2002年1月1日。在当天，其他的欧元区国家货币全部停止使用了。

这一变化使得德国马克期货和法郎期货不再交易，而欧元成为了欧盟的主要流通货币。当时的分析师也在观察欧元的发展势头，看看欧元是否能取代美元成为全球的核心货币。之后欧元的长期弱势表现，反而增强了瑞士法郎的信誉，让瑞士法郎成了优质货币。

在欧元区内，欧洲央行为欧元执行货币政策，但是欧元区各国仍可以使用独立的财政和税收政策。欧元的反对者认为这种货币政策统一性会造成问题，尤其是在各国发展速度不一致的时候。一个经济发展缓慢的国家，需要以较低的利率来推进经济。而一个高速发展的国家，则需要较高的利率水平来限制通货膨胀。

套利和对冲

外汇期货的设计者在设计外汇期货合约时，很容易让银行或者其他商业使用者在银行远期合约和外汇期货合约之间进行套利。这也使得一些交易量较小的期货品种，可以通过和流动性更好的银行远期市场进行套利的方式，来使其价格保持在合理区间内。同时，银行也通过套利的方式来获取额外的利润。

农业公司也是美国的主要外汇期货使用者。他们需要外汇期货来对冲外汇敞口，因为大宗谷物贸易通常需要数月完成。

因为外汇市场对应的商品实际上是货币，所以在大多数情况下，实际上并没有供给需求平衡。一个国家会随着时间变化，不停地增加或减少自己的货币供给，但对某一种货币的实际需求，却依赖于其他很多因素。

价格决定因素

外汇的汇率，也就是某一种货币的价格，通常是通过这一货币和美元的比价来表示的。在外汇期货市场上，外汇的报价实际表示的是买入1单位该货币，所需要的美元数额。因此，在衡量货币价格的时候，我们需要分析该国的经济和金融状况和美国的经济和金融状况的差异。很多经济趋势、因素和事件，都需要纳入分析。对于汇率影响最大的因素包括国际收支平衡、利率、经济增长速度、通货膨胀和政治稳定性。

国际收支平衡度量了对于美国，美元的流出量和它国货币流入量的差异。随着这些年的经济发展，这一概念变得越来越复杂，经济学家需要去度量不同种类的流入和流出。比如，商品贸易、服务贸易（合起来构成贸易平衡表），直接投资、股票发行、银行支付权和债务、国外政府资产等，均可以表明美国的国际金融情况。

当更多的美元流出美国时，美国处于收支赤字；收支盈余正与之相反。简单来说，收支盈余使得美元走强，因为他国拥有的美元数量在减少；而收支赤字则会使美元走弱，他国会持有更多的美元。

当美国的利率高于其他国家的时候，通常会使得资本流入美国。当资金流入美国时，美元会走强。银行家将这种在全球流动并寻找最佳收益的资金，叫做“热钱”。

经济发展对于美元来说具有两面性。强劲的美国经济有时会导致美国收支赤字，从而使美元走弱。另一些时候，在全球不稳定格局下，强劲的美国经济意味着美国是资金的避风港，这时，避险预期会使美元走强。

高通胀使美国的商品价格和国外商品相比更加昂贵。这使得美国的进口增加，出口减少，使得美国收支赤字，美元走弱。另一些时候，高通胀导致了美国的高利率，从而使资金流入，使得美元走强。

对国际政治局势的了解也是必须的。如果一个国家的政局不稳定，聪明的投资者会将资金从该国撤离，转回美国，因此美元走强；反之亦然。

上面所说的汇率影响因素需要被仔细分析，因为其对汇率的影响是多方面的，最终影响可正可负。在某个事件发生的时候，你需要学会如何去理解市场情绪。

交易员的注意事项

外汇期货合约的高速发展，证明了其自身的有用性和受欢迎程度，但是一些外汇期货的流动性依然不是很好。交易流动性差的合约是非常危险的。另外，建议不要在星期五下午伦敦休市后进行交易（欧洲时区早先于美国时区），这段时间的流动性也同样不好。

ALL ABOUT FUTURES

06

第六章

期货交易分析

核心概念

- 基本面分析
- 技术面分析
- 四种基本的技术分析方法
- 四种结构性分析方法
- 期货市场分析的特性

到目前为止，你已经对期货市场有了基本的了解，并且，你在经济上和心理上都做好了进行交易的准备。现在，你可以开始进入到期货价格趋势预测这个领域了。期货交易实际上只需要你做一个简单的决定：你是要买，还是要卖。你认为你要交易的期货品种的价格要上涨，还是要下跌？如果你没办法做出决定，你就没办法进行期货交易。

实际上，你只有三种方法来进行期货市场的价格趋势预测。你可以通过基本面来分析，或者通过技术面来分析，又或者你可以把基本面和技术面结合起来一起分析。

基本面分析

基本面分析着眼于分析最基本的供需平衡影响因素，并通过供需平衡变动情况来预测期货合约的未来价格。理论上，这一过程非常简单。当一种大宗商品的供给不足时，它的价格将上涨；当一种大宗商品供给充足时，它的价格将下降（参考下面的公式）。不幸的是，实际上市场价格并不一定会完全如此变化。比如，实际上准确计算供给量和需求量是非常困难的。大宗商品产出多少才会使得供给充足？大宗商品在哪里？大宗商品能不能被直接使用？

供给需求平衡公式：

现有库存 + 产出 − 使用量 = 供给

基本面分析以供给和需求这两股相反力量的相对强弱作为依据。如果供给超出需求，那么价格会下降。如果需求大于供给，那么价格会上升。

农业大宗商品是很好的例子。人们熟悉农产品，并且农产品对供给平衡因素反应很敏感。比如，我们想更好地预测玉米的价格，那么对于一个作物年份，我们需要了解以下内容：现有库存（农场库存和商业库存），产量（预计种植面积和每亩产量）和使用量（食物、饲料、种子）。这一过程看起来很简单，但实际其实很复杂。

首先，你要清楚，你需要在全球范围内进行数据统计，并且有很多国家并不愿意对外公布他们的农业数据，但是这些数据又非常重要。很多发展中国家只愿意提供对他们国家有利的供给平衡数据。如果他们是玉米的买家，他们很可能会虚报增加他们的玉米产量和玉米库存量。他们的目的是使价格下降。有些发展中国家也会做类似的事情，或者他们根本不具备收集、加工和整理他们农业相关数据的能力。

在你试图分析所有供给和需求因素对价格影响的时候，你很快就会发现，很多信息因为各种原因是不可靠的。对于农产品，天气总是关键而无法确定的因素。降雨过多或者过少，即使时间很短，也可以非常大地影响价格。很多其他类型的商品也会受到类似的不可控因素的影响，而这些因素往往是无法预测的。想想政局动荡或者利率波动会对贵金属价格产生多大的影响。

这里的观点是，基本面分析往往需要分析很多正在高速变化的信息，但是这些信息中的很大一部分很难获得，或者很难准确解读。

如何进行基本面分析

很多年来，数据统计者总是试图量化供给和需求数据。这就像是在寻找圣杯一样。大家都想要一个数学公式，可以准确地预测未来 3 个月、6 个月、9 个月的价格，或者即使能预测明天的价格，也是非常好的。

统计学家试图用线性和非线性回归、指数拟合、概率、三角函数曲线拟合、多因子分析或者其他任何可能有用的技术来进行分析。这一过程由于计算机的出现，而有一定的希望实现。沃顿商学院（the Wharton School of Business）和大通曼哈顿银行（Chase Manhattan Bank）是经济计量模型的著名先驱使用者。他们使用复杂的计算机程序，来试图涵盖所有对价格有影响的变量。

然而，到目前为止，基本面分析在期货交易中并不是特别成功。主要有以下原因：（1）预测会被预期外的事件影响；（2）变量准确性不足，或者数据数量不足；（3）基本面分析着眼于长期，但期货交易很多发生在短期或者中期。

如果你把以上基本面分析的问题，和基本面分析无法自身验证的特质联系在一起，你会感觉基本面分析确实遇到了问题。比如，如果一个基本面分析者认为 2 美元的玉米价格是便宜的，值得买入，但当价格跌到 1.5 美元的时候，你将如何处理？需要止损离场，还是坚持持有？基本面分析如何验证自己的对错呢？

基本面分析是否完全无用

基本面分析当然有用。很多大宗商品投资顾问（CTAs）认为基本面分析非常有效。他们通常在某一方面使用基本面分析，比如天气。他们是持有长期头寸的投资者。

大宗商品投资顾问经常将技术分析和基本面分析一起使用。基本面分析可以提供市场整体的、长期的趋势情况。技术分析则用于寻找短期的进出场点。因为基本面分析是从外部的、基本的供需平衡因素来进行分析的，因此每个商品的具体因素都会有所差异。

技术分析

技术分析者仅仅使用市场的价格行为，来预测未来的期货价格。他们认为期货的价格反映了所有已知的基本面因素对于市场价格的影响。所有已知的供求信息，以及市场的情绪，共同构成了市场的价格走势。因此，价格行为本身就可以反映市场每一个参与者所持有的观点。

这也就是为什么学会分析价格行为对于任何一个进行股票、期货、期权交易的人都非常重要。技术分析的功能是通过对价格变化进行分析，来决定某一期货合约在不同价格水平的供给强度和需求强度，以达到预测行情方向、持续时间和之后波动幅度的目的。

历史上出现的模式和形态会再次出现

在期货市场中，历史真的会重现。过去的价格行为可以为未来的价格行为提供提示。在商品价格图表上，价格形态会反复出现。

你可以通过一些特征或者价格形态，判断出市场目前需求大于供给。另外一些形态则能预示供给过剩。还有一些形态则能预示未来一段时间供给和需求将处于近似平衡的状态。

市场特征和价格形态反复出现的原因有两个。

第一，技术分析可以是一个自我实现的过程。大家看到重复出现的价格形态，并预期会有相似的结果。因此，如果有足够多的投资者按照价格形态预示的方向进行交易，那么价格信号就自我实现了。那些常见的信号确实符合这样的情况。

第二，市场是领先于信息的，但是你可以通过价格图形，第一时间看到市场情况的变化。比如，一种大宗商品的主要购买者，将要进行一笔非常大规模的谷物购买，在公布购买计划之前，他们可能会提前在期货市场上建立多头，以控制购买行为对价格的影响。因此，对于一些将要发生的重大事件，我们可以在期货图表上更早地获得预警。

知情者在事件发生前就进入市场，会造成价格的波动。技术分析者可以提前发现这一变化——远在这些基本面信息被公之于众之前。供给和需求因素依然是主要的价格驱动因素，但是技术分析指标可以更早地发现变化。

如果你使用技术分析方法，你可以不必理解世界上发生的全部基本面信息。这些因素的影响，都会在价格变动上反映出来。如果你不理解是什么因素造成了价格变化，你可以离开市场，直到你能理解为止。

技术分析出错，是不是说明技术分析无用

在期货交易中，无论是基本面分析还是技术面分析，都会出错。图表信号和基本面消息一样，可能是有误导性的。但是交易期货时，你并不需要始终是正确的，不过你还是需要一套具有完善结构的方法来应对市场。因为技术分析几乎是个人投资者唯一可以使用的价格预测工具，因此交易员需要了解大家都在使用的工具和信号，从而了解市场的整体交易思路。基本面分析，因为需要收集大量信息，并花费大量时间来分析各种因素，因此通常对于个人投资者来说成本过于高昂。

技术分析的十大规则如下。

1. 当趋势确立之后，趋势一般会保持一段时间。
2. 图表的单位周期越长（15 分钟、小时、日、周、月），图表中的趋势线就越可靠。
3. 在趋势确立时的成交量越大，趋势的意义就越大。
4. 在上行市场中，如果价格上涨得过快或者过高，而且这时交易量缩减，那么价格随后会下降。
5. 在下行市场中，下跌时的成交量比反弹的成交量要大。
6. 市场会在大级别趋势结束前给出预警。
7. 如果市场在上行趋势中，成交量通常在发生反转前就开始回落。
8. 下行市场发生反转前，成交量会放大。
9. 在完全突破前期的趋势线之前，市场通常会有小级别的突破以试探趋势线。
10. 趋势越陡峭，趋势就越不稳定，并且越容易发生反转。

我们通常有四种方法来对市场进行技术分析：图表、趋势追踪、结构分析和市场特性分析。前两种是使用最广泛的。

图表分析需要在图表中发现一些不断重复的图形和特征，比如反转、支撑阻力区、头肩顶、持续形态等。

趋势追踪分析则主要关注趋势线和移动平均线。

结构分析假设市场将在确定的、可以识别的模式下运行，比如季节性、周期性和波浪理论。一旦分析者能确定现在市场所处的阶段，他就可以预测下一阶段市场的变化和价格目标。

市场特性分析则更加复杂，因为这种方法需要分析目前市场运动的质量，如果质量低，那么这种方法会提示投资者持有和目前趋势相反的头寸。

本章介绍的技术分析信号和图表形态包括：趋势线、圆弧底（顶）、整理形态、顶、底、支撑区域、阻力区域、回调、反转、头肩顶（底）、延续形态、三角或线圈形、箱体整理、旗形、三角旗形、菱形和移动平均线。

趋势线

趋势线是最常见的技术分析工具。价格往往会沿着直线运动，如果价格跳离了趋势线，往往会在稍后被重新拉回到趋势线上。有很多合理的心理学因素可以解释为什么会产生价格趋势线。

趋势线需要在图表上用至少两个点来确定。上升趋势线（如图 6.1）需要通过至少两个价格低点，同时趋势线要保持在市场价格以下。下降趋势线（如图 6.2）一般通过至少两个价格高点，并且处于市场价格之上。震荡趋势线（如图 6.3）需要同时画出几个价格高点的通过线，和几个价格低点的通过线，并将价格夹在两个趋势线之间的区间内。

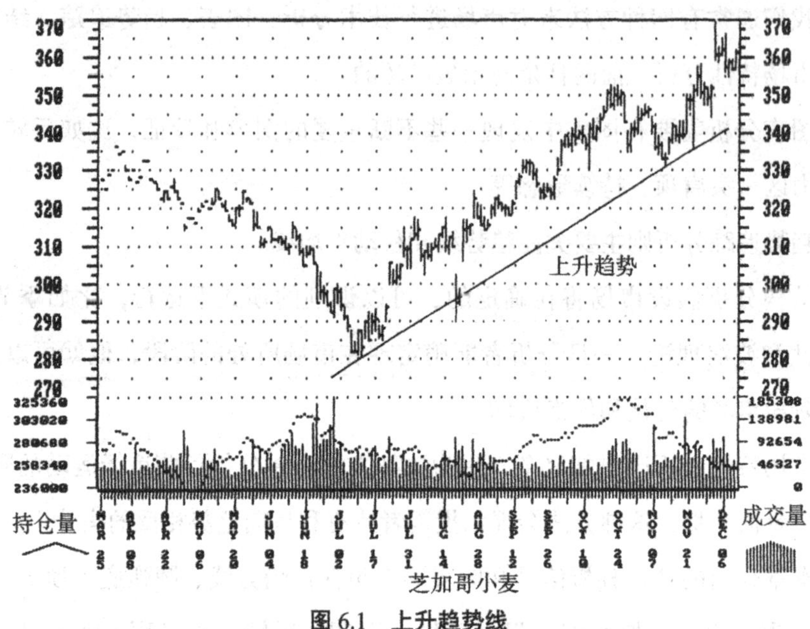

图 6.1　上升趋势线

上升趋势形态是最常见并且最多人使用的价格形态。识别出上升趋势线的交易员，一般会相信价格将继续上涨。

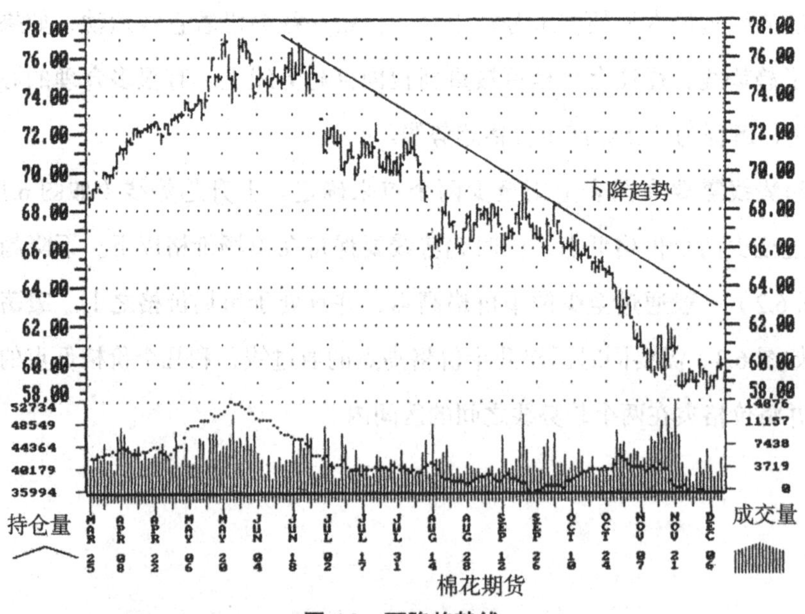

图 6.2　下降趋势线

上升趋势、下降趋势或者震荡行情中，我们通常把几个高点或者几个低点连接，构成趋势线。在没有其他因素改变供给需求平衡之前，价格趋势一般会持续。

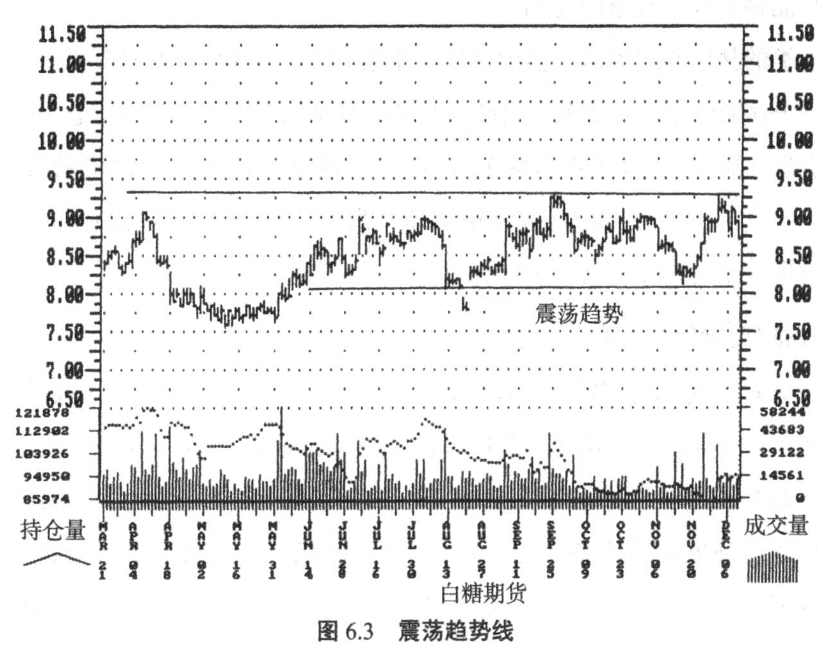

图 6.3　震荡趋势线

交易员通常说："趋势是你的朋友。"这意味价格会在已经建立的趋势内持续运动，直到一个外部原因改变市场方向。

价格会沿着直线前进吗

这是一个简单的人类天性。一个交易员是不愿意为某一期货合约支付比别人高的价格的，除非他认为价格会继续上涨。反之，卖出者也不会愿意在价格不会继续下跌的情况下卖出。

因此，如果价格在上涨，那么交易员就会关注价格的趋势。如果价格继续升高，那么一定是人们认为价格会继续上涨，买家会继续购买。但是如果价格上涨的速度过快，那么买家就会观望，价格就会回到趋势线。买入量越大，表明交易员对未来价格会上涨的信心越充足。

和别人做同样的事，对交易者来说是更舒服的选择。这种特征也叫羊群效应。有时候，羊群效应可以通过成交量和持仓量体现出来。成交量是某一期货品种在某一交易日交易数量的总和。持仓量是某一交易日结束时，在某一期货品种上开仓数量的总和。

人类的其他心理因素也会对市场起作用。大宗商品的库存管理者，在负责为某一公司或者某一国家购买大宗商品的时候会因为在牛市中而担心未来的价格会更高，随着价格上升买入更多的存货。这使得大宗商品的消费量提高。

大宗商品的持有者则会在价格不断升高的时候，出现惜售的情况，因为他们觉得未来可以以更高的价格卖出。

价格趋势惯性定律

人类对于变化的抗拒，对趋势的形成有很大影响。没有人愿意做第一个和所有人不一样的人。这使得我们可以归纳出规则 1：如果一个商品目前已经形成了趋势，那么趋势很可能会持续下去。我们只需要在图表上画出趋势线就可以很明确地看出趋势。进行趋势技术分析的核心是找到哪一个趋势过程是大级别的，同时又是可靠的。在这方面，技术分析更像是艺术而不是科学。

规则 2 则指出，图表的单位周期越长，趋势线就越可靠。月线图出现的趋势比周线图的趋势更加可靠。而周线趋势则好于日线，日线趋势好于小时线。原因是趋势持续越久，人们就越容易跟踪趋势，人们也就越没有动力来改变趋势。

如何确认趋势

确认趋势的关键信息之一是成交量。趋势过程中成交量越大，市场处于趋势行情中的可能性就越大。这里我们提出规则 3：趋势的成交量越大，趋势的可靠性就越大。

成交量同样也告诉我们，什么时候交易者认为目前的价格上涨或下跌过快，或者价格变动幅度过大。比如，在一个普通的上升趋势中，当价格偏离趋势线过远时，成交量会下降，直到价格跌回趋势线。反之，在一个下行趋势中，当价格在下跌过程中发生反弹时，一般会伴随较大的成交量。这是规则 4 和规则 5。

市场像响尾蛇一样，在咬人之前，它先会发出噪音。当已经确立的趋势线被突破时，这是一个市场将反转的预兆——这就是规则 6。

成交量的巨大变化也是市场将发生变化的前兆。规则 7 说明，在上升趋势中，成交量通常在反转前会缩小。但如果是下行趋势市场，则符合规则 8，市场上涨前，成交量会放大。根本原因是，如果缺乏成交量，价格本身就倾向于下降，但是上涨过程则需要持续的买入活动作为支持。

突破趋势线是市场方向改变的最早预兆。趋势线被小幅突破，不代表趋势的结束，但是是趋势改变的预警（规则 9）。

其他价格形态

除了基本的上升趋势、下降趋势和震荡趋势，还有几种不同种类的趋势线，扇形趋势就是一种（如图 6.4）。扇形是包含一系列的共有端点的趋势线组合，但是每个趋势线的倾斜角度不同。

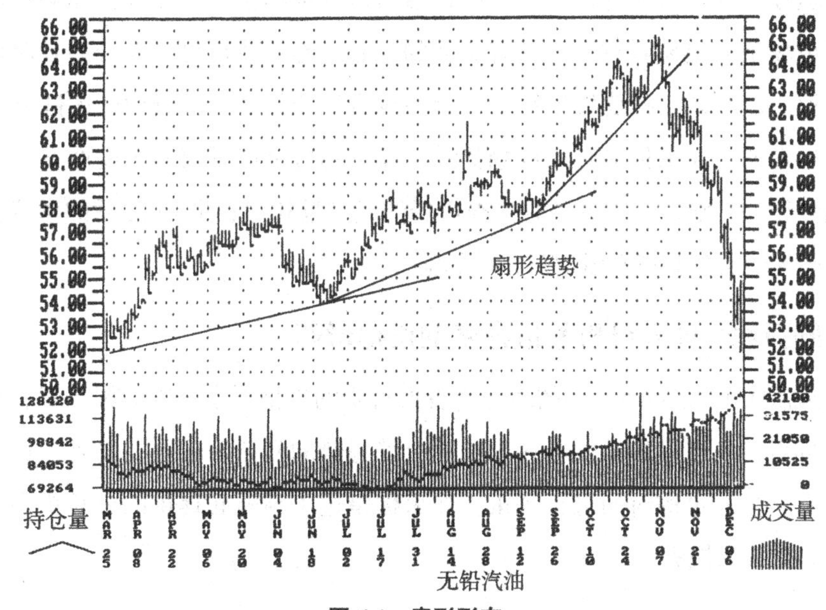

图 6.4　扇形形态

当价格到达峰值（高点或者低点）时，趋势线会变得非常陡峭。这时，交易员需要警惕趋势将要改变。

扇形趋势线一般是在较强趋势下出现，新趋势脱离之前的趋势线后，没有再回复到原有趋势线，而是以更陡峭的趋势继续前进，因此形成了新的同方向的趋势线。这种趋势可以产生两到三个连续的趋势线，出现四个或者以上连续趋势线的情况很少见（规则 10）。在第三个趋势线出现后，交易者需要警惕。

这种情况也发生在市场过热的时候。每一个接下来的趋势线都变得更加陡峭，市场也向着最终暴涨的尖峰前进。

扇形形态中的内部趋势线（即陡峭趋势线和之前的平缓趋势线所形成的夹角的内部）是一个很有趣的形态。它通常发生在趋势线被突破之后。在上涨趋势结束之后，市场回调，市场突破原有的趋势线，而回到更早的一个趋势线上。这也是价格拉回趋势线的一种情况。

趋势线对交易者的价值是什么

趋势线可以为你进行的多空操作给出最基本的信号。另外，趋势线也表明了市场中的交易者对自己持有头寸的信心。趋势线也可以在交易者对市场失去信心的时候，提前发出警示。趋势线告诉交易者，市场中的大部分人是如何思考的。如果你学会阅读趋势线，那么趋势可以是交易者的朋友。在阅读趋势线的时候，请记得同时检查市场的成交量和持仓量。（之后的章节会进一步阐述成交量和持仓量对价格的影响。）

圆弧底：图表分析者最喜爱的价格形态

圆弧底（如图 6.5）是图表分析者最喜欢的价格形态，因为圆弧底容易识别、可靠，并可以提前预示一个长期上涨趋势的开始。最重要的是，这种形态可以给你充足的时间进行决策。如果你错过了圆弧底提供的交易机会，这将是非常大的损失。

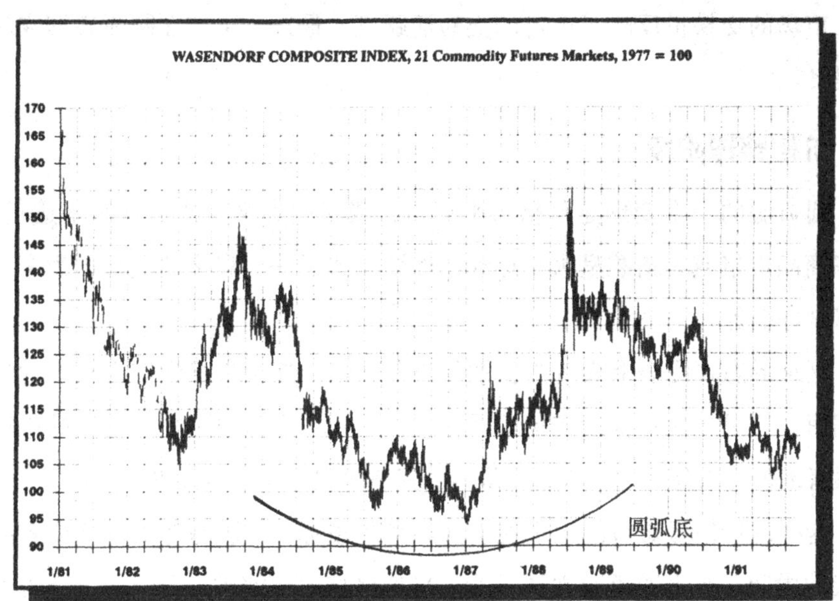

图 6.5 圆弧底

圆弧底是大级别上涨趋势的先兆，其形成时间一般较长。

圆弧底形态开始于价格逐渐下降的过程，需要等到价格最终筑底，之后价格才开始缓慢地回升。像其他有意义的价格形态一样，圆弧底也有心理学因素支持。圆弧底在供给持续过量时形成。由于大宗商品供给充足，库存管理者（购买者）会仅仅购买需要的量，而不急于囤货。他们预期价格会进一步降低。

市场的成交量由于惜买行为而下降，同时交易员也愿意采取观望态度，以观察市场究竟是进入了熊市还是牛市上涨过程的一次回调。随着时间发展，市场的供给和需求慢慢平衡，最终产生了长时间的圆弧底部。

超额供给的市场将诞生大级别的牛市

一旦市场在较低的价格进入稳定状态，由于价格低廉，大宗商品的使用者就会加大商品的使用。这样，慢慢地，需求开始回升。库存管理者发现未来价格将上涨，因此开始增加他们的库存。

交易者也发现市场中的交易活动在增加，因此开始在交易所买入期货合约。市场的交易量反映了市场的交易活跃度。最终，牛市在圆弧底形成后开始爆发。

价格整理阶段

圆弧底的一个变形是价格水平通道，或者叫扁平形态。这水平通道中，大宗商品价格或者指数呈水平运动，逐渐形成了一个扁平的底部，为未来的上涨做好准备。

这种形态在图表上表现为长期的震荡行情。期货价格限定在很小的价格区间里。交易员对这样的市场不感兴趣，因此成交量也很小。这样的市场对投机者来说，没什么交易机会。价格图形变得扁平，甚至几乎不动。

这样的价格形态可能出现在上涨趋势的顶部、下跌趋势的底部或者趋势发展的中间。水平通道通常预示着未来价格将大幅波动，可以向上，也可以向下。一些交易者也把水平通道叫成价格平台。市场中买卖力量平衡，直到新的利好或者利空信息出现，使市场中的交易再次活跃起来。那时，市场将出现大幅度的上涨或者下跌。

尖顶和尖底

尖顶、尖底形态和圆弧底相反，非常难预测。市场经常没有征兆地迅速产生尖顶或者尖底。这一过程仿佛是市场中所有的交易者在同一时刻进行了相同的买入或者卖出操作。

在尖底形态中（如图 6.6），市场价格迅速下跌，跌至某一远低于先前价格的低点，之后停止下跌，又开始猛烈拉升。尖底形态的整个过程通常在一个交易日内发生，虽然初始下跌可能已经延续了几个交易日。在触底后，价格会爬升一段时间。你可以在下跌部分画出一个陡峭的下降趋势线。在趋势线被突破前，你没有办法确定价格已经达到底部。

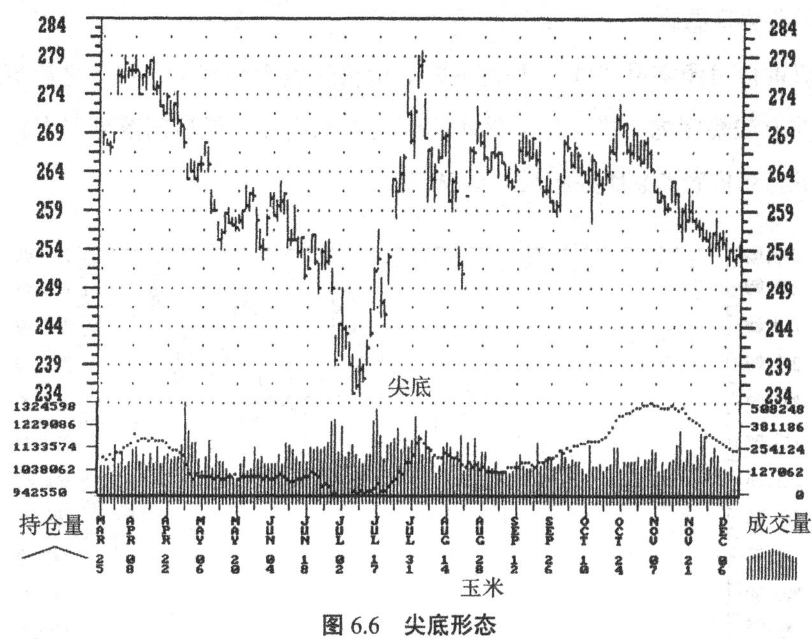

图 6.6 尖底形态

尖顶或者尖底可以使最有经验的交易者感到害怕。它们总是没有征兆地出现，并显著改变市场趋势。

在尖底形态发生时，投资者要确保不要被这种突发过程摧毁。巨幅亏损经常发生在你过早改变持仓方向时，在趋势真正改变前就开始多翻空或者空翻多。尖顶尖底过程中，价格可能进一步上涨或者下跌。比如尖底发生时，市场可能会突然下跌，然后整理片刻，之后下挫到更低的位置。

尖顶尖底发生的心理基础是羊群效应——使交易者短时间内互相踩踏。一开始，市场因为近期出现的意外消息而变得草木皆兵。每个人对未来价格判断的信心都不充足。没人觉得有人知道市场未来会发生什么。

然后，非常不好的消息意外传来，市场开始恐慌，交易员拼命卖出自己的持仓。在市场快速下跌的过程中，人们逐渐理解了消息的真相。消息本身可能并没有那么悲观。交易员又开始根据真相买入期货，市场慢慢恢复。

多重顶和多重底

双重顶、三重顶、双重底或者三重底是非常常见的，同时也是最具有迷惑性的价格形态。

双重顶很像字母“M”（如图 6.7）。价格快速上涨到某一点，之后下跌大概之前上涨幅度的一半，然后再次达到之前的高点，最后回落到形态初始价格之下。双重底形态刚好相反，呈 W 型。

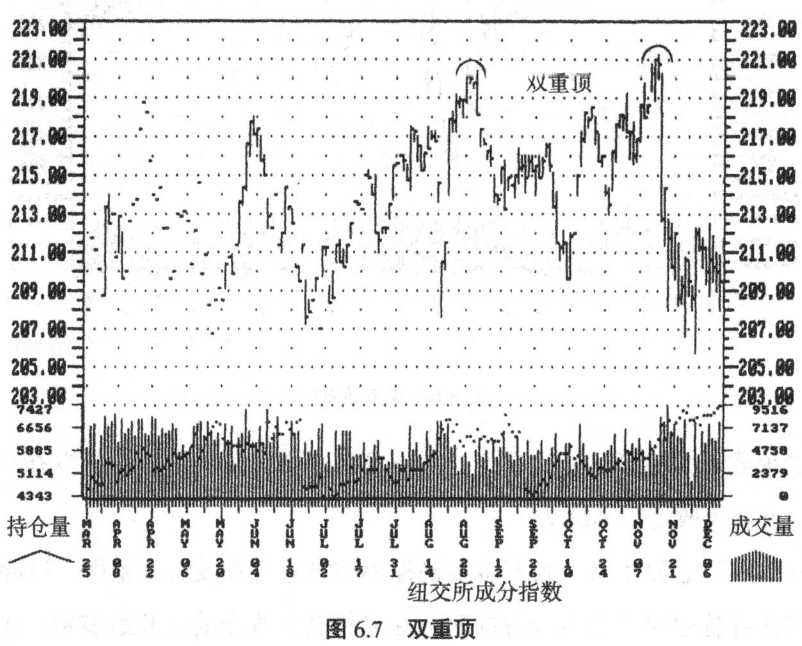

图 6.7 双重顶

双重顶又叫做 M 顶。双重顶形态一般预示价格趋势的改变。（提示：有时会形成三重顶或者更多，这样会导致交易员因判断成双重顶而过早入场卖空造成亏损。）

多重顶或者多重底这样的形态很具有迷惑性，因为大宗商品市场本身就会涨涨跌跌，构成类似的样子。没有经验的图表分析者会把很多随机的形态当成双重顶或者双重底，但是实际上这些都是错误的信号。

另外，我们实际上没有办法在价格趋势真正反转，市场已经运行到形态起始价格的另一侧之前，就提前确认双重顶或者双重底。我们需要以价格下跌超过前低来确认双重顶，以价格上涨超过前高来确认双重底。到那时，虽然形态已经确认形成，但是我们也错过了行情的一大部分走势过程和很大的盈利机会。

最后，价格变化可能不会止于双重，而形成三重形态。当你在价格走到双重形态时就采取行动，你可能会因此亏损。

一般的双重形态，在价格运行到顶部或者底部时，成交量会上升，不过这种信号并不够稳定。研究发现，在顶底时，成交量波动很大。

支撑区域和阻力区域

你是否看到过商品价格以阶梯状的形态上涨或下跌？商品价格可以上涨 10 到 15 个点，然后整理几个交易日，再继续上涨。

或者你又是否见过，牛市中价格上涨到某一点后，就停下震荡了？或者看到大宗商品价格在上涨之后发生回落，回到一个之前的交易区间？

这些情况都是市场中支撑区域和阻力区域（如图 6.8）的例子。支撑区域是一个当价格运行到其附近，大宗商品需求会增加的价格或者价格区域。比如，大宗商品价格下跌到某一点时，交易员和库存管理者（买入方）都认为价格过于低廉，非常值得买入。

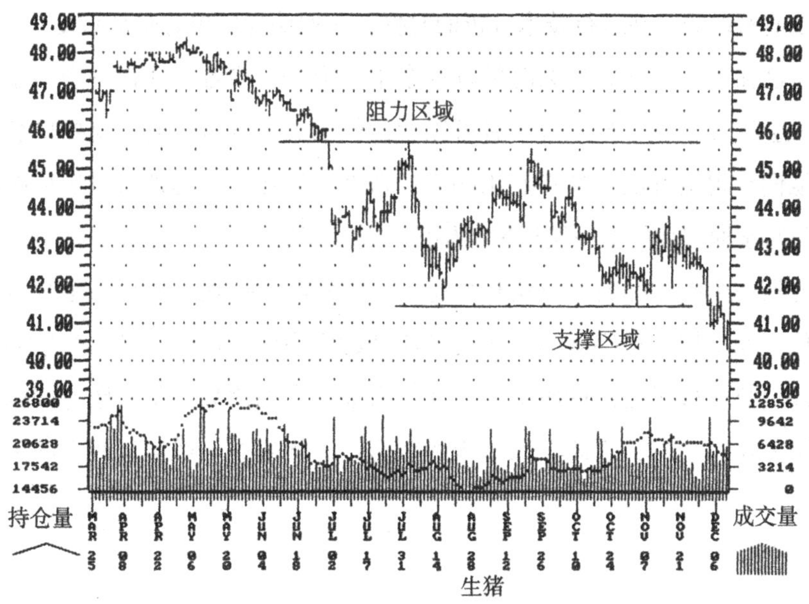

图 6.8 支撑区域和阻力区域

支撑区域和阻力区域是大多数交易者认为价格目前过高（阻力）或者过低（支撑）的区间。因此，价格运动会在支撑区和阻力区附近减弱。

一种识别支撑和阻力区域的方法是观察成交量。在价格下跌的过程中，成交量一般会下降。如果市场成交清淡的话，市场自身也会因为没有支持的买入行为而下跌。

当价格下跌到对买家非常有吸引力的位置时，买家开始买入廉价大宗商品，成交量开始回升。价格在这里开始整理，或者小幅反弹。这时，这个价格位置就构成了支撑区域。

阻力区域正好是支撑区域的反面。在这个价格区域，你可以看到大量的卖出行为。当价格上涨到大家都认为未来没有上涨空间的位置时，价格就会开始整理，或者向下回调。

交易量的变化和持仓量的改变可以提醒你价格已经到达阻力位。如果价格、成交量和持仓量一同下跌，你这时获得的信息是：交易员们正在平掉他们的多头。这时一般都会在图表上形成阻力区。

很多专业的技术分析者通过观察长期图表来寻找支撑区域和阻力区域。正如之前所说的，在进行技术分析的时候，我们认为历史总是会重复。

通过在牛市中观察什么时候价格会中断上涨，或者在熊市中观察市场什么时候会暂停下跌，技术分析者可以为他们的交易进行择时。这些信息可以帮助他们获得更好的入场点和出场点，帮助他们在合适的地方设定保护性触发单，并预期市场的下一波行情的幅度和持续时间。

另外一个有趣的技术分析现象是，之前的阻力位被突破后，会变成新的支撑位；而支撑位被突破后，也会形成新的阻力位。比如，某一大宗商品因为利好消息突破了之前的阻力位，在上涨动能衰退之后，价格刚好回调到之前的阻力位。这时，之前上涨过程的阻力位，就变成了回调过程中的新的支撑位。

价格回调

回调（如图 6.9）是市场对主要趋势的反向运动。当主要趋势是向上的时候，市场可能会下跌一部分，这就是回调。

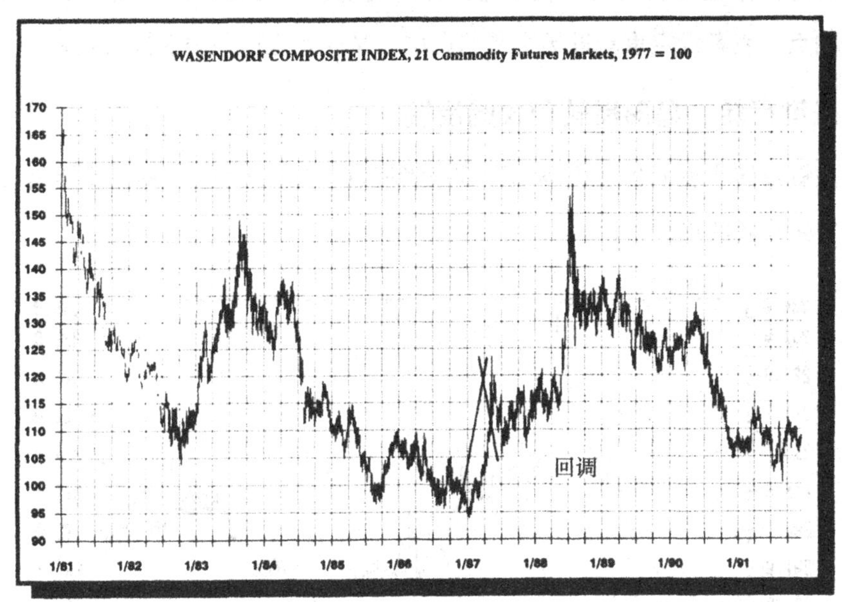

图 6.9 回调

价格经常以非均匀的、阶梯状的形态运动。在上涨过程中，价格出现小幅度下跌，之后再涨到更高的位置，这样的过程很常见。

像其他市场形态一样，回调也有合理的心理学解释。当交易员认为市场波动速度过快或者过远时，他们可能会获利了结。另外一些交易者会认为市场不够稳定，因此建立空仓。这一过程导致了价格回调。

但是回调的程度一般是怎么样的？一般来说，回调经常会回到之前的阻力位或者支撑位。另外，回调也经常以一定的、有规律的比例（50% 或者斐波那契数列）出现。

要预测回调的幅度，我们需要先计算之前的重要高点和重要低点的距离。之后，你可以通过市场在之前的类似情况下的表现，预测下一次波动的结果。

很多市场会反复出现相似的回调过程。市场分析者一般认为33%、50%和66%的回调幅度是比较常见的。也就是说，一旦市场开始回调，那么市场很可能运行到之前高低点距离的33%、50%或者66%处。

另外，你也可以用这一规律进行择时交易，或者通过回调幅度来预估目标获利点，或者设定重新进场交易的点位，又或者通过买卖期权来获利。

关键反转、岛形反转和大陆反转

关键反转主要发生在市场的顶部或者底部（如图6.10）。关键反转是市场趋势发生反转的可靠指标。

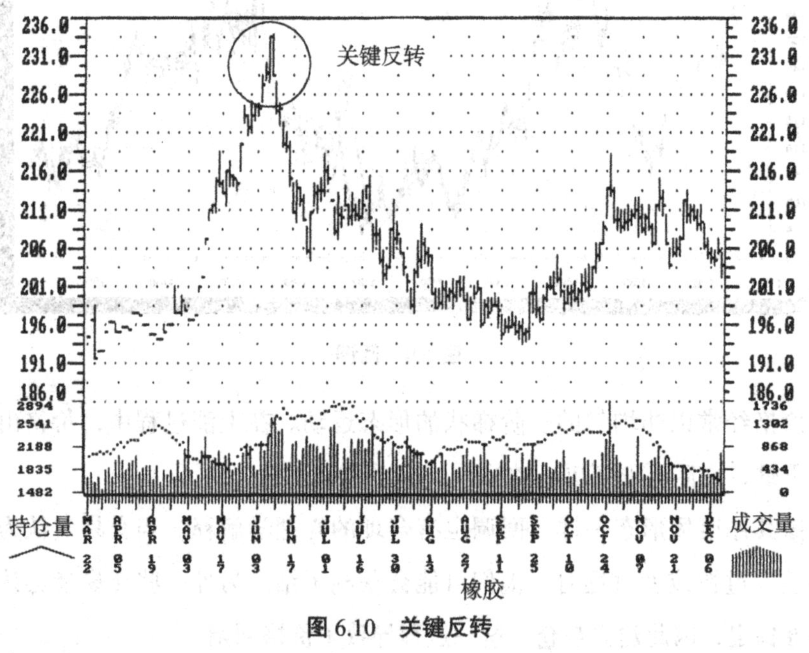

图6.10 关键反转

关键反转一般发生在市场行情的顶部或者底部，标志着市场的主要趋势发生了改变。

为了寻找关键反转，我们可以从跟踪图表上那些急速的上涨或者下跌过程开始。接下来，我们需要关注交易区间是否变大。如果区间变大，那么预示着市场将达到新高或者新低。在关键反转发生的前一个交易日，市场一般在接近最高点或者最低点的地方收盘。

在下一个交易日，也就是关键反转发生的交易日，一般价格会继续延续趋势，超过前一个交易日的最高点或者最低点，但是盘中价格会发生一定的反转，最后在当日的低点或者高点收盘。如果当天成交量放大，甚至创出单张合约或者期货品种的历史最大成交量，那么反转就更有确定性。

岛形反转和关键反转很相似，但是一般需要更多的交易日来构成完整形态，并且在反转高点或者低点两侧，一般需要有跳空缺口。一般来说，缺口的价位左右一致。

大陆反转和岛形反转也大体相似，但是需要更长的时间来形成，比如几星期甚至几个月。

这些反转信号可以提醒你主要趋势正在发生改变。你必须结合大宗商品价格的全部历史行情和基本面信息来判断反转的影响，不要仅仅依靠反转形态来进行决策。

非常可靠的头肩底和头肩顶形态

很多技术分析者见到头肩顶或者头肩底形态都会非常兴奋。首先，头肩形态几乎是最著名的技术分析形态。并且，因为技术形态的自我实现特点，越多的交易员发现他们，这种形态的预测结果就越可能发生。即使是那些最坚定的基本面交易者，也不敢做头肩形态的逆向交易。他们会离场观望。

头肩形态在图表中很容易被看出来。每个交易者都能看到头肩形态，并以此为依据进行交易。因此，头肩形态也成为了最可靠的技术形态。无论是技术分析新手还是业界专家，都会尽可能多地利用这种形态盈利。头肩形态不仅仅可以稳定地预测反转，也可以帮助交易者大致推断价格运行的目标。

头肩形态在图表上可以预测主趋势的结束。头肩顶一般预示着上涨趋势的结束，而头肩底则可以预测下跌趋势结束（如图 6.11）。

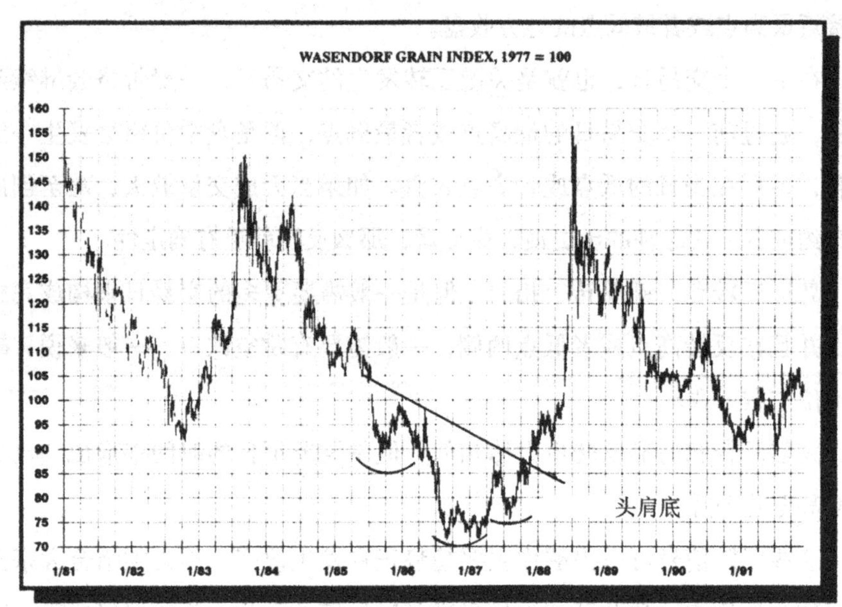

图 6.11　头肩底

头肩形态被很多技术分析者认为是最稳定的价格信号。除了预示趋势改变之外，它也能预测未来价格变动的幅度。

头肩形态一般由三个连续的价格峰和期间的回调组成。以头肩顶为例，第二个峰，也就是中间的峰，要高于其他两个峰。头肩形态很像人的头部和肩膀组成的轮廓。左肩是第一个峰，头部是第二个（中间的）峰，右肩是第三个峰。

成交量是关键

正如前文所说，形态形成过程中的交易量是必须仔细观察的。交易量可以反映市场中大多数参与者的真实想法。

在第一个峰和价格回调组成的左肩形态，成交量一般会在形成峰时显著放大，而在回撤过程中显著缩小。这部分形态的整体成交量一般比通常情况要大。

第二个峰，在形成头部的过程中，成交量会再次放大，但是整体的成交量会小于第一个峰形成时的成交量。

当形成右侧肩膀的时候，整体的成交量会进一步下降。第三个峰的形成过程可以明显看出趋势力量衰竭，并且峰的高度或者深度也小于第二个。

在第三个峰回撤开始后，以头肩顶为例，技术分析者会将三个峰中间的低点连接起来，形成头肩顶的颈线。一般我们需要等到头肩顶形成、价格跌穿颈线时，才可以确认这确实是头肩顶形态。

在价格跌穿颈线确认头肩顶形态时，有时会发生回弹。价格首先突破颈线并继续下行，之后价格突然回升，再次触碰颈线。

颈线的这一特质和之前描述的趋势线很像。在颈线被突破后，颈线从之前的支撑线变成了新的阻力线，价格下跌后会被再次吸引回颈线，并在颈线遇到较大的阻力。

技术面交易者在确认头肩形态已经形成之后，会将这种回弹作为入场，或者加仓机会。如果价格在回弹后弹离颈线时伴随成交量的放大，那么我们就可以确认市场的主要趋势已经结束了。

如何计算目标价格

头肩形态的第一目标价格，可以通过计算颈线和中间峰（头肩顶的最高点，或者头肩底的最低点）的距离来获得。一般来说，价格突破颈线后，会运行至少一个这么长的距离，并且有可能运行两倍到三倍的长度。

一旦颈线突破后的趋势形成，你必须使用其他价格趋势指标来进一步确认趋势。比如，如果突破后市场将形成一个大级别的趋势，那么在运行过程中，就会产生其他的趋势型技术分析形态，并帮助你确认这一价格趋势。

成交量和持仓量可以为你提供进一步的信息。一旦头肩形态之后的反转趋势形成，成交量和持仓量都会放大。你也需要关注那些需要披露持仓的资金大户的头寸，和那些商业对冲者的行为。这些信息可以从期货公司或者交易所的信息披露网站上获得。

你需要在图表上标注出价格运行过程中，最可能遇到阻力的价位。通过分析价格接近这些区域时的表现，你可以获得更多的信息。接近时，成交量是否放大？价格是否迅速突破关键阻力区域？还是在这些区域附近价格运动开始减速，成交量也伴随缩小？这些信息可以帮助你决定是否继续持有目前的头寸，以期待市场走出第二个、第三个甚至第四个峰到颈线的幅度。如果趋势持续的条件不好，你可以获利了结，去参与新的交易机会。

头肩形态是比较抽象的价格形态。有时头肩形态可以形成两三个肩膀，或者多个头部，有时甚至更加复杂，像是毕加索的立体派画作。头肩形态很少是简单完美的基本形态。

因此，头肩形态有时会很具有迷惑性，尤其是右侧肩膀形成的过程。如果没有有效突破颈线，价格可能会延续整理相当长一段时间，又或者向头肩形态预测相反的方向前进。即使颈线被突破，形成了完整的头肩形态，虽然这一形态有相当的可靠性，但是你也不能总是预期价格一定会达到至少一个目标位。有时过分强求价格目标，反而会造成很大的亏损。

延续型图表形态

正如前文所说，最常见的趋势延续形态是趋势线。但是如果趋势线被突破，那么之后会怎么样呢？我们是否需要立刻平仓并反向交易，还是要选择平仓观望，又或者在对市场方向做出判断之前，先持仓观望呢？

趋势线被突破后的决策过程，在很大程度上依赖于趋势线是如何被突破的，以及在突破时，成交量和持仓量变化的情况。另外，你也需要考虑目前价格离主要支撑位和阻力位的距离。

请永远记住，即使是最强的趋势，也不可能完全没有停顿。强趋势很多时候像是长跑者，它们有时需要暂时后退来规避风险。

市场停顿也有很有意义的金融原因，就是获利了结效应。在市场大幅上升或者下跌之后，一部分持有正确头寸的交易员会获利了结，收获确定的利润。

停顿也有其他的原因。价格运动会经过主要的支撑位和阻力位，这时交易员会评估他们的持仓。一般这个时候，也会有一些基本面消息或者小道消息传出，使得市场需要暂停趋势，短暂地理解消化消息的影响。

在这一阶段，一些交易员会对未来的趋势方向持有不确定的态度，他们不知道市场是将要反转还是仅仅是正常大级别趋势中一个小的停歇。

三角形态和线圈形态

三角形态和线圈形态一般在价格触及一定水平后、买入力量衰竭时产生（如图 6.12）。市场的运动停止，一些交易者获利了结。看涨者开始怀疑未来的上涨可能，市场开始整理。之后的高点都没有突破前高，而是越来越低，但是之后回落的幅度也在减少，低点高于之前的低点，因此形成了一个收窄的三角形态。三角形态的高点连线形成下跌趋势线，和低点连线形成的上涨趋势线经延长后可以重合。

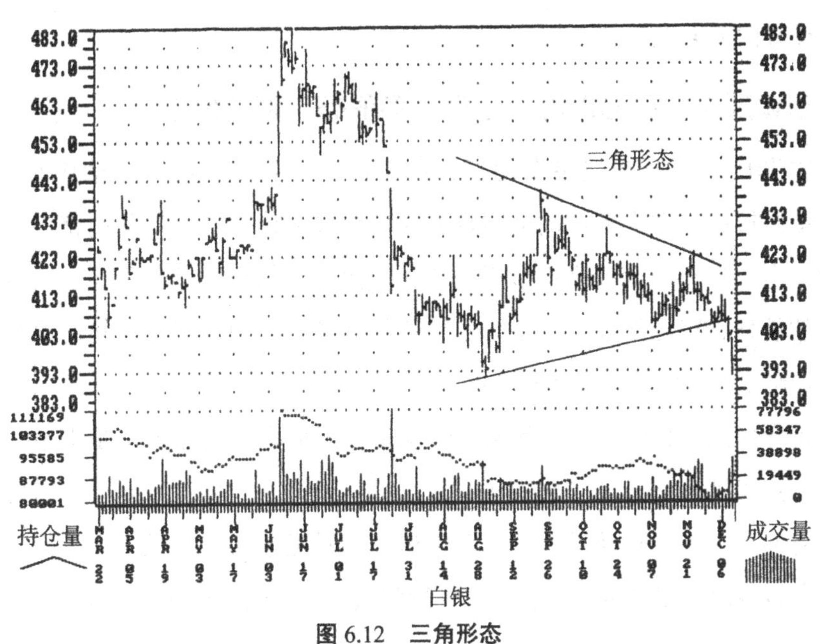

图 6.12　三角形态

线圈形态预示着市场未来将有较大的波动。但是，依靠线圈形态，我们通常很难清楚地判断突破是向上发生，还是向下发生。

当价格向三角形的顶点前进时，由于波动的空间越来越小，这时价格必须对向上突破还是向下突破做出决定。在三角形态中，在 60% 的情况下，价格会延续进入三角形态之前的趋势，即趋势持续。

更复杂的技术分析可以将三角形态进一步分成四种：对称三角、上升三角、下降三角和倒三角。这一方法可以使三角形态的预测结果更加可靠。上文中上升趋势线和下降趋势线坡度相似的形态，就是对称三角形。

对于上升三角形，其上趋势线是水平的，而下趋势线则斜向上与上趋势线相交。这说明市场的买入力量较强，而卖出力量只有在价格超过上趋势线时，才会出来。因此价格将逐渐上升，直到突破上趋势线。下降三角形刚好与上升三角形相反，预示着价格将向下突破。下降三角形的下趋势线是水平的，最终上趋势线倾斜向下和下趋势线相交，价格向下突破。反三角形形态则看起来像是一个漏斗，表明市场非常紧张。在这种形态出现时，价格可以向上或者向下突破。

箱体形态、旗形形态、三角旗形形态、菱形形态

这些形态比三角形态更加可靠，它们形如其名，很容易从图表中看出来。

箱体形态经常需要数周甚至数月才能形成。价格在此期间内整理，大部分的高点出现在与其他高点接近的价格，大部分低点也都出现在与其他低点接近的价格，因此形成了一个水平的价格通道。我们可以在交易通道的起点和终点画出两条竖线，形成箱体的形状。

旗形形态（如图 6.13）和箱体形态很像，但是价格通道不是水平的，而是呈一定角度倾斜。如果向下倾斜，这种旗形形态叫做上升旗形，因为最终价格将向上突破价格通道。而下降旗形的交易通道则向上倾斜，最终价格将向下突破通道。旗形也可以看成是平行四边形，它的顶边和底边呈 45° 倾斜。

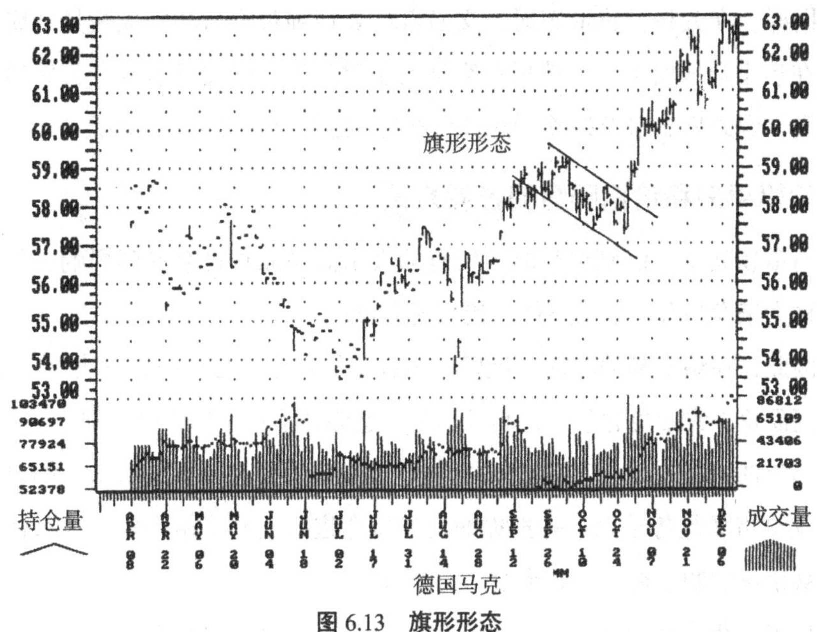

图 6.13 旗形形态

旗形形态根据它的倾斜角度不同，可以作为看涨或看跌的信号。利用旗杆的长度可以预测价格突破后上涨或下跌的幅度。

一些分析师认为，旗形的上下边越近，旗形就越可靠。快速形成的旗形，比那些缓慢、逐渐形成的旗形更加可靠。支撑旗形的旗杆，可以用来推断价格突破通道后，将上涨或者下跌的幅度。

三角旗形和旗形一样也有旗杆，但形态上是对称三角形。上涨三角旗形一般有上涨过程形成的旗杆，预示着价格将延续上涨。同样，三角旗形的两边距离越近，形态的可靠性就越高。

菱形形态在震荡行情中形成。在市场情绪最激动的时候，交易员会蜂拥做多，但是市场趋势性很弱，不久价格又很快调转方向，向下运动，这时交易员又会急着做空。价格呈震荡锯齿状，并且震荡幅度越来越大，成交量也随着放大。之后市场的激动情绪逐渐衰竭，震荡幅度缩小，最终形成了菱形的价格形态。菱形形态很难用来做方向判断，它既可以预兆反转，也可以做延续信号。

同样，在分析价格形态时，交易者需要仔细观察市场的成交量。成交量通常在形态形成时缩小，然后在突破发生时放大。这些形态没有头肩形态那样可靠，因此只能用于参考。我们需要在其他渠道获得更多的印证。

价格平滑和价格噪音的过滤方法

当市场处于大级别趋势时，所有的大宗商品品种都会受到影响，很少有某一种大宗商品和市场的整体大趋势逆向行动。

因此，在做交易的时候，最好有大级别的趋势支持你的交易决策。不过，大宗商品价格常常急起急落，起伏不定。趋势并不总是那么好识别。

趋势的改变，同样很难在改变发生的初期就被有效识别出来。如果你过早地预测市场趋势结束，并把你的趋势持仓进行获利了结操作，那么你可能因为被市场的调整迷惑，而错过一大波行情。

技术分析者在应对锯齿状、起伏不定的行情时，逐渐采用了一些过滤方法来应对这些困难。其中一种方法是移动平均线。

简单移动平均线

移动平均线通过汇总大宗商品一段时间内的价格行为，对其进行平滑化。比如，你可以按如下方法计算 4 天移动品均线。

1. 选择前四天的价格。
2. 加总它们。
3. 将加总结果除以 4。
4. 将步骤 2 的结果减去第一天的价格，加上新的第五天的价格。
5. 再将新的加总结果除以 4。
6. 将步骤 4 的结果减去第二天的价格，加上新的第六天的价格。
7. 将步骤 6 的计算结果除以 4。
8. 在之后的每一天重复这个计算过程。

如表 6.1 所示，我们用 12 个交易日的玉米期货价格来计算其 4 日移动平均线。你可以用最高价、最低价、开盘价或者收盘价来计算，但是你必须前后用相同的一类价格，来保证价格的一致性。

表 6.1　移动平均线

日期	价格	4 日价格加总	4 日移动平均价
1	282.25	—	—
2	283.75	—	—
3	280.25	—	—
4	279.25	1125.50	281.38
5	277.75	1121.00	280.25
6	271.75	1108.75	277.19
7	273.75	1102.25	275.56
8	273.25	1096.25	274.06
9	265.00	1083.50	270.88
10	268.50	1080.50	270.13
11	259.00	1065.75	266.44
12	262.00	1054.50	263.63

在你计算好移动平均线之后，你需要在图表中将其画出。一些技术分析师喜欢直接在大宗商品价格图表上画出移动平均线，以便于直接和实际价格进行比较。在下行市场中，移动平均线一般高于现价，而在上行市场中，移动平均线一般在实际价格下面。实际价格穿过移动平均线的点非常关键，应当给予高度重视。

有些技术分析师则直接使用移动平均线来预测价格趋势。上面计算的 4 日移动平均线可以提供短期趋势的方向预测。如果需要获得更大周期的趋势信息，你可以使用诸如 200 日移动平均线这样的信号，来获得更宏观的结论。

另外一些技术分析师则更倾向于使用多条移动平均线，综合起来，作为交易的买卖信号。这使得移动平均线本身就成为了一个简单的交易系统。在这个方案中，你需要绘制两条不同周期的移动平均线，比如 4 日和 9 日。

9 日移动平均线变化较慢，可用来预测长期趋势；4 日移动平均线变化较快，可以用来预测短期趋势。

如果你想买入某一大宗商品，以移动平均线作为判据，那么首先两条移动平均线都需要处于上升状态。你可以在两条均线之间的价格下达买入指令，并在长周期移动平均线下方设定止损触发单。反之，卖空某一大宗商品时，你可以在均线之间的价格卖出，并在长周期移动平均线的上方设定保护性止损。

在进行长周期趋势交易，或者交易期权的时候，你要确保使用的两条移动平均线都向相同的方向前进。你同样可以使用更长周期的移动平均线，比如 50 天或者 100 天均线。

加权移动平均线

一些分析师喜欢给予近期价格更大的权重，认为这样可以帮助他们更快地掌握价格趋势的变化。

你需要按如下方式计算加权移动平均线。

1. 将价格序列按时间顺序排列，最新的数据排在最下面。
2. 按时间顺序从前到后，对价格序列依次乘以 1、2、3、4、5，直到最后面的最新数据。
3. 加总所有乘以权重因子后的数字，并除以总共的权重因子之和（如表 6.2）。

表 6.2　加权移动平均线计算表

日期	价格		权重因子		
1	2.52	X	1	=	2.52
2	2.57	X	2	=	5.14
3	2.56	X	3	=	7.68
4	2.60	X	4	=	10.40
5	2.61	X	5	=	13.05
加总	12.86		15		38.79

加权移动平均值 = 38.79 ÷ 15 = 2.59

简单移动平均值 = 12.86 ÷ 5 = 2.57

请注意，在案例中价格是上升趋势，因为加权移动平均线会给予近期的价格更大的权重，因此在上升趋势中加权移动平均值大于简单移动平均值。无论你如何计算移动平均值，移动平均线都是确认价格趋势的非常好的工具，但是和其他技术分析工具一样，在处理信号时，也需要投资者的经验判断，并综合其他因素进行决策。

结构分析

古希腊哲学家在很早的时候就提出了自然法的概念。所有的宗教都指出一些已知或者未知的力量会对现实世界的秩序造成影响。科学的发展也使得我们在物理、化学、生物、地理等方面总结了很多稳定的可以理解的规律。人类的大脑总是为所有活动寻找其内在和结构上的规律。

一些非常成功的技术面交易员总结出了一些有效的假设，可以涵盖大到宇宙万物，小到市场本身的运行规律。更重要的是，提出这些理论的人认为我们可以利用这些规律，来从市场中获利。四个最常见的规律是：季节性、周期性、艾略特波浪理论和江恩理论。

季节性是最好理解的理论，尤其是对于农业期货品种而言，其原因不言而喻。这些商品的季节性价格变动，反映了其基本面以年为周期的变动对供需关系的影响。想一下，在每年的作物周期中，什么会对种植计划产生影响？天气对作物的生长有什么影响？在收获季节时，是否有足够的作物产出供给？研究发现，大豆的 70% 的季节性高点出现在 4 月到 7 月，而 80% 的季节性低点发生在 8 月到 11 月之间。

你将如何利用这些信息？如果你了解自己交易的大宗商品的季节性规律，你可以用季节性信号来印证你其他分析方法的结果。一些交易员不会进行和季节性规律相悖的交易，除非他们有非常确信的理由来打破这一规律。

绝大多数大宗商品期货合约的季节性规律已经被很好地总结出来了。学习你交易品种的季节性规律，就如同学习图表形态一样，是交易的基础技能。

周期性和季节性很像，但是一个周期可以远长于 12 个月，也可以发生在非常短的时间内。周期性理论一般是基于市场中的很多事件总是会反复出现这一现象的。

正如之前所说，生命本身就是由重复性的规律和周期组成的。人类参与投资和控制市场，因此认为市场本身也具有周期性是非常合理的。在价格趋势中，理解周期性因素的影响，对于交易的成功是非常有帮助的。

周期性规律可通过计量高点和低点（价格的峰和谷）的时间差来发现。通过了解每个高点和每个低点间的时间长度，你可以更好地预测下一个高点和低点出现的时间。时间通常以日历时间来计量，而不是其他分析体系使用的交易日时间。使用日历时间的主要原因是，很多影响市场的事物本身并不会周末休息。在周末，货币依旧在流通，影响市场的事件依旧在发生。

长的周期一般持续一年以上，中级别周期一般持续短于一年，而短周期则一般是数周或者数天。一般来讲，在你计算下一个周期顶部或底部时，周期长度可以允许有 10% 的偏差。

拉尔夫·艾略特（Ralph Elliott）的波浪理论指出，市场应当在可辨认、可预测的形态下运动，正如同万物都应遵循自然的和谐。这些遵循规律的波浪会反复出现。市场价格在延续主要趋势时，会由五浪组成。之后在进行反主趋势运动时，又会经历三浪过程。浪的形态反映了生命周期的开始、结束，以及错误的开始和反转。浪的前行过程一般是起伏不定、锯齿状的，而不是平滑的上升或者下降趋势。通过现在的价格行为，来确定现在处于波浪形态的哪一具体位置，交易员可以通过预先知晓市场的下一个动作来获利。按照波浪理论的观点，一旦你可以正确地按照波浪形态交易，你就可以驾驭市场的波动，取得交易的成功。

江恩数则来自于著名结构分析者 W.D. 江恩的理论。他在 1942 年出版了《如何在大宗商品交易中获利》（*How to Make Profits Trading Commodities*），这是第一本关于江恩期货理论的著作。他认为，精准的数学形态计算可以掌控一切，尤其是在大宗商品市场。更重要的是，他认为这些形态规律可以被人识别出来，并加以利用。因为江恩可以对价格进行精准的预测，并声称他从市场中赚取了数百万美元的利润，所以他成为了那时的传奇。江恩发现了很多价格形态规律。它的交易系统的主要部分包括斐波那契数列规律，以及趋势运动的价格夹角。他的计数系统神秘地预知了价格的高低点、阻力区域和支撑区域，以及反转点。所有交易员都需要认真研究他的著作。

市场特性分析

通过市场特性分析，技术分析者希望判定市场目前的状态是处于“超买”还是“超卖”。如果市场处于超买状态，那么我们就卖出。如果市场处于超卖状态下，那么就应该买入。这种方法和趋势追踪方法完全不同。这种方法在震荡、锯齿状的市场中最有用。但如果你将这种方法用于长周期的价格追踪，你可能会亏损惨重。

在你的技术分析工具箱中，你需要很多不同的工具。市场特性分析在市场震荡不决时最为有效。但是，也千万不要把决策仅仅依赖于单一的信号。市场特性分析背后的心理学逻辑是，如果市场变得过于一致看多，那么它最终将下跌。如果所有人都觉得市场不可能上涨，那么市场就会上涨。因此，这种方法和一般的技术分析方法刚好相反。

市场特性分析的关键在于判断市场什么时候处于超买，什么时候处于超卖。我们可以通过一般的震荡因子系统（Oscillators）判断，或者用更复杂的指标来分析，比如威廉 %R 系数（Williams’ %R）和瓦尔德的相对强弱指标（Wilder’s relative strength index）。

震荡因子系统关注于一段时间的价格变化。简单的震荡因子利用两个移动平均线的差值来确定。它们的分离程度描述了市场是处于超买还是超卖的状态下。更复杂的震荡因子会使用每日价格的差异，比如结算价、最高价、最低价、开盘价等。以 5 日结算价震荡因子为例，我们通过每日结算价减去前一日结算价来获得震荡因子，如果今日的结算价升高，那么震荡因子为正，如果今日的结算价降低，那么震荡因子就为负数。如果震荡因子过高或者过低，那么分析师就可以确定目前市场处于超买还是超卖的状态，并据此执行交易。分析师通常使用比这个例子更加复杂的震荡因子，但基本概念是相同的。

威廉 %R 系数，由拉里 · R. 威廉（Larry R. Williams）在 1979 年提出，是一种更加复杂的震荡因子。我们可以按如下方法获得 5 日威廉 %R 系数。

首先计算过去 5 日最高价和今日收盘价的差。然后用这个差除以过去 5 日最高价和 5 日最低价之间的差。最后，将差值乘以 100。因此，威廉 %R 系数位于 0 到 100 之间。

根据威廉的理论，当威廉 %R 系数位于 90 ~ 100 这个区间时，我们认为市场是超卖的，而如果系数位于 0 ~ 10 区间，则认为处于超买状态。

瓦尔德的相对强弱指标（RSI）由威利斯 · 瓦尔德（J. Welles Wilder, Jr.）于 1978 年提出，这是一种非常复杂的震荡指标。RSI 计量过去一段时间的价格变化，以辨别市场是否处于超买或者超卖状态。具体计算方法如下。

1. L = RSI 计算的天数
2. 平均上涨天数 = 上涨天数之和 ÷L
3. 平均下跌天数 = 下跌天数之和 ÷L
4. RS = 平均上涨天数 ÷ 平均下跌天数
5. RSI = 100−[100÷（1+RS）]

以计算 15 天 RSI 为例，首先我们计数过去 15 天中上涨和下跌天数，然后我们将上涨的天数之和除以 15，获得 15 天的平均上涨天数；同理，我们用下跌天数之和除以 15，获得平均下跌天数。接下来，我们用平均上涨天数除以平均下跌天数，获得 RS，最后按照 RSI 和 RS 的关系公式，最终求出 RSI。

根据瓦尔德的理论，当 RSI 超过 70 时，我们认为市场处于超买状态；当 RSI 小于 30 时，则认为市场超卖。显然，这些计算很难口算或者笔算，因此我们需要借助计算机的帮助，计算软件可以帮助我们算出 RSI。目前，大部分的交易软件都可以帮我们计算 RSI 等震荡指标。

其他类型的技术分析体系

除了上面提出的技术分析体系之外，我们还有很多其他类型的体系。其中最著名的包括：价格变化率、反趋势指标、反周期指标。

价格变化率背后的理论非常简单。价格变化率使用数学中的求导概念，来帮助交易员提早发现市场趋势的改变。以橄榄球为例，我们分析球队在赛场优势的变化。一个球队通过成功地运球，可以将他们的优势尺码向前推进，每次进攻他们都可以推进一部分尺码，因此有一定的优势动量。在优势期，他们每一次进攻获取的尺码都比之前更大，并且成功进攻的次数越来越多。这时，对手调整了战术，防守加强了。球队进攻虽然还是在成功，但是成功的次数在减少，每次推进的尺码也越来越小。最终，防守取得了成功，进攻方不得不丢球。这个例子告诉我们，虽然进攻方依旧在成功，但每次进攻取得的成绩是不同的。通过每次进攻尺码的变化，我们可以预先知道未来的发展，就如同我们可以观察市场的每个周期的价格变化率情况一样，从而提前预知市场趋势的改变。

价格变化率主要评估每个价格周期（通常是一个交易日）价格变化的程度。如果价格变化的程度在缩小，那么交易员可以计划平掉目前的趋势持仓，并做好反向交易的准备。在某些价格变化非常规律的市场，这个系统表现很好。但是和其他系统一样，价格变化率也会有导致亏损的错误信号。比如，当市场变化迅速、涨跌不定时，这个系统表现得就很不好。

价格变化率系统可以用来进行反趋势交易。这个系统的目标是在市场低点买入，在市场高点卖出，换句话说就是抄底摸顶。交易者通过价格变化率预测市场的下一个波动，并在波动刚开始或者开始之前就预先进场。当你使用这种系统的时候，你必须使用保护性止损触发单。

反趋势交易系统有很多种。趋势动量衰竭系统是一个有代表性的例子。

在反趋势买点出现后，市场从价格低点上涨一段预先确定的距离后，反趋势系统会给出卖出信号。反之，则会给出买入信号。产生反趋势价格变动的信号，可以是通过研究过去价格变化而得出的百分比，也可以是绝对价格。变化规则也可以表明该系统的敏感性。反向信号产生的变动要求越小，系统就越敏感。

反趋势系统和其他交易系统一样，需要你在执行买卖操作之前，先寻找确认信号。对于反趋势系统而言，通常先等待一个交易日以确保趋势改变确实发生，是非常明智的。

反趋势系统也通常使用震荡因子指标。震荡因子，如之前所说，一般是用来衡量市场动量的技术分析指标。

流行的 RSI 指标可以用来解决普通技术指标的一个重要不足。很多时候我们有指标，但是并不知道指标达到什么程度时才能预示市场变化。比如一个震荡指标，是达到 60% 水平还是达到 90% 水平，才能认为市场发生反转了呢？而 RSI 认为大于 70% 是高，低于 30% 是低，给出了一个经验上的解决方法。

反周期系统则使用周期分析来获得一个反趋势交易系统。通过周期来预测未来的高点和低点，我们可以获得抄底摸顶的交易信号。当价格已经接近周期分析得出的顶部时，我们可以布局空头；而如果周期分析发现市场底部即将到来，我们可以为开多仓做好准备。在执行这类交易系统的时候，我们需要使用止损触发单来对持仓进行保护。

另一种预测价格趋势的方法叫做反多数人投资策略（contrarian investment strategy），或者也叫在他人恐惧时买入（buying into fear）策略。在他人恐惧时买入，由伯纳德·巴鲁克（Bernard Baruch）提出。他认为，一旦你知道市场中的大多数人在做什么，那么你应当做与之完全相反的操作。这套逻辑对他的交易生涯非常有帮助。

期权是反多数人交易的一个很好的工具。你可以持有与大多数人行为完全相反的持仓，而依赖于期权的特性，你进行对赌的风险只有你的期权权利金和交易成本。不过请记住，进行这样的交易，你不仅仅需要判断正确，还需要在正确的时候做正确事。因此，最好买那些 60 到 90 天之后才会到期的期权合约，这样你才有足够的时间证明你的观点是正确的。

一般来说，反多数人交易需要你和“羊群”对赌，做和其他人的思维都不同的交易。你的第一个工作是，你如何知道大多数人在想什么？一个好的方法是阅读大众媒体文章，比如《华尔街日报》。三个主要的大宗商品数据会每天在《华尔街日报》的大宗商品版公布：预期今日成交量、昨日成交量、持仓量。你也可以获得市场的最高价、最低价、结算价、每日价格变化、历史最高价和历史最低价等信息。你需要理解这些数字的意义，才能更有效地了解市场在想什么。

另外一个反多数人交易策略判断的信息来源是牛市情绪调查指数（the Consensus Index of Bullish Market Opinion）。这个指数可以为未来市场动向提供参考。反多数人交易的机会在于，有时大部分的分析师都一边倒地认为市场会涨，而这时市场很可能在向超买状态前进，那么市场的反转可能很快就会来到。而当大家都一致看跌的时候，也代表着做多的机会出现了。

理解成交量和持仓量

成交量和持仓量反映了市场的活跃程度和交易员对市场的参与程度。成交量代表了交易发生的速度，而持仓量反映了市场中尚未平仓的活跃合约数。

交易所和《华尔街日报》等媒体每天都会公布成交量数据，表明当天交易的合约数量之和。成交量并不是买家和卖家的总数。每一个合约被交易一次，就对应一个买家和一个卖家。我们可以简单地计算全部买家的数量，或者全部卖家的数量，以获得当天的成交量。成交量对应的合约交易数量，不仅包括建立的新合约，也包括旧合约的换手，和已有合约的平仓。

持仓量则计量了所有未被平仓的合约数。过去一般在交易结算时公布，而现在绝大多数的交易所可以实时计算持仓量，并发布在行情软件上。即使不创造新的合约，或者平仓一部分已有的合约，交易所仍可以通过现有合约的换手来实现大量的交易。现有的合约可以一直换手。为了更好地理解持仓量和成交量，我们可以看下面的例子。

交易日 1：交易员 A 买入一个合约。
交易员 B 卖出一个合约。
交易员 C 买入一个合约。
交易员 D 卖出一个合约。

如果这是交易日 1 发生的全部交易，那么当日的持仓量为 2，交易量也是 2。

交易日 2：交易员 E 买入一个合约。
交易员 A 平仓一个合约。

如果这是交易日 2 发生的全部交易，那么当日的持仓量将仍为 2，而成交量则为 1。交易员 A 持有的合约，通过换手，转交到了交易员 E。

交易日 3：交易员 F 买入一个合约。
交易员 G 卖出一个合约。
交易员 B 买入平仓一个合约。
交易员 C 卖出平仓一个合约。
交易员 E 卖出平仓一个合约。
交易员 D 买入平仓一个合约。

在交易日 3，之前建立的两个合约，由于 E 和 B、C 和 D 的平仓行为而消失了，而只留下 F 和 G 新建立的合约，因此当日的持仓量为 1，而交易量为 3。

在交易进行之后，持仓量可以告诉我们目前的市场参与者持有了多少期货合约。每一个买家都有一个卖家与之对应。接下来，我们需要研究这些统计数字之间的关系。一旦你能够从其他交易者的真实市场行为中搞清楚他们在想什么，你就可以有针对地进行交易（如表 6.3）。

表 6.3 持仓量、交易量和价格之间的关系

持仓量	成交量	价格	关系
增多	增多	上涨	市场非常看涨（强参与度，价格上涨并放量）
减少	减少	下降	市场轻度看涨（弱参与度，价格下跌但缩量）
增多	减少	上涨	市场适度看涨（强参与度，价格上涨但缩量）
增多	减少	下降	市场适度看跌（强参与度，价格下跌但缩量）
增多	增多	下降	市场非常看跌（强参与度，价格下跌且放量）
减少	减少	上涨	市场轻度看跌（弱参与度，价格下跌但缩量）

具体来说，请注意这三者之间的关系。比如，持仓量和成交量在增多，价格在上涨，说明市场非常看涨。如果这时你跟随大多数人买入看涨期权，那么实值或者近实值期权的费用将非常昂贵。等到市场价格涨到足够覆盖期权成本的时候，市场的动量也该衰竭了，接下来你将面临的是回撤。反而，在市场非常看涨的时候，你买入看跌期权可能是更好的选择。因为所有人都强烈看涨，所以这个时候的看跌期权会很便宜。你可以提前埋伏，等待市场回调。

ALL ABOUT FUTURES

07

第七章

在交易期货的同时使用期权

核心概念

- 购买期货的期权合约
- 买入期权进行牛市交易
- 开发一个期权交易系统
- 了解期权的流动性风险
- 了解四种常见的期权组合，以及跨式期权（Straddles）和扼式期权（Strangles）
- 计算期权权利金、期权价值、盈亏平衡点，以及 delta 等希腊字母变量的值

你可能不相信，交易期货期权可能是期货交易入门的一个好方法。交易期权可以帮助新交易员了解市场，并学会使用一些帮助他们控制交易风险的工具。

购买期货的期权合约

购买期货期权，你将获得在某一具体的时间段，以某一执行价格（strike price），购买或者卖出期权对应的期货合约的权力，并且不承担一定要执行买卖交易的责任。和期货合约一样，期权合约也是在交易所内进行竞价买卖的。并且和期货合约一样，在一个交易日结束，所有的期权合约也会被清算机构进行归档和清算，并确保期权的所有方会履行其责任。这样，期权的买卖双方也不必建立双边责任关系。

买入看涨期权，你将获得在未来某一时间段内，以特定价格买入某一期货合约的权力，并且不承担一定要买入的责任。如果你认为期权对应的期货合约的价格未来要上涨，那么你就可以买入该期权合约。

买入看跌期权，你将获得在未来某一时间段内，以特定价格卖出某一期

货合约的权力，并且不承担责任一定要卖出。如果你认为期权对应的期货合约的价格未来要下跌，那么你就可以买入该期权合约。

期权合约的执行价格（strike price）是在期权执行时，你买入（对应看涨期权）或者卖出（对应看跌期权）对应期货的价格。期权的一系列执行价格由交易所标准化给出。如果市场发生波动，交易所会根据预先的规定，增加新的对应必要执行价格的期权合约。

如上文所说，随着价格的上涨和下跌，交易所会根据规则上市新的期权合约，因此会在同一张期货合约上派生出大量不同执行价格的期权合约。这样，交易者才有足够的工具来执行期权交易策略，并从现在的市场中寻找到获利机会。

期权按执行价格和现在市场价格的关系，可以分为实值、在值和虚值三类。在值指的是期权的执行价格和其对应期货现在的市场价格相等或者非常接近。对于实值期权，如果是看跌期权，那么他的执行价格要高于现在的市场价；或者如果是看涨期权，那么他的执行价格要低于现在的市场价。对于虚值期权，如果是看跌期权，那么他的执行价格要低于现在的市场价；或者如果是看涨期权，那么他的执行价格要高于现在的市场价。

期权合约距离到期的时间长度，一般参考其对应期货合约的到期规则有所不同，而不同交易所的到期规则也不同。在有些交易所，你可以交易一些一年甚至更久以后到期的期权合约。值得注意的是，期权的月份实际指的是其对应期货合约的到期月份，而不是期权合约实际到期的时间。期权合约比其对应的期货合约更早到期，通常是早几周。比如，一个 7 月份大豆期货合约的期权合约，实际在 6 月底到期。每个期货品种、每个交易所的期权合约的到期规则都不同，需要注意。

期权权利金（期权的价值）根据期权对应规模、标的期货合约的价格、期权执行价、期权到期时间、市场状态（波动性）的差异而变化。一般来说，虚值并且即将到期的期权合约，会比在值或实值且有较长时间到期的期权合约更便宜。期权权利金的价格可以在数百美元到数千美元间波动。

期权的权利金价值随着市场交易的发生，每时每刻都在变化。其价值完全依赖于其对应期货合约的价格。另外，请注意期权合约的价格并不一定会伴随其对应的期货价格而变化。比如，7月份大豆期货合约价格上涨了1美分，其对应的7月份大豆期权合约的价格变化，并不一定是1美分。但是，深度实值的期权合约的价格一般和期货合约同步。一个期权合约的虚值程度越深，到期时间越短，那么期权合约的价格对其对应期货合约价格变化的响应就越少。

一个交易员既可以买入期权，也可以卖出期权。但是这两个行为的风险有巨大的不同。期权的买入者，无论买入看涨期权还是看跌期权，他们都将只承担有限的风险（付出的期权权利金和交易费用），因此买入期权并不需要支付保证金。但是，期权的卖出者将承担未知的并且无限的风险，就和期货的交易者一样。因此，期权的卖出者需要支付一定的保证金给期货公司。

我们可以在期权到期之前在市场中买卖期权获利，也可以等到期权到期后，执行期权合约，以优惠的价格买入或者卖出期货合约来获利。如果期权在到期时处于实值状态，那么将会自动转变成盈利的期货合约。不过，一般期权交易者会在期权到期之前平仓获利了结。

如果你是一个期权买入者，你可以直接通过平仓来锁定你成功的交易获得的利润。比如，在6月3日，你持有的7月份大豆看涨期权合约的价值高于你的买入价，并且你想要获利了结，那么你可以直接通知期货公司卖出这一合约。

期权的卖出者则通过从期权买入者手中收取权利金来获利，并期待这个期权合约永远不要被执行（永远不进入实值状态）。如果售出的期权在到期日处于实值状态，那么这笔交易对于期权卖出者来说就是亏损的。

一个初学交易的人，最好买入期权而不是卖出期权。虽然大部分盈利的期权交易来自于卖出期权（一般由专业交易员操作），而不是买入期权，但是由于卖出期权伴随着巨大的风险，因此最好是等你成为交易老兵，并且有足够的资金实力的时候，再来尝试这一方法。

期权交易策略非常复杂，通常需要整整一本书才能讲清楚，但是本书将介绍一些保守的买入期权策略，通常可以帮助初学者更好地学习交易。

第一个期权交易例子如下。

一个新手交易员在期货市场买入或者卖出了1手期货合约，并设定了非常接近于成交价的止损触发单。这看起来是一个非常保守的交易。但是，仅仅是挂出止损触发单，并不意味着期货合约就一定会在这个价格被平掉（或者说订单会成交）。如果市场出现暴涨或者暴跌，并且价格快速冲过了这一范围（比如跳空），那么这个交易者将比他预期亏损得多得多。在极端情形下，市场可能反向运行到涨停或者跌停，使交易者亏损非常大一笔钱。这些情况并不常见，但是一旦发生，后果不堪设想。在过去的某一个月，你总会发现有一两个大宗商品市场出现过这样的跳空行情。

第二个例子，这个新手交易员选择在芝加哥商品交易所的下属交易所——美国中部交易所（the Mid American Exchange）进行交易。在这个交易所，期货合约的规模比一般合约小很多，因此每一手交易的资金风险就降低了。虽然风险小了，但是这个交易者依然会面对例子一的情况，他的风险依旧是未知且无限的。

在了解了前面两个例子之后，这个新交易者一定对期货交易涉及到的无限风险感到不安。交易期货无法避免这个问题。虽然这个交易者可以通过模拟交易来进行学习，但是一旦换到真金白银真实市场，他的风险还是无限的。

买入虚值看涨或者看跌期权，可以是一个成本非常低的开始类似期货交易的方法。交易者向期货公司支付的全部权利金和交易费用，是交易者需要担忧的全部风险资金。他不需要缴纳保证金，也不会遇到保证金不足的催缴通知。交易员可以在承担一定风险的同时，睡一个安稳觉。他可以在风险可控的范围内，学习如何做交易，并且完善自己的交易技巧。

那么为什么不是所有的初学者都通过交易期权来开始学习交易呢？有一个原因是，虽然期权交易者判断的涨跌方向可能是正确的，但是由于交易者买入的是虚值期权，期权的价格可能根本不变，或者只变动很小部分，因而在很大程度上影响了交易者的盈利。

和直接买入期货合约的交易者相比，虚值看涨期权的买入者的收益变动会较小。比如，在5月中旬，7月大豆期货合约的价格上涨了10美分。直接交易期货的交易者赚取了500美元的利润（50美元对应期货价格1美分）。但是，7月大豆期权的持有者这时可能只赚了50美元。期权交易者需要期货价格上涨到接近实值的时候，或者价格已经处于实值区间之后，才能和期货交易者一样获得相同的利润。在某些情况下，期权交易者虽然判断对了市场涨跌的方向，但是可能因为交易的时间不对，期权在运行到实值前就先到期了，反而亏掉了一部分钱。

交易期权实际上是放弃了一部分盈利的可能性，以换取有限的风险，以及平和的心情。这就是交易期权和直接交易期货之间的权衡。

如果交易者希望控制自己的风险，但是又不想尝试买入期权这种很难获利的方式，那么他该怎么办呢？这里有个折中的方案。交易者可以首先直接买入期货合约，但与此同时也买入风险有限的虚值期权。

在5月初，交易者看涨大豆，并且买入了一手7月大豆期货的多头合约。7月大豆期货合约的价格是4.50美元每蒲式耳。在持有7月大豆期货多头的同时，交易者可以同时买入1手7月大豆的看跌期权合约，执行价格是4.25美元。交易者为期权合约支付了数百美元的权利金，最终使得这笔交易（交易组合）最大的亏损数量是1250美元，加上期权权利金和交易费用。如果交易者认为4.25美元执行价格的看跌期权的权利金过于昂贵，那么他可以买入4.00美元执行价格的看跌期权。但是这样，他期货交易的最大亏损数量将增加到2500美元。

可以看出，使用期权进行对冲，会损失一部分盈利，但是对于很多进行对冲的交易者来说，资金的安全性比盈利更重要。他们宁可少赚，也不想承担未知的交易风险。

买入期权进行牛市交易

从天性上，大部分参与商品交易的人是看涨的。他们觉得在价格上涨时盈利，是更舒服的；他们不愿意去做空市场下跌。另外，牛市一般也比熊市持续的时间更长，因此投资者也有更多的时间交易牛市行情。

期权是捕捉牛市行情非常好的工具。你可以通过制定交易计划，在正确的时间交易正确的商品。一旦发现目前正在下跌的大宗商品出现企稳，未来有产生牛市行情的可能性，交易者就可以开始着手研究该商品之前下行趋势被突破的可能性，并且期待反弹和弱势上行趋势的到来。

这时，是买入实值或者在值看涨期权的好时机。你需要买入那些到期时间尽可能长的合约。这时，因为大部分交易者还在看跌，他们对未来的市场情况尚未知晓，所以你可以用较低的价格买入看涨期权。

随着市场上涨，市场上涨动能已经减弱，这时你可以在上涨趋势结束、暴跌开始前获利了结。你要明白那句老话："牛市能赚钱，熊市能赚钱，猪市（震荡市）最害人。"

很多交易者在上涨过程中取得盈利后，会舍不得平仓，想一直持有到上涨行情的峰顶。这是非常危险的交易策略。如前文所说，市场很可能会巨幅下跌，下降速度远快于上涨速度。那些持有观望态度的人往往最终会失望。期权交易是非常有风险的。你很容易损失掉你全部的权利金。交易者最不应当做的，就是持有一个头寸过久，试图抄底摸顶。

市场在高位将到崩盘的时候，你可以再次做与大部分人都相反的决定。和其他人还是坚持看多相比，你可以寻找定价合适的看跌期权的买入机会，以利用即将来临的熊市获利。想要在期货交易中取得成功，通常需要你能够想其他人所不能想，做其他人所不能做。你在其他人发现多头机会之前买入看涨期权，并在其他人都狂热看涨的时候反手做空。

如果你能够理解羊群效应，你就会为未来的交易机会做更好的准备。优秀的交易者需要辨伪存真，从而获取盈利机会。很多没有能力的交易者会被众人的幻想所迷惑，因而无法正确地进行交易。和他们相反的交易者，则可以很快地辨明真相，并利用真相获利。大宗商品交易的过程复杂而模糊。当大宗商品交易顾问、记者、经纪商或者分析师被那些“所有人”都认为正确的事情所迷惑时，他们会接着传递错误的信息来迷惑交易者。这使得很多交易者无法取得成功。很多人认为市场的趋势根本不会停下。

而你，作为一个反向交易者，可以在牛市崩盘前敏锐地发现征兆。这时，你需要对自己的严格约束并深刻理解从众心理，这样才能避免陷入这个陷阱。在其他交易者和你说“你这么做是不是太笨了？市场才涨了不到一半”的时候，你可以有勇气反向而行。

反向交易者需要仔细研究成交量和持仓量信息。成交量将告诉你市场目前的活跃和火爆程度。市场越火爆，投机情绪就会越强，因此才会产生强趋势。持仓量则更重要，因为你可以了解谁持有了这些头寸。

为了理解其他交易者的行为（对于交易美国商品期货的投资者），你可以研究美国商品期货委员会（the Commodity Futures Trading Commission）公布的每日报告。美国商品期货委员要求所有的清算会员和期货公司汇报每一个持仓超过一定限额的期货交易者的持仓情况。这些持仓规模较大的交易者，一般被叫做“主力”。他们的行为可以为未来的市场发展提供很多有用的信息。

下面是一些大宗商品的汇报限额情况。

大宗商品汇报限额

玉米	750000 蒲式耳
白银	150 手
美国国债	500 手

除了向美国商品期货委员会提供持仓手数，汇报机构还需要将这些交易者分为商业交易者和非商业交易者。商业交易者按照美国商品期货委员会的要求，一般是对冲者。这些对冲者通常是公司，甚至是国家，并且愿意进行现货交割，因为在他们的商业活动中，需要使用这些大宗商品。商业交易者的一个例子是，一个谷物经销商需要用期货对冲他们在未来需要卖出的现货。

非商业交易者一般是个人交易者。个人交易者的持仓规模一般低于商品汇报限额，因此并不需要汇报。

交易员同样需要研究数据以判定市场是否超买或者超卖。他们使用这些研究结果来判定什么时候需要从多头变成空头，或者从空头变成多头。反向交易者需要避免陷入暴涨市场带来的幻想和群体狂躁当中。这需要交易者能够坚守交易准则。比如，当你看到那些不需要汇报的持仓（散户）占总持仓量的比例快速增加，同时需要汇报的持仓（机构）在快速减少时，好的反向交易员可以看出目前散户持有了市场中大部分的头寸，市场的趋势就快要结束了。

另外一个获得市场整体想法的方式是研究某一大宗商品的所有看涨和看跌期权的持仓数。如果持有看涨期权占多数，那么市场整体看涨；如果持有看跌期权占多数，那么市场整体看跌。这些数据可以在《华尔街日报》的大宗商品版获得。

因为大多数人，包括大多数交易员，都是跟随者而不是领导者，所以一旦绝大多数人都上了船，那么市场趋势也就走到了尽头。一个好的例子是1987 年 10 月 19 日的股灾。在 10 月 16 日周五，市场持有 32045 张看涨期权，30087 张看跌期权。在股灾当天，看涨期权增加到了 34971 张，而看跌期权减少到 25685 张。在后一天，有 35183 张看涨期权，24327 张看跌期权。一周后，看涨期权还在增加，增加到 38346 张，而看跌期权只有 25432 张。

反向交易者知道绝大多数人的想法并不会主导市场，而最好的交易机会，往往来自于不随波逐流。

开发一个期权交易系统

如果你计划交易期权而不是期货，那么你的交易系统可能需要做一些改变。期权价格的波动和它对应的期货合约的价格波动紧密相关。如果期货合约进入上涨趋势，那么看涨期权在大多数情况下也会上涨。反之，如果期货合约下跌，那么看涨期权价格也一般下跌。

然而，期权合约和期货合约是不同的。有时期权合约对价格变化的反应和期货合约不同。你必须通过学习一定的期权知识来理解这些不同，从而在解读期货交易信号，并将这些信号应用在期权价格预测上时，更有针对性。另外，你也不能以评估期货交易系统的方法来评估期权交易系统。

期权和期货的相同点和不同点

期权具有一些特殊性质，因此交易期权会面临一些新的问题。期权的权利金价格和期货价格一样，由交易所撮合交易产生。期权的交易者会参考期权对应的期货的合约价格来进行买卖。

其他的一些因素，则使得期权不太适用于一些在期货市场上取得成功的交易系统。首先，期权需要考虑 delta 特性。delta 指的是，期货价格每变化 1 单位，期权价格变化的程度。在有些情况下，期权的 delta 是 0.5，这就意味着，期权价格变化的幅度只有期货合约的 50%。

如果你直接使用一个成功的期货交易系统来交易期权，你需要对期权的 delta 进行调整。换句话说，如果你的交易系统判定期货价格将上涨 50%，但是如果你交易期权的 delta 是 0.5，那么期权价格只会上涨 25%。

一般来说，期权的权利金越便宜（说明虚值程度越深），期权的 delta 就越小，也因此减少了期权合约所带来的金融杠杆倍数。实际上，实值期权可以最近似地反映期货价格的变动。实值期权的 delta 接近 1。

了解期权的流动性风险

在期权交易中，滑点（交易成本）问题是比较严重的。因为就单独的一个期货品种而言，以它为标的对应的期权合约，按照不同的执行价格可以有很多。并且，对于每一个执行价格，还分为看涨期权和看跌期权。因此，即使那些最活跃交易的期权合约，也会比其对应的期货合约的流动性差。因此，你必须理解，期权的买卖价差较大。

为了确保期权能够成交，你必须以比市场申买价更高的价格买入期权。

比如，你计划买入期权，当时市场的申买价是8点，那么你最好按10点买入来计算实际成本。

基本上所有的期权都会比它对应的期货合约先到期。由于期权更早到期，因此它的流动性会更早衰减。

在你完成你的交易计划之前，检查如下的基本交易规则。最简单的交易策略就是直接在期货或者期权市场上建立多头。如果你的分析指出某一期货品种未来会上涨，那么你就开多仓。

以芝加哥商品交易所的6月玉米期货合约为例，这一合约每份将交割5000蒲式耳的二号玉米。二号玉米确定了玉米的品级（水分含量、洁净度等）。你成交的价格是2美元每蒲式耳，也就是买入了10000美元价值的期货合约。

如前文所说，只有很少部分（2% ~ 3%）的期货合约会进入交割程序。绝大多数期货合约实际上会在交割前反向平仓。

因此，如果你拥有5000蒲式耳、价格2美元每蒲式耳的二号玉米期货合约多头，并在30天之后，以2.5美元每蒲式耳的价格平仓，你将每蒲式耳赚取50美分，或者说你买入的5000蒲式耳玉米总共赚取了2500美元，当然你需要支付一定的交易费用。但是，如果你判断错了市场的方向，你只能以1.5美元每蒲式耳的价格卖出，那么你就亏损了2500美元，并且还需要额外支付交易费用。这就是期货交易的收益和风险的一个简单例子。

如果你预期市场会跌，你也可以持有与上文相反的头寸。你需要一开始做空5000蒲式耳玉米，之后再买回来。如果你是期货空头，且期货合约交割，你需要在约定的时间交付5000蒲式耳玉米。玉米的价格越低，你就可以以越低的价格买回玉米，你的盈利就越大。

期权策略

期权的交易策略和期货很相似，你只需要买入看涨期权来代替期货多头，或者买入看跌期权来代替期货空头。期货市场的初学者可以这样交易期权，因为你所承担的风险是有限的，而直接交易期货的风险是无限的。

理解基本的期权概念

期权的买家将获得权力且不承担义务，在未来的某一时间点（到期日）前，以预先决定的价格（执行价），得到一定的期货头寸。和期货合约到期时需要买卖实际商品不同，期权的买家可以在期权到期时不去执行期权。

当期权的标的物价格上升时，期权的权利金价值通常也会同时上升。期权交易者和期货交易者一样，可以通过反向卖出持有数量的期权，以获利了结。如果期权的价值增长得足够多，那么交易者将获利。如果没有，那他们只能以盈亏平衡或者亏损的价格了结。

期权的买入者还可以有第三种方案，即执行期权。这意味着期权的买入者将期权合约转换成对应的期货合约，并因此承担期货的价格风险。

这就是期权买入者的权力和交易机会。他们支付权利金（加上交易费用），并有权力执行以上的任何一个选择。他们所承担的风险，只限于一开始为期权支付的权利金和交易费用，但是却可以获得无限的盈利机会。

看涨和看跌期权

期权分为看涨期权和看跌期权。看涨期权买入者有权力在到期日之前，按照执行价获得标的期货的多头。看涨期权的价值随期货价格的增长而增加，因此期货的看涨者可以获利。同时，看涨期权也可以用来保护价格上涨的风险。如果你买入看涨期权，并且这一大宗商品的价格在未来上涨了，你就可以执行期权来获得该大宗商品（或该大宗商品对应的期货合约），因此规避了大宗商品价格上涨的风险。

看跌期权的买入者有权力获取期货合约的空头。看跌期权可以保护价格下跌的风险，当价格下跌时，看跌期权的权利金价值会上升。

期权买入者和期权卖出者

期权买入和卖出带来的权力和义务的差异，是期权和期货的主要差异。对于期货，义务对期货买卖双方是等价的。除非提前平仓，否则期货的买入者需要在未来接受现货交付，并且支付约定价格；而期货的卖出者则需要按约定价格交付一定数量的现货。而对于期权，则只有期权的卖出方承担义务。期权的买入者可以选择执行期权，也可以选择废弃期权。当期权买入者选择执行期权的时候，卖出者必须交付约定的期货合约。

因为期权的卖出者承担这样的义务，因此他们会向期权的买入者收取一定数量的权利金。权利金必须在购买期权时全额支付，买家因此为权力付费。而卖家则因为承担了执行义务的风险，因此获得了一定报酬。

期权的卖出者获取的最大利润就是收取的权利金。然而，如果期权的价值上升，期权的卖出者就必须交付期货头寸，或者以更高的价格买回期权合约。无论如何，这时期权的卖出者都会遭受亏损。如果期权的价值下降了，那么卖出期权的行为就盈利了，但是因为期权的价值最多降为零，因此获取的利润是有限的。当期货的价格跌到期权执行价或期权执行价以下时，看涨期权的内在价值就为零了。

有保护的期权和无保护的期权

在期货市场中，对于每一个期货的买入者都必有一个期货卖出者与之对应。而在期权市场中，期权的卖出者需要做好买入或者卖出期货合约的准备，以应对期权买入者的行权。期权的卖出可以分为有保护的和无保护的。看涨期权的卖出者如果同时持有期货合约的多头，那么我们叫他有保护的卖出者。如果看涨期权的卖出者面临行权，他可以直接交付他持有的期货多头，而不需要在市场上以不利的当前价格，买入新的期货合约进行交付。

如果期权的卖出者没有持有期货合约来保护自己的风险，我们叫他无保护的卖出者。新手交易者建议不要卖出无保护的期权合约，因为你将承担无限的风险。买入看涨或者看跌期权是更好的选择，因为你承担的风险可以在事先准确计算出来。

期权合约给予交易者留在场内的能力

期货和期权交易最显著的区别，可能就是交易者留在场内的能力。期权交易者可以承受市场的不利变化。对于期货交易者，无论是买家还是卖家都需要承担无尽的风险，并需要提防市场向自己不利的方向运动。如果市场向对交易者持仓不利的方向运动得太多，很多交易者就不得不为了控制风险而止损离场。而期权的持有风险是有限的，因此期权交易者总是可以确定最大的亏损额度。

如果期权的买入者放弃行权，期权将自行到期，并且没有任何的额外财务责任。因此，无论期权对应的期货价格如何变动，期权买家都并不需要提供保证金，也不会遇到保证金催缴问题。无论市场的价格走得多远，期权的买家都可以继续持有期权，以期待市场反转，使自己的头寸再次盈利。

期权权利金

期权权利金的价值由什么决定？期权价格由交易所内的公开竞价交易决定（和期货一样）。但是，期权实际上有定价模型，我们可以通过数学公式来计算期权的合理价格。一般来说，这个过程由计算机软件完成。

期权的权利金价值由它的内在价值和时间价值组成。内在价值指的是，如果期权马上到期，它所具有的价值。比如，如果大豆期货的价格是 5.60 美元每蒲式耳，而你的看涨期权使你有权力在 5.25 美元每蒲式耳的价格买入期货合约，那么一旦行权，你将立刻有 35 美分每蒲式耳的利润，所以你也愿意为这个期权至少付 35 美分每蒲式耳的价格。当看涨期权的执行价格比市场价格低时，这个期权处于实值状态。

一个看跌期权要想处于实值状态，则需要它的执行价格高于市场价。以上面的例子，一个可以以 5.95 美元每蒲式耳卖出大豆期货的期权合约，一旦行权，将有直接的 35 美分每蒲式耳的利润，因此这个看跌期权将有 35 美分的内在价值。

一个看涨期权的执行价格高于市场价，则它处于虚值状态。一个在 6.00 美元每蒲式耳价格买入大豆期货的期权权力，在市场价格为 5.60 美元每蒲式耳时，其内在价值为零。但是，内在价值为零不代表期权价值为零。依然有大豆加工者或者压榨商愿意买入 6.00 美元每蒲式耳的看涨期权，以防大豆价格暴涨，使他们的成本大幅增加。

因此，期权的价格不仅仅包括内在价值，还包括其未来的时间价值。一个大豆生产者担心未来大豆价格会暴跌，即使现在的市场价格是 5.60 美元，他也有可能会买入执行价格为 5.00 美元的虚值看跌期权。

无论是看涨期权还是看跌期权，当它的期权合约的执行价格与市场价格相同时，我们说这个期权处于在值状态。当市场价格为 5.60 美元时，执行价格为 5.60 美元的期权没有内在价值。但是由于这个期权很可能因为价格的一点点有利变动而变成实值期权，并获得内在价值，因此这个期权依然具有时间价值。

第二个组成期权权利金的部分就是时间价值。时间价值和内在价值相比，更加抽象。时间价值完全基于期货未来发生价格变动的可能性而产生。从定义来看，时间价值是期权权利金超过内在价值的部分。但是，从定义我们很难理解时间价值的深层意义。为了更好地理解时间价值，我们需要了解一些对时间价值有影响的因素。

一般来说，期权的到期时间越长，期权的时间价值就越大。从常识来讲，在其他因素完全一致的情况下，一个有 1 年时间来决定是否行权的期权比只有 6 周来决定的期权更有价值。期权的买入者要求期权的卖出者，无论未来发生什么，都需要预先定好一个价格。因此，期权卖家必须获得其承担风险的报酬。逻辑上，1 年所面临的风险比 6 周所面临的风险更大（如图 7.1）。

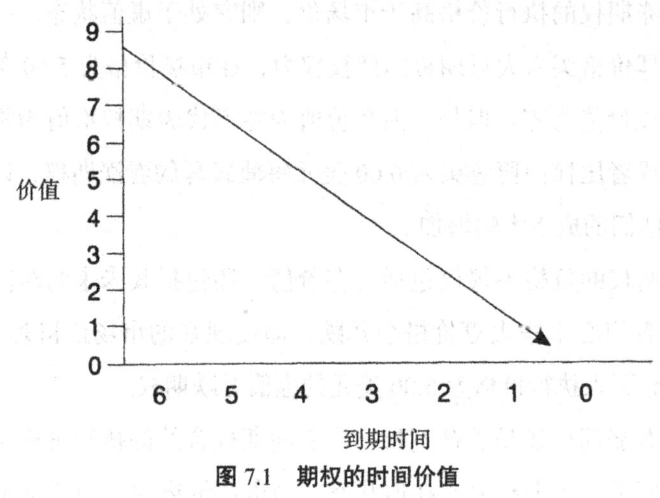

图 7.1 期权的时间价值

期权是一种有时间损耗的资产，它们最终会到期。期权的时间价值会随着临近到期而持续减小。为了盈利或减少亏损，你必须在期权到期之前平仓或者执行期权。

其他决定期权权利金价值的因素

期权权利金还受到短期利率的影响。利率越高，期权的权利金越低。期权实际上和其他投资渠道在竞争资金。如果其他投资渠道的资金回报率较高，那么期权就相对没有吸引力，因此价格会降低。这里假设卖出期权所需要的保证金可以给投资者提供和市场相同的无风险利息。（但实际上国内的保证金利率很低，国内的投资者需要注意。——译者注）

波动性可能算是最明显却又最难理解的期权权利金价值影响因素。虽然有很多对波动性的数学解释，但是常识可能是最好的一种解释。如果大豆期货的价格是 5.60 美元每蒲式耳，并且会在这个价格保持 1 年的时间，那么卖出执行价格为 6.00 美元每蒲式耳的看跌期权就完全没有风险了。然而，如果大豆的 1 周价格交易区间就有 5.25 美元到 5.95 美元这么大，那么卖出 6.00 美元每蒲式耳的看跌期权就会有非常大的风险。

期权的卖出者需要获得其承担风险的报酬。期货价格越有可能达到期权的执行价格，期权的买入者就越有可能执行期权，因此期权卖出者就需要获得更多的风险报酬来弥补增加的风险。

因此，任何增加期权卖出者风险的因素，无论风险来源是什么，都会增加期权的权利金价值。任何时候，卖出期权的风险降低，期权的价格都会下降。

价格相关性和 delta 值

delta 值衡量了期权价格在期权对应期货合约价格变化时的变化幅度。比如你买入白银期货的看涨期权，并预期白银价格会上涨。你知道你为这一期权支付的成本（权利金），期权合约的现价，以及期权对应的白银期货的市场价格，那么他们的关系是什么？

他们的关系会是 1∶1 变化的吗？如果白银期货的价格每盎司上涨 10 美分，白银期权的权利金价值也会上涨 10 美分吗？

一般来说，期权的权利金价值变化，会比期货价格的变化小，这也就是 delta 值能用来衡量期权价格变化幅度的原因。请记住所有影响期权价格的因素：市场的波动性、交易员的价格预期、现在的市场趋势、期权的到期时间、看涨 / 看跌期权的持有量以及期权是实值还是虚值。从研究来看，期权价格的变化只有一部分是由期货价格变化引起的。

如何计算 delta 值

为了计算 delta 值，你需要了解某一时间段内期货价格的变化，以及期货期权价格的变化，然后用期货期权的价格变化除以期货价格变化，就可以得到这一段时间这一期权合约的 delta 值。比如，如果白银看涨期权的价格上涨了 5 美分，而白银期货的价格上涨了 10 美分，那么这张白银期权的 delta 值就是 0.50（0.05 除以 0.1）。这意味着，白银期权的价格将以期货价格一半的速度上涨。

delta 值为 0.5 的期权合约一般是非常临近实值的合约。期权的 delta 值一般不会超过 1。因此，期权的 delta 值越大，期权合约因为期货合约价格波动而获利的可能性就越大。

反过来讲也是正确的。期权的delta值越大，期权的价格就会越贵，那么如果期权到期无法执行，期权买入者损失的钱就越多。在期货和期权交易中，永远要记得考虑风险和收益。

期权的delta值小，意味着期权价格不会因为期货价格变化而发生太多改变。比如，期权的delta值是0.2，那么它对应的期货合约要有利变动1美元，期权的权利金价值才会上涨20美分。

如何利用delta值来进行交易

delta值可以帮助你决定在想要买入期权时，具体买入哪一个期权，或者何时卖出期权或平掉期权多头等问题。比如，你现在正在从三四个不同的期权合约中选择投资标的，你在思考到底要买入哪个期权。

你开始每天计算这些期权的delta值。如果期权的delta值很低，低于0.25，那么这个期权一般是深度虚值期权，这个期权的价值已经不怎么反映其对应期货品种的价格变化了。如果你想对期货未来的价格变动进行投机，那么买入这个期权可能不是一个好的选择，除非你想做买入一个期权再卖出一个期权这样的多空期权组合。

在你跟踪这些期权的delta值的时候，你可能会发现一个期权的表现比其他期权要好一些。这是你考虑买入这个期权的一个原因。当然，这个原因不是全部。你还需要考虑本章之前内容中提到的对期权价格有影响的其他因素。

稍后，在你持有期权一段时间后，你决定平掉它。你也可以看delta值来决策。这个期权的delta值是变大了还是变小了？了解期权的delta值的变化趋势，可以帮助你进行卖出决策。

使用delta值作为决策工具

delta值也可以用来作为决策工具。比如，你在考虑买入大豆期货的看涨期权。你认为从现在开始到2月中旬，每蒲式耳大豆的价格会上涨2美元。

当计算你观察的两个不同期权的delta值时，第一个的delta值是0.5，而第二个是 0.6。这意味着如果你的大豆上涨 2 美元的预测是正确的，第一个期权会上涨 1 美元，而第二个会上涨 1.2 美元。如果第二个期权的价格只比第一个贵 10 美分，那么选择第二个期权就是非常划算的。如果其他一切条件一致，那么我们就选择能盈利最多的期权。

你需要知道，delta 值是一直变化的。只要是期权的价格或者期权对应的期货价格发生了变化，期权的 delta 值就会改变，这意味着，只要在交易时间，期权的 delta 值就会一直变化。一般情况下，期权的 delta 值和价格是有稳定关系的，除非是临近到期的这段时间。在临近到期的这段时间中，期权的时间价值迅速减少，因此扭曲了他们之间的关系。

你不可能只计算一次期权 delta 值，然后认为这个值可以用到几天甚至数周之后，特别是当你交易的期权对应的期货的价格正在发生剧烈的变化时。一些交易者会每日计算期权 delta 值，然后将他们做成 3 到 5 天的移动平均线。这会平滑掉一些波动，使我们可以更好地观察到实际的价格行为。

价差交易策略

价差交易，简单来说就是在买入一个品种的同时，卖出另外一个品种，并对其价格的相对变化进行投机的行为。两个品种之间的价格差异就是价差。

价差的种类很多，可以根据市场（交易所）、大宗商品种类、交割月份来划分（如表 7.1）。

表 7.1　价差种类

多玉米，空小麦	跨商品价差
买 CBOT 小麦，卖 MN 小麦	跨交易所价差
买 7 月玉米，卖 9 月玉米	跨期价差

价差同样可以分为看涨价差和看跌价差。看涨价差一般需要在临近交割的月份开多仓，在离交割更远的月份开空仓。看涨价差的基本原理是，如果大宗商品的价格上涨，那么临近交割的月份会受到最大的影响。看跌价差也

是这样，如果大宗商品价格下跌，那么近月合约会下跌最多。

谷物交易者还流行交易压榨价差（the crush spreads）和新旧作物价差（new-crop-old-crop spreads）。压榨价差一般通过交易大豆期货和其他大豆制成品之间的价差来实现。大豆制成品包括豆粕和豆油。压榨（crush）这个名词来自于压榨大豆获得豆油这一过程。由于大豆加工者买入大豆，并加工成豆粕和豆油，因此一般的大豆压榨价差由买入大豆的价格和卖出豆油和豆粕的价格计算得出。反向卖出大豆，买入豆油和豆粕构成的操作叫做卖出压榨价差。

新旧作物价差也可以认为是跨季节价差（interseasonal spread）。价差的两边我们一般叫做两条腿。这类价差的一条腿，交易的是一个到期时已经有本年收获的作物流通的月份合约，而另外一条腿，则交易那些目前作物还在地里种植，在合约到期前才会收获次年作物的月份合约。这样的交易策略很流行，尤其是仓储作物和目前正在种植的作物受不同因素影响的时候。

期权的价差

期权的价差交易机会比期货要多很多，这一特点主要受益于期权因执行价格、到期日期、大宗商品等差异，衍生出大量不同的期权合约，期权合约的数量远多于期货。期权价差和期货价差一样，由做多的一侧和做空的一侧共同组成（期权可以更灵活，可以买卖看涨期权、看跌期权，或者也可以同时买入看涨和看跌期权），期权价差两条腿的执行价格或者到期时间可以不同。交易期权价差这种方式，也可以被投资者用来减少卖出期权的风险。

波动性价差

波动性价差是最简单但是也最有用的期权价差。波动性价差的交易者会同时买入具有相同执行价格的看涨期权和看跌期权。比如，玉米期货目前的交易价格是 2.52 美元每蒲式耳。你可以买入一张执行价格为 2.50 美元每蒲式耳的看涨期权，同时也买入一张执行价格为 2.50 美元每蒲式耳的看跌期权，来构成波动性价差。

你买入这样合约的目的是，你预期到玉米市场的波动性会增加，你想把握这个盈利机会。比如，波动性在重要的玉米行业新闻和数据（诸如农户玉米种植意愿）公布的时候会变大。你可能对报告的结果是利多还是利空不够确定，但是你可以预期这个报告会引起市场的投机情绪，因此市场的波动性会变大。

如果真是如此，那么你的两个期权合约的价值之和，会因为波动性上升而增加。如果市场暴涨，那么你的看涨期权的价格会大幅上升。如果市场暴跌，那么你看跌期权的价格会大幅上升。无论如何，你的持仓都会盈利。

但是如果报告的结果没有引起市场的任何波澜，你就会亏损。你需要决定你是否要继续持有这个头寸，以期待未来的价格波动，或者你也可以认赔离场。在美国的期权市场，同时买入相同执行价格的看涨和看跌期权还有一个好处，就是这个组合头寸可以直接购买（special double，特殊双倍），它的整体权利金会比分开买入一个看涨期权和一个看跌期权更得便宜，因此整体买入会有一定优惠。

时间期权组合（Time Options）

另外一个流行的期权组合就是时间期权。你需要同时买卖具有相同执行价格但是具有不同到期时间的期权合约。这一投资组合的目标是捕捉临近到期的合约的时间价值会快速下降这一交易机会。一般来说，我们需要卖出临近到期的期权，再买入到期时间相对较远的期权。买卖的期权的执行价格要一致。

这个组合的目标是卖出时间价值。到期时间较远的期权合约的时间价值损失得较慢，同时买入远期合约可以对冲卖出近月合约带来的无限风险。

价差组合的价格影响因素

对应的期货合约的价格变化是期权价差价值的主要影响因素，决定着你的交易获利的多少。如果价差合约是卖出近月期权，买入远月期权，并且两个期权刚好在值，这个价差组合会因为期货价格保持稳定而获利。而如果期货价格发生较大变化，这个组合就会亏损。

这个价差组合的价格差异最大点会在期货临近执行价格时达到。这个组合的价值会随着期货价格偏离执行价格而缩小。（原作者在后面描述各种价差的时候，有些地方没有明确指出是看涨期权还是看跌期权，因此会产生很多混淆，有些地方没有对期权的实值或者虚值进行限定。译者通过理解作者意图，对一部分内容进行了补充，但是由于这部分涉及的理论知识非常复杂，对于很多没有系统性学习过期权知识的人来说，会读得非常迷糊。译者建议读者简单了解下面的内容，如果想深入系统地学习，可以参考约翰·赫尔的《期权、期货及其他衍生产品》的第 10 章到第 20 章的内容。——译者注）

牛市价差

牛市价差由具有相同到期时间但执行价格不同的期权合约组成，因为其两腿的差异在于执行价格不同，因此也叫价格价差。比如，如果你认为白银的市场价格未来会上涨，那么你可以买入一个看涨期权。

假设 3 月白银期货的价格是 5.50 美元每盎司，而一张执行价格为 5.00 美元每盎司的看涨合约的价格是 43 美分，或者说整体价格是 2150 美元。你可能觉得这个价格有些贵。尽管白银价格在过去几个月有一些低迷，但是白银看上去未来还是会上涨的。你对入场的时机不是太确定。另外一方面，你又不想错过这个机会。一个可行的解决办法是，你可以卖出一张执行价格更高的看涨期权。比如，3 月白银期货，执行价格是 5.50 美元每盎司的看涨期权现在的价格是 14 美分，也就是整体价格 700 美元。因此，你需要为这个组合合约支付 29 美分，或是实际上是每份 1450 美元。这样的价差组合就是牛市价差，并且这个组合的全部风险就是你支付的 1450 美元。你通过构造牛市价差，减少了你看涨操作所需要支付的资金，也就降低了风险。

限制风险，你就需要放弃一部分盈利机会。如果风险有限，那么利润也就有限。牛市价差的最大利润有限，其最大的利润可以通过用两张合约执行价格的差异，减去你为这两张合约支付的金额来获得。

在这个例子中，你总共支付了 29 美分的组合成本，而这两张合约的执行价格差异是 50 美分。在 3 月到期时，如果价格在 5.50 美元每盎司以上，那么这两张合约都将被行权，你可以获取其内在价值的差额 50 美分。如果白银价格在 5.00 美元每盎司以下，那么这两张合约都将没有价值，那么你最大的损失就是支付的 29 美分。

牛市价差规则

交易牛市价差的规则如下。

- 牛市价差只有在价差变宽时才能盈利。
- 最大利润为牛市价差两腿的执行价格差异减去为价差组合支付的成本（买入期权的花费减去卖出期权的收入）。
- 最大亏损为价差组合成本，即支付的净权利金。

熊市价差

简单来说，熊市价差是牛市价差的反面。当你认为市场价格会下跌的时候，你可以买入熊市价差。如果你认为白银期货价格会下跌，你可以卖出执行价格较低的期权合约，比如 5.00 美元每盎司的看涨期权，然后买入执行价格较高的看涨期权，比如 5.50 美元每盎司。在期权到期时，如果期货价格低于 5.00 美元每盎司，这会使得两个期权均不会被执行，由于卖出的低执行价格的看涨期权，比高执行价格的看涨期权的权利金价值高，因此交易者会获得一部分权利金收入利润。

最大的亏损来自于到期时期货价格涨到 5.50 美元每盎司之上。损失为两个看涨期权执行价格之差，减去你收获的权利金。熊市价差的基本规则如下。

- 熊市价差在价差变窄的时候盈利。
- 最大利润为熊市价差收到的权利金（卖出看涨期权的收入减去买入看涨期权的成本）。
- 最大损失为熊市价差两腿的执行价格差异，减去收到的权利金。

牛市时间价差

你不仅仅可以交易牛市或者熊市价格价差，你也可以交易牛市或者熊市的时间价差。一个牛市时间价差需要买入远月虚值看涨期权，卖出近月虚值看涨期权。

如果你是看跌的，那么你可以反过来，卖出远月虚值看涨期权，买入近月虚值看涨期权。比如，买入 7 月到期的白银看涨期权，卖出 11 月到期的白银看涨期权。

跨式组合策略

跨式组合策略是另外一种价差策略。这种策略和波动性价差策略很像，你可以同时交易市场的上涨和下跌，但是略有区别。在执行这种策略的时候，你可以同时买入一个看涨期权和看跌期权，构成跨式组合多头；或者你可以同时卖出一个看涨期权和一个看跌期权，构成跨式组合空头。

当你了解市场未来的动向的时候，看涨或者看跌交易策略是非常有价值的工具。但是如果你觉得市场会大幅波动，你又看不清涨跌呢？或者更令人迷惑的是，现在市场处于震荡的无趋势行情中呢？

这时，你可以利用跨式价差策略。买入跨式价差，和波动性价差一样，你可以在市场大幅波动的情况下盈利，即使你并不确定市场将向哪个方向运动。

买入跨式价差

跨式价差最简单的形式，就是同时买入两个具有相同到期时间和相同执行价格的看涨期权和看跌期权。如果市场能在期权到期之前发生较大的波动，那么这个交易策略就会取得成功。

以玉米市场为例。玉米在美国的主要产区是美国的中西部地区。我们假设，过去两年这一地区发生了干旱，因此在种植季节开始的时候，土壤水分并不充足。

去年在作物急切需要降水的时候，刚好下了几场雨，因此产量得到了保证。但是前年就没那么幸运，因此出现了一定减产。那么今年的情况如何呢？

在美国历史上，很少有连续两年在玉米的生产过程中出现干旱的情况。另外，目前玉米价格对产量非常敏感。如果产量不足，玉米价格会暴涨。如果产量充足，那么价格会下跌。如果产量刚好足够，那么市场会震荡。

今年最可能发生的两种情况，一个是降雨充足，一个是降雨不足。充足的降雨会打压价格，而降雨不足会使价格飙升。那么你想怎么交易这样的投资机会？

玉米交易可能的价格区间非常大，可能低至 1.40 美元每蒲式耳，也可能高达 3.00 美元每蒲式耳。这时，你可以买入跨式价差，即同时买入一组执行价格接近现价的看涨期权和看跌期权。比如，执行价格都是 2.40 美元每蒲式耳（如表 7.2）。

表 7.2　买入跨式价差的交易结果

期货价格（美元）	看涨期权收益	看跌期权收益	总收益	备注
1.40	-20	80	60	
1.60	-20	60	40	
1.80	-20	40	20	
2.00	-20	20	0	
2.20	-20	0	-20	
2.40	-20	-20	-40	最大损失
2.60	0	-20	-20	
2.80	20	-20	0	
3.00	40	-20	20	
3.20	60	-20	40	
3.40	80	-20	60	

你可以看出，当价格在最高或者最低价格时，这个策略可以赚到的钱最多。市场价格下跌越多，看跌期权就越值钱。而市场价格上涨越多，看涨期权就越赚钱。在到期前一段时间，有经验的交易员会平掉组合的一条腿，并

行权另外一条腿。这就是即使你看不清楚未来价格涨跌，但还是可以利用价格走高或者走低来获利的方法。

如果市场从你买入期权组合到期权到期，一直没有走出像样的趋势，那么你就会亏损。你的最大亏损是你为看涨和看跌期权支付的权利金之和，以及相关的交易成本。这个策略的利润在理论上是无限的。

卖出跨式价差

和买入跨式价差相反，卖出跨式价差需要同时卖出一个看涨期权和一个看跌期权。当你认为市场将保持平稳，并且你卖出的期权到期时间不长的时候，这是一个不错的策略。

我们这里也使用上面的玉米案例来进行演示，不过这次我们认为今年的降水将非常正常，作物产出也保持正常，因此市场会维持整理状态，直到期权到期。我们可以同时卖出执行价格为 2.40 美元每蒲式耳的看涨和看跌期权（见表 7.3）。

表 7.3　卖出跨式价差的交易结果

期货价格（美元）	看涨期权收益	看跌期权收益	总收益	备注
1.40	20	-80	-60	
1.60	20	-60	-40	
1.80	20	-40	-20	
2.00	20	-20	0	
2.20	20	0	20	
2.40	20	20	40	最大利润
2.60	0	20	20	
2.80	-20	20	0	
3.00	-40	20	-20	
3.20	-60	20	-40	
3.40	-80	20	-60	

卖出跨式价差可以让你从期权时间价值的流逝中获利，因此很有吸引力。

如果足够幸运，无论是看涨期权还是看跌期权，都不会被行权，因此你收获的两份权利金将都是你的利润。但是这个策略却有无限的风险，如果价格大幅波动，你将损失惨重。

在执行交易策略之前，你首先需要研究市场的状态。如果你发现自己交易策略的一些假设条件和逻辑基础发生了改变，或者是不正确的，那么要永远做好及时调整交易头寸的准备。

扼式价差策略

扼式价差是一种特殊的跨式价差。它和普通跨式价差的区别在于，它的两条腿由价格不同的虚值看涨期权和看跌期权组成。买入扼式期权依然可以从市场的上涨或者下跌中双向获利。你也可以买入扼式价差，或者卖出扼式价差。

扼式价差和一般的跨式价差有一个主要区别：收益曲线不同。一般的跨式价差会在一个特定价格达到最大损失或者最大利润。而对于扼式价差来说，其最大利润或者最大损失则发生在一个价格区间内。

另外，交易员使用扼式价差的方式也有所不同。一般交易员只会买入普通跨式价差，而不愿意去卖跨式价差。但是卖出扼式价差在交易员中却很常见。

为什么卖出扼式价差？

卖出扼式价差的思路和卖出跨式价差基本一致。在你预期市场将震荡的时候，这是比较适合的策略。相比于卖出跨式价差，卖出扼式价差更适合那些历史上经常发生预期外的波动，或者有一些季节性波动因素的市场。和卖出跨式价差相比，由于扼式价差的盈利区间较宽，因此给予了交易者更安全的边际。

卖出扼式价差的风险相对较小。由于扼式价差是由执行价格不同的虚值期权组成，因此和执行价格接近实值的普通跨式价差相比，其 delta 值较小，受价格变动的影响也较小。

和大部分期货交易策略一样，较小的风险意味着较小的利润。这对扼式价差也适用。由于扼式价差卖出的是虚值期权，因此其权利金收入相对较少。

设想一个债券市场，其价格在未来 6 到 9 个月之间将保持稳定。因此，你可以卖出一个扼式价差，比如，卖出一张执行价格为 74 美元的虚值看涨期权，和一张执行价格为 72 美元的虚值看跌期权。债券期货的市场价格目前在 73 美元附近。为了简化案例，我们假设两个期权的权利金价格都是 1500 美元。因此卖出扼式价差，你将收入 3000 美元（刨除一定的交易费用）。如表 7.4 所示。

表 7.4　扼式价差

期货价格	看涨期权收入	看跌期权收入	总收入
66	1500	-4500	-3000
68	1500	-2500	-1000
69	1500	-1500	0
70	1500	-500	1000
72	1500	1500	3000
73	1500	1500	3000
74	1500	1500	3000
76	-500	1500	1000
77	-1500	1500	0
78	-2500	1500	-1000
80	-4500	1500	-3000

从图中可以看出，卖出扼式价差的最大利润来自于 72 美元到 74 美元这个区间，而不是像跨式价差一样仅有一个点。在这个区间之内，两个期权均处于虚值状态，你可以获取它们全部的权利金，这也是你可以获得的最大利润。如果价差的一条腿进入实值状态，你的利润就会开始缩减，直到开始亏损。

期货价格在理论上可以涨到正无穷或者跌到 0。如果期货价格暴涨或者暴跌，那么对应的期权合约就会被执行。这意味着你将获得反向的期货头寸。比如，如果你卖出看跌期权，那么在期权被执行之后，你将获得期货多头。因为市场在下跌的时候，看跌期权才会被行权，所以持有期货多头的你，将遭受巨大损失。

计算盈亏平衡点

在进行扼式期权交易时，我们还需要计算它的盈亏平衡点。我们需要考虑市场上涨和下跌两种不同的情况。如果市场上涨到看涨期权执行价格以上，那么卖出的看涨期权就会被行权，造成一定损失。只有看涨期权产生的损失超过你收到的两个期权的全部权利金收入的时候，你才会有净损失。你可以通过将看涨期权的执行价格加上全部权利金收入，来获得市场上涨时的盈亏平衡。比如执行价格在 74 美元的看涨期权，其组合权利金收入是 3000 美元，也就是每张期权 3 美元，那么 77 美元就是市场上涨时的盈亏平衡点。

我们也可以通过看跌期权执行价格减去权利金收入的方式，获得市场下跌时的盈亏平衡点。如果市场下跌超过盈亏平衡点，你这笔交易就会亏损。在例子中，你需要用 72 美元减去 3 美元，得到的盈亏平衡点为 69 美元。

买入扼式价差

因为买入扼式价差很少被使用，所以我们之前着重介绍了卖出扼式价差。买入扼式价差的收入和损失，和卖出扼式价差刚好相反。

用期权合成期货多头

合成意味着并不再是原事物本身，但是合成的物质或产品可以取代原事物。关于合成物品的例子很多，比如，在第二次世界大战期间发明的合成橡胶和尼龙，可以代替当时美国不易获得的天然橡胶和丝绸。

在期权交易中，你可以策略性地只使用期权，来达到与买卖期权对应的期货一样的效果。这样的策略叫做合成期货多头，以及合成期货空头。

你可以通过买入一张看涨期权，同时卖出一张与看涨期权具有相同执行价格和到期时间的看跌期权，来构成合成期货多头。就像买入期货多头一样，你需要对市场非常看涨，才可以进行这样的操作。

比如你认真地研究了股票市场。你认为道琼斯指数未来会上涨，没有什么其他因素能阻止这个趋势。如果你不想直接买入标准普尔 500 指数期货，你可以尝试买入合成期货多头。这意味着，你需要买入一张看涨期权，再卖出一张看跌期权。比如，标准普尔 500 指数期货目前价格在 350 美元。为了叙述简单，我们认为看涨期权和看跌期权的权利金一样，都等同于2点指数。这样，我们需要花费2点指数来买入看涨期权，然后卖出看跌期权又可以收入2点指数。最后，买入成本和卖出收入抵消。你不需要支付任何权利金，只需要花费交易成本，就买入了合成期货多头。

你计划持有合成期货多头直到期权到期。如果价格上涨，看涨期权获取价值，而看跌期权则不会被行权，因此你因为买入看涨期权和卖出看跌期权而获利。

如果价格下跌，那么看涨期权将不会提供任何利润，但是你因为卖出了看跌期权，而看跌期权会被行权，因此遭到损失。

第三种可能是市场价格保持不变。因此你除了支付一部分交易费用之外，你的期权头寸是不亏不赚的。你从卖出看跌期权过程中收入了2点指数，而又支付了2点指数来买入看涨期权。不过这个策略和仅仅买入期货多头相比，因为涉及了两次买卖，所以手续费用也是双倍的（见表7.5）。

表7.5　合成期货多头

标准普尔指数期货	看涨期权损益	看跌期权损益	期权总损益	期货损益
356	4	2	6	6
354	2	2	4	4
352	0	2	2	2
350	-2	2	0	0
348	-2	0	-2	-2
346	-2	-2	-4	-4
344	-2	-4	-6	-6
342	-2	-6	-8	-8

这些数字指明了合成期货多头（第四列）和直接买入期货多头（第五列）的损益情况是一致的。

我们也可以买卖执行价格不同的期权组合。如果看涨期权是实值，而看跌期权是虚值，这时看涨期权的权利金要大于看跌期权的权利金，因此你需要支付一定的费用来进入这个头寸。但是，由于看跌期权是虚值，因此你的合约组合在市场下跌的时候会受到一定的保护。最终的效果，将和买卖执行价格相同的期权组合效果一样。而如果你买入虚值看涨期权，而卖出实值看涨期权，你一开始会有一笔收入，但是上涨过程需要持续一段时间之后，虚值看涨期权才能盈利。

为什么使用合成期货策略

你可能觉得合成期货策略没什么意义，因为直接买入实际的期货合约是更符合逻辑的。合成期货策略需要支付双倍的交易费用，那么，为什么有人发明了这种策略呢?

你可以通过合成策略将买入的看涨期权或者卖出的看跌期权变成一个和期货多头具有同样收益和风险的头寸，这给予了交易者很大的灵活性。比如你已经买入了看涨期权。过了一段时间，你发现市场涨势良好，下方有明显支撑，这时，你可以通过卖出一张看跌期权获取权利金，来最大化你的利润。这样，你就持有了合成期货多头。

合成期货空头

你可以像合成期货多头一样，构造合成期货空头。对于合成期货空头，你需要买入一张看跌期权，同时卖出一张看涨期权。这样的策略和直接持有期货空头结果一样。

持有期货空头，你将面临和持有期货多头一样的风险。持有这个头寸，你预期市场会下跌。如果市场反而上涨，你卖出的看涨期权会被行权，而你的看跌期权将没有价值。

就像交易期货一样，合成期货空头的风险回报非常直接。如果你判断正确，市场下跌，那么你将获利。如果你判断错误，那么你将付出代价。

ALL ABOUT FUTURES

08

第八章

开发你自己的交易系统

核心概念

- 开发一个交易系统
- 建立资金管理系统
- 执行个人交易纪律
- 管理你的信息来源
- 学习新的科技
- 期货交易展望

交易者在进行交易活动时，可能犯的最大的错误，就是没有开发出完整的交易系统。单纯地进行分析，并不是一个交易系统。很多交易者会被技术分析吸引，并认为这就是交易系统的全部，这是因为他们在开始交易的时候，接触了诸如移动平均线或者图形形态分析这样的分析工具，并且这些工具有效。因此，他们之后遇到任何情境，都想使用这些工具。

开发你自己的交易系统

之前提到的技术分析工具，都可以在一些市场条件下使你在期货市场中取得盈利。你能够应用的技术分析工具千千万万。这些分析工具有些靠谱、有些不靠谱，包括占星术（astrological）、角度互补理论（complementary angles）、点线图（point and figure）、哈里斯五边形（Harahus pentagon）、日本蜡烛图（Japanese candlesticks）、抛物线拟合（parabolic）、价格柱状图组合（price bar congestion）、速度阻力线（speed resistance lines）、推测学（stochastics）和震荡图（swing charts）等。

然而，无论是单独使用这些分析技术，还是把这些分析技术组合在一起，都无法构成完整的交易系统。分析只是交易系统的一部分，而且经常只是很小的一部分。真正的交易系统包含三个主要部分。第一个，也是最重要的一个，是资金管理技术；第二个才是对市场的分析；第三个则是市场数据的输入输出机制。

在选择市场分析系统之前，你可以参考下面的建议。

- 选择一个你信任的市场分析方法，或者更好的是，选择一组市场分析方法。
- 选择一个可以将分析方法定性和定量的系统。这个系统必须可以细化到，在某一具体时刻，可以告诉你开多仓还是开空仓，并且还可以决定以什么价格进行交易。
- 确保你的分析方法可以经过严格的历史检验。你可以通过获取市场历史数据，并在历史数据上进行模拟交易，得出分析方法是否可靠的结论。目前的个人计算机都可以轻松地帮你实现这一点。如很多行情软件都有历史逐条回顾，或者你可以用一些程序化交易软件来帮你做回测。
- 最优化你的分析方法。这个过程可以帮助你避免使用在历史数据上已经被证明为无效的方法，如果其在历史上都没有用，我们就不要用它来分析未来。最优化是一个逐渐调优的过程，并不需要你舍弃自己的系统。最优化指的是，随着市场的改变，你对你的分析过程也要进行改变和调整。你不仅仅需要改变你对市场的观点，也需要了解，诸如市场波动性等客观因素也在改变。
- 确保你的分析系统可以告诉你什么时候开仓进场，什么时候平仓出场。

可以用计算机实现自动化分析的系统，其实比那些不能自动化的系统更好。计算机可以把很多杂念从决策制定过程中去除，并且自动化运行的交易结果和人工操作相比，前者将更加符合历史数据的回测结果和假设表现。

流动性风险

在检测自己的交易系统的过程中，你进行历史数据回测所假设的历史业绩的准确性，在很大程度上依赖于你能否准确估测你的进场价格和出场价格。

在检测期货的交易系统时，我们经常加入额外的成本项，比如100美元，来反映交易滑点和交易费用。交易滑点的具体影响程度，则需要参考交易品种的流动性，以及交易品种的买卖价差。

对于诸如大豆这样的谷物期货，市场的流动性非常好，因此滑点很小，一般每笔交易的滑点可以设定为0.25美分每蒲式耳，或者对于标的为5000蒲式耳的合约，滑点为12.50美元。但是对于那些不活跃的期货品种，比如橙汁期货，一份合约的滑点可以高达200美元。

将资金管理技术应用到交易分析当中

资金管理是交易系统中很重要的一部分内容。如果你的交易系统总是超额使用资金，让你的账户里面的资金不够使用，那么你就没有办法取得交易的成功。成功的交易员懂得在市场缺乏盈利机会、波动不定的情况下存活下去的重要性，从而他们可以在市场出现稳定趋势的时候进场盈利。因此，想要交易成功，你首先要在市场中存活下来。

存活意味着保护好你的资金。你必须在心理和财务上都做好承受一些交易亏损的准备。你需要果断地斩断亏损头寸，并让你的成功交易获取利润。你开发的交易系统必须有确定的方法来保护你的头寸，比如使用止损触发单。

资金管理在交易系统中的重要性要大于任何分析技术。即使是最好的分析系统，也不一定有超过50%的成功率。好的资金管理，可以在你发现自己犯错的情况下，保护你的筹码。资金管理也需要良好的收益风险规划。

了解你的交易限制。如果你选择自己心理能承受的资金量来交易，那么你可以减少贪婪等不利情绪的影响。同时，你需要在市场中获取足够的盈利，这样你在交易中承担的风险和付出的辛劳才是值得的。

对于新交易者来说，他们很容易过度交易。新手交易员常常选择那些看上去很刺激，并且需要较大保证金规模的市场。黄金期货和白银期货是很流行的投资标的。也有一些新手交易者会在交易时畏手畏脚，交易过少。他们对于期货交易的理解还不够深入。如果交易者对交易仅仅浅尝辄止，仅仅投入他们 1% 或者 2% 的资金，那么即使他们的交易取得了成功，也不会对他们的整体资金产生什么影响。

这里有一些计算方法，可以帮助我们在进行高风险交易的时候，决定应当投入多少风险资金。下面的方法被证明是有效的。

首先，你需要计算你的净流动性资产（net liquid assets, NLA）的规模。净流动性资产包括现金和那些能够在 24 小时内转换成现金的资产，比如银行存折、银行存单、普通股股票等。流动性资产不应当包括房产、人寿保险、个人退休账户基金等。

一旦你计算出你的净流动性资产规模，你就可以决定在交易中投入多少资金。一般来说，你不应当将超过 10% 的净流动性资产投入到高风险投资中。比如，如果你个人有 50000 美元的净流动性资产，那么你最好只拿出 5000 美元进行投资。对于开始进行交易的人，我们推荐最少也要筹集到 5000 美元再开始交易，否则你的账户会因为资金过少而遇到一些问题。

一些研究表明，你投入期货交易的资金越多，你取得交易成功的可能性就越大。大概的成功率情况如下。

如果你投入 5000 美元进行交易，那么一年后交易账户盈利的比率是 10%；投入 1 万美元，有 20% 的成功率；2 万美元对应 30% 的成功率；5 万美元有一半的成功率；而 10 万美元可以提升成功率到 60%。可以看出，如果你没有投入至少 5 万美元进行交易，那么你盈利的可能性实际还不到一半，有些不利。有充足的资金（在有更加充足的流动性资产作为支撑的前提下），对于你的资金管理是非常有帮助的。

交易盈利率随着可投入资金的数量增长的原因有两个。第一个原因是，有充足的资金，你就可以进行分散投资。你账户的资金越充足，你可以在市场上捕捉到的交易机会越多。而你获得的交易机会越多，你盈利的可能性就越大。

第二个原因是你可以承受一定的浮亏。如果你的账户资金较少，那么一旦你某一笔交易发生浮亏，就会影响你的其他交易，因此你可能就需要提前认赔离场。而如果你有充足的资金，资金问题将不再对你的交易决策产生干扰，你就可以更专注地执行你的交易系统。

江恩的资金管理建议

江恩是华尔街最出名的投机者之一。他在期货和股票交易生涯中，据说赚取了数千万美元的利润。他同时也在他写的市场简讯和大量的著作中记录了自己的交易技术。

他将自己股票投资中的资金管理技术总结成了24条规则。在下文中，我们会对他的24条规则进行调整，以应用于大宗商品期货市场。

1. **确定合适的投资资金。**将你用于风险投资的资金分成十个等份，并且不要在任何一笔交易上使用多于一个等份的资金。
2. **使用止损触发单。**永远都要使用止损触发单来保护你的持仓。
3. **不要过度交易（使用过大的资金量投机一笔交易）。**在交易者试图从一个绝好的机会中获利时，他会犯过度交易的错误。过度交易也会发生在那些想挽回近期亏损的交易者身上。
4. **不要让盈利的交易变成亏损的交易。**一旦你在一笔交易上盈利，你需要提高你的止损触发价格，因此只要止损成功，你就不会在这笔交易上亏钱。
5. **不要做和趋势相反的交易。**在你进行交易之前，了解你交易市场的趋势方向非常重要。
6. 如果你并不了解你进行一笔交易的原因，或者你正在进行一笔你并不确信的交易，那么你还不如不进行交易。永远不要进入一笔你怀疑的交易。
7. **只交易流动性好的市场。**流动性好的市场有活跃的交易。已经有足够多稳定可靠的大宗商品期货品种供你选择，并在上面盈利。你没有必要去参与那些交易非常不活跃、被机构用户或者部分个人控制的市场。
8. **分散你的风险。**交易不同种类的大宗商品期货（谷类、肉类、金属、金融、食物和纤维），使你的账户风险平衡。避免把账户的全部资金都投入到一种商品或一类商品中。
9. **只使用市价单交易。**使用限价单是危险的，除非有特别目的，否则不要使用限价单。

10. **不要没有原因地平仓。**你可以使用止损触发单来保护你的利润，但是不代表你可以随时平仓。让市场告诉你需要做什么。如果你对市场方向的判断是错误的，那么止损触发单会让你离开市场。
11. **当你的账户有一定盈利后，取出一部分资金备用，以应对不时之需。**这一行为可以避免你在交易过程中的冲动任性，并且会帮助你坚守纪律，遵守你预先设定的交易目标。
12. **不要仅仅因为避税目的，就进行期货交易。**
13. **不要浮亏加仓。**如果你在一笔交易上发生亏损，那么不要通过增加你的交易手数来摊平损失。这是交易中最糟糕的错误。
14. **不要对你的持仓失去耐心。**不要因为仅仅是对你的持仓失去耐心，或者因为无法承受持仓的焦虑，就离开市场（这对于期权交易者尤为重要）。
15. **不要赚钱时小赚，但亏钱时大亏。**
16. **一旦下达止损触发单，就不要撤销它们。**
17. **不要频繁交易。**避免太过经常地进出市场，坚持你的交易判断。
18. **不要只看多或者只看空。**要做到在交易中买卖平衡。你的目标是跟踪趋势，并盈利。
19. **不要因为你觉得大宗商品价格过低就买，或者因为大宗商品价格看起来过高就卖。**
20. **在错误的时间进行浮盈加仓十分危险。**进行浮盈加仓的最好时机是，大宗商品价格突破之前的阻力位，并交易活跃的时候。将浮盈加仓头寸当做全新的头寸。如果你进行一笔全新的交易的时候，浮盈加仓对应的这个交易机会并不满足你的进场条件，那么你也不要因为你有之前的盈利，就选择这个交易机会。记得，在每个浮盈加仓的金字塔下，都有一个死去的法老（浮盈加仓也叫金字塔交易法）。
21. **如果持仓量减少，那么最好进行买入浮盈加仓；如果持仓量增大，那么最好进行卖出浮盈加仓。**
22. **不要使用价差头寸来规避风险。**如果你的持仓出现了亏损，平仓止损。

不要把亏损的头寸做成价差，这会使得你的持仓更加复杂，一旦处理不好会造成更大的亏损。

23. 不要没有原因地改变你的头寸。

24. 不要因为长时间盈利，就增加你交易的频率。

除了管理资金，另外一项天赋也非常重要——管理好你自己，并且做一个遵守纪律的投资者。你需要遵守所有的资金管理规则。你有资金在承担风险，这肯定会给予你很多压力。如果你的资金管理规则被破坏了，那么任何其他方面的优势，都不能弥补资金管理的问题。经历损失在期货市场中并不是失败，这是交易这个行业非常正常的事情。不要为一笔交易过度纠结。一旦你决定你的交易计划，如果没有发现一些决定性的新的原因，那么就笃定地持有。尽管你承担起了监控你的头寸的责任，但是不要爱上你的头寸。保持客观，做好随时止损的准备。使用预先设定好的止损触发单。如果你觉得市场让你承担太大的压力，那么试着下楼散散步。给自己放个离开交易的假期。

对你自己和你的交易技巧保持自信，但是不要因为交易成功而自满。自满通常会引起过度交易，进而造成大幅亏损。保持最大程度的自我约束。为自己设定严格的规则，并坚守。掌握你自己的情绪。开始记录交易日志，并记录下你每天的行为。之后，如果发现你在交易上有什么问题，马上改正他们。你必须可以抵御人类的天性，拒绝顽固、情绪化和不灵活这样的弊病。发现你性格上的缺点，并改正他们。永远对市场发生的改变保持开放和理解的态度，尤其是那些你进行交易决策的基础因素的改变。在必要的时候，改变你的交易观点，改变你的头寸。如果你生理或者心理不适，又或者你在承担一些来自于非交易事务的压力，那么你最好就不要交易。

总之，有三方面的纪律要求，每个成功的交易员都需要好好掌握：交易系统的纪律，资金管理的纪律，个人纪律。

纪律训练可以让一个人产生特定的性格或者更好的行为模式，更简单地说

——稳定的表现。为了实现成功，你需要学会训练自己把事情做得更加完美。

很多交易者因为缺乏投入性而无法盈利。你的交易目标、交易计划都记录得很好，你的交易流程也很完善，但是如果你不能全力投入，那么这些东西都将没有意义。

研究表明，有非常多的交易系统可以从市场中盈利。所有的交易系统都有共通的功能。他们可以给出精确的进场点和出场点，并且给予你一些择时上的帮助。你的任务就是根据系统，进行合适的操作。纪律可以让你保持专注。纪律同样可以让你有效地完成每日的分析工作，比如定期更新交易系统，评估交易系统，并观察交易信号。

资金管理原则被江恩的 24 条规则总结得很好。然而，你需要变通地理解这些规则，以适应每个人都不尽相同的交易风格。你需要记录你对于规则的理解，并且放在你手边时刻参考。

最后一个部分是关于个人行为的。你必须对情绪设定纪律加以约束，特别是骄傲、贪婪、不切实际的希望、恐惧这些负面的情绪。这些情绪会使得你的交易水平退步，重新开始亏损。

如何在成功的路上前进

读至此处，我认为，你需要开发一套策略来实现你的交易目标了。比如，你可以设定每天的日常任务安排表，来帮助你更好地遵守纪律。比如，每天晚上 7 点更新并分析价格图；每天晚上 8 点和期货投资顾问沟通市场情况；晚上思考新的交易机会，并在第二天早上联系期货公司执行交易；在下班前，更新数据和记录交易日志；在中午查看上午的市场情况。

你可以使用计划确认表来确保你可以逐一执行你的日常安排，并且不会忘记做什么事情。你可以把研究体系逐渐改善，以适应自己的个人特质。如果你不适合在晚上做很多数学计算，那么你可以不使用这样的需要复杂计算的交易系统。如果你没有足够的时间进行交易分析，那么你最好就不要进行交易。成功的交易者需要做很多工作，如果你做不到，你不妨尝试一些别的投资方法，比如让专业的投资者帮你管理资金。

交易成功的日常工作还包括识别市场的变化，并适应变化。社会学家和经济学家发现大部分的社会变化都是改善性的，并且改善的潜力越大，变化就发生得越快。这样的社会达尔文主义规律在经济领域确确实实是存在的，并且在市场中可以通过观察总结出来。

在20世纪的后几十年中，电子交易的发展为投资者带来了更高的效率、更透明的环境、更快的速度。对于电子交易的需求，使得很多金融公司开始开发互联网相关的电子交易解决方案，并将大部分交易市场电子化。

互联网的迅速发展催生了大量的创新，并激发了传统工作的新的解决方案。如果我们认为，有效的市场需要有非常丰富的参与者，从而保证合理的价格可以被发现，并且有足够的透明性来激发更多的参与，那么互联网和电子化交易工具的出现，确实是一场交易方式的革命。

就在一二十年前，期货交易还仅仅被局限于全球期货交易所的交易大厅里，通过公开喊价过程来成交。芝加哥、纽约、伦敦或者其他金融中心的交易者，站在交易大厅的交易池中，疯狂地挥动着手臂，大声叫喊着买入价格和卖出价格。在交易时间结束后，市场休市直到第二天。然而，由于芝加哥商品交易所和英国新闻巨头路透社共同推出了“全球交易所”（Globex）这个电子化交易平台，这使得全球期货行业得到了升级。

全球交易所催生了其他交易所的电子化交易平台。交易所推出电子化交易平台，引起了一些交易所会员的恐慌。他们担心自己在交易所的席位会不再值钱，他们在交易大厅里的优势会被削弱。这些担心作为一部分原因，使得期货的电子化交易推进过程并没有像股票市场那样迅速。但是，电子化交易依旧在很大程度上改变了期货市场的交易方式，并且其未来的影响将越来越大。

尽管遭受了一些反对，但是很多期货市场的参与者认为，随着电子化交易的普及，公开喊价交易应该退出历史舞台了。在1971年，第一个电子化股票交易所——纳斯达克正式成立了。从那时起，全球的股票交易所就开始向电子化交易转变，或者在成立时就完全采取电子化交易。

美国到目前为止，盘后交易（after-hours operations）已经实现了电子化。在欧洲，比如伦敦的国际金融期货交易所（LIFFE）、巴黎的法国国际期货交易所（MATIF），都转向了电子化交易，并关闭了公开喊价交易池。

事实上，全球交易所的出现，是全球交易电子化的催化剂，改变了传统的交易方式，但是全球交易所的成立计划，开始于20世纪80年代，比互联网和计算机科学革命到来的时间还要早。全球化交易所的计划仅仅是洪水前的小雨。最终，互联网革命来了，使得整个投资市场发生了翻天覆地的变化。尽管一些交易所仍然保留了公开喊价过程，但是在喊价交易员的旁边，已经伫立着高大的计算机机柜，处理着比喊价过程更多的交易。

实际上，电子化对交易影响最大的是，投资者可以获得远多于过去的信息了。

管理信息来源

期货交易者可以分为对冲者、投机者和专业投资者。对冲者主要是种植者、谷物中间商、加工商、批发运输商等实际生产和买卖大宗商品的群体。他们使用期货市场来规避现货风险。投机者则希望通过期货买卖来获取利润。专业的投资者可能是为他人管理资金，或者是被大型的证券公司、银行及其他专业机构雇用来进行交易和投资的专业交易员。

传统上，对冲者和专业投资者一直相对于投机者有更多的优势，因为他们有更多的信息来源。互联网的出现减少了投机者和对冲者或专业投资者之间信息量的差距。我们可以免费地从互联网获取各种过去专业投资者要支付高价才能获取的信息。行情信息和最新的新闻可以在财经网站上免费查询。

你的交易计划——包括你的交易目标和交易系统，是你的成功路线图。所有的交易系统都需要输入信息。你必须将每天的最新价格、持仓量、成交量或者其他有用的信息传递给你的交易系统。你要确保这些信息是准确、及时的。如果不是，那么你的交易系统将无法运作。

计算机领域有句俗语叫“垃圾进，垃圾出”。这对交易系统同样适用。如果你的交易系统的基础数据不是清洁、准确的，那么你交易系统产出的结果也就并不可靠。

在线数据的种类

期货（或者是股票）的价格信息通常可以根据接收方式和接收时间划分为三类。你可以在线获得实时行情，这是从交易所直接传出来的价格信息。这些数据包含了每一跳（tick-by-tick）的市场信息。

为了获得实时价格信息，你需要向交易所支付一定的费用，并向交易软件公司交付月租（国外目前还是如此，但是国内这类信息一般是免费的。——译者注）。这类服务根据服务质量的不同，价格有所差异，一般需要数百美元每月。这个价格还不包括设备费用，比如你需要的购买个人电脑。

另外，你也需要一个信号接收工具，这可以是卫星接收器、电话线、广播天线或者类似的设施。要确保在市场开市的时候，你这些设备是可用的。

更便宜的在线数据服务是 15 分钟延时行情。这项服务之所以更便宜，是因为你不需要向交易所支付费用（每家交易所每月收取从不到 10 美元到多于 100 美元不等的数据服务费）。如果你自己有终端设备，这类服务价格可以下降到 50 美元每个月。

对于在线数据服务，你也需要考虑你接收数据的频率。保存数据需要占用计算机内存。一些数据接收系统需要接收并储存 30、50 或 100 张期货合约的价格信息，以 5 分钟或者 15 分钟的间隔接收。你需要在时间频率上进行选择。一般来说，你接收数据越频繁，你计算机内存就消耗得越快（感谢计算机技术的发展，这些限制现在已经完全不存在了，你可以买入性能中等的电脑，以毫秒间隔接收大量市场数据，也完全不用担心计算机内存不足）。

保存下来的数据可以用来进行技术分析。目前很多行情软件都可以提供丰富的技术分析研究工具。在选择交易软件的时候，你需要选择那些有工具帮助你执行自己的交易系统的软件，这样的软件现在市面上很多。

当日行情数据服务

（目前国内很多软件可以免费提供当日，或者最近一段时间的交易行情的下载服务；更久远的历史数据，则一般需要交易者自己购买。——译者注）

如果你不能一直坐在计算机前监控市场行情，但是你的交易系统还是需要你每天对历史行情进行分析，那么你可以使用当日行情数据服务。计算机数据提供者可以让你连通他们的数据库，获取你需要的当日价格数据。有些服务可以让你获取任何你需要的当日市场数据，另外一些则向你提供 10、20、35 或者 50 个市场的数据包。

你需要做的，就是比如在下午 5 点之后，将你的电脑连接到他们的服务器上，输入账号密码，下载你已经购买的数据。这些服务一般按月收费。互联网使得这一切都非常便利。

一旦获得了数据，你就可以任意使用数据进行分析了。你可以将获取的数据和更早的数据结合起来，去获取长期的市场预判，或者进行你想做的任何技术分析。

历史数据

最便宜的价格信息数据就是历史数据了。你可以从一些来源下载数据。有了历史数据，你就可以回顾从合约开始以来的全部历史数据了。交易系统的开发者喜欢用历史数据来评估自己的系统，他们通过模拟交易来评估交易系统在不同期货品种上的表现。

从哪里获取数据

首先你需要明白，不是所有的数据来源都是可靠的，进一步来说，数据总有出错的可能，无论是人工错误还是机械错误，都会随着数据整理的全过程而逐步积累，比如将数据从交易大厅录入到计算机，通过卫星反复上传下载到世界各地，并反复上传下载到个人电脑，最终再整理成不同的数据类型传递给数据使用者。

你有两个基本的数据来源：全服务的期货公司和专业数据公司。你需要根据你使用数据的需求，来选择不同的渠道。

如果你仅仅是想知道市场上发生了什么，那么你可以选择一个通用的数据服务。另外，诸如谷歌这类的互联网公司也可以提供类似的服务。一些数据提供商同时也是新闻媒体，比如桥新闻（BridgeNews）、道琼斯（Dow Jones）、路透社（Reuters）和彭博（Bloomberg）。它们可以在网站上提供一些免费的信息，同样，也提供付费的更有价值的信息服务。它们的免费行情和新闻会有一定延迟，除非你改为付费订阅。除了期货行情，这些服务还能够提供股票行情、新闻、天气等信息，甚至会有一些娱乐信息。此外，还有一些专业化的网站，比如专业农夫（Pro Farmer）和农业数据网（DTN/AgDayta），可以提供某一行业的深度信息。同样，免费的信息在时效性和信息量上通常是非常有限的。

正如之前所说，提供免费期货信息的网站很多，但是一些更有价值的信息则需要付费订阅。期货和股票交易所也在它们的网站上提供大量的免费信息，包括延时行情。一些交易所甚至提供部分市场的免费的实时行情数据。检查你交易的交易所的网站，看看有没有你可以利用的信息。

你也可以通过一些诸如《期货》（*Futures*）这样的专业杂志来获得数据提供商的信息，这些杂志一般会提供每个数据服务商的年度订阅量。或者你可以用搜索引擎查询关键字“期货”或者“期货新闻信息”，这也会给你提供很多有价值的帮助。

学习新的科技

仅仅为自己的期货交易设定纪律准则并管理好投资信息来源，是不足以帮助你在期货交易中取得成功的。你还必须了解交易行业内部正在发生的改变。你必须要关注交易所的动态，以及其他外部变化可能对交易行业引起的巨大影响。你不仅仅要思考国内的市场，你还要设想全球市场发生的变化。

交易所

越来越多的交易所现在提供两种不同的报单方法，一种是直接进入交易大厅，另一种是经过期货公司的交易台（目前我国禁止期货交易者直接连入交易所，所有的交易必须经过期货公司。——译者注）。不过一些期货公司目前禁止一些复杂的订单从互联网渠道进行报单，比如期权订单和价差合约订单，以此来减少投资者的交易错误。

期货公司可以通过不同的网络途径进行报单。

订单可能报入交易订单管理系统（the Trade Order Processing System, TOPS）。这是一个合并订单管理系统，由芝加哥商品交易所和芝加哥商人交易所共同运营。交易订单管理系统将接受的订单直接报入主要交易所的交易大厅，并将交易所的订单确认和成交信息回报给交易者。

芝加哥商品交易所同样在交易池内开发了全中介工作站（Universal Broker Stations, CUBSII）。这个系统不仅可以在场内屏幕上展示市场中的订单，并且可以为场内交易者组织订单台。其他的中介则直接连入全球交易所（Globex），来获得即时的电子订单撮合，而不使用为场内交易者专门设立的市场。

其他的一些期货公司希望对它们的订单有一定管理能力，因此它们不使用诸如交易订单管理系统这样交易所提供的体系。它们开发了自己的电子报单系统，可以将订单直接报送到它们场内的交易台上。

另外一个电子化交易带来的改变，就是很多交易所目前提供盘后交易（after-hours trading）服务。最著名的盘后交易平台是芝加哥商品交易所旗下的全球交易所（Globex）。最早的盘后交易开始于1992年6月。通过全球交易所，在线交易者可以交易诸如标准普尔500指数期货、欧洲美元期货、日元期货、加元期货、瑞士法郎期货等品种，以及在巴黎法国国际期货交易所上市的巴黎40指数期货（the French CAC 40 stock index）。

芝加哥商品交易所的项目A，可以让在线交易员进行玉米、大豆、小麦，以及美国国债期货的日内交易。美国国债期货是全球最流行的期货合约之一。

其他的美国期货交易所，比如纽约商业交易所（NYMEX，使用ACCESS交易平台），同样提供原油期货、燃料油期货、无铅汽油期货、天然气期货等期货品种的盘后交易服务。

你可以在交易所网站获得关于期货盘后交易的具体信息，以及这些交易所的交易日程表。如果你要进行盘后交易，你必须对那时市场的流动性有深入了解。确保你交易的品种有足够的流动性来使你的订单成交。你也可以交易那些不进行盘后交易的期货品种，但是你的订单最早也是在第二个交易日的开盘阶段才会成交。盘后时段的市场波动性一般较小，但是并不总是这样。开始学习交易的时候，你应当尽量只做一些简单的交易。等到你慢慢积累了经验，再尝试做一些复杂的交易。或者，你也可以使用传统期货公司的报单渠道，这样会更加安全。

期货公司

能够给你提供在线期货交易服务的期货公司非常多。进行在线交易的时候，你需要了解哪些公司对在线客户提供的服务稳定而友好。

你可以在搜索引擎输入诸如“在线期货交易”这样的关键字，来寻找一家期货公司。你也可以参考一些权威期货网站的期货公司推荐列表。

好的期货公司应该保证你的交易订单能以最快的速度传递给交易所或者盘后交易中心。同时，订单确认、成交、订单取消等信息应当自动并及时地传回你的个人计算机。有一些期货公司会将客户的电子报单传给下单员，然后用传统的方式下单（目前已经没有了）。如果这样的传统方式足够快速，那么也没有什么值得担心的。

了解期货公司的电子交易服务费用标准，以及还有什么连带的服务需要付费（国内一般你只需关心手续费，但是如果你想要购买一些特殊的软件，也需要和期货公司洽谈费用。——译者注）。在线交易一般买卖一次收取15美元到30美元的交易手续费，同时还需要再交一部分其他费用，包括国家期货协会费（NFA fees）、信息交换费和电讯传输费等（国内一般没有。——译者注）。

电子入金和出金一般非常容易。好的期货公司能够对你的出入金提供非常有效的保护，也能对你的资金账户提供很好的保护。但是，你在选择期货公司之前，最好深入询问一下它们是如何保证你的资金安全的。

期货交易展望

未来期货市场将如何发展？未来的电子化交易可能像下面这样。

（由于本书写于本世纪初，和目前的市场已经有10多年的差距，因此作者在这里做的很多展望其实早已经实现，很多大家也觉得习以为常；另外，现代市场高度电子化的发展，也完全超出了作者的想象；想了解欧美交易市场近些年的变化，读者可以浏览欧美交易所的官方网站，以及相关的市场研究报告。——译者注）

一个屏幕览尽所有市场

期货市场只是投资市场的一部分，快速的电子交易创新很可能帮助你更加高效地交易不同的市场。目前，在线期货交易最活跃的用途是交易股指期货，特别是“电子期货市场”（e-markets），包括迷你标准普尔500指数（e-mini S&P）、迷你纳斯达克指数（e-mini Nasdaq），以及欧洲交易所（Eurex）的德国股票指数（Dax）。

随着股票市场电子化交易的普及，进行电子化股指期货交易的需求也越来越多。很可能到本书（英文原著，而不是本译本）出版的时候，有一些期货公司可以提供同时交易股票和期货的服务（目前国外早已实现，并且可以使用股票作为期货的保证金，非常灵活；目前国内在整合股票和期货的进程中，还比较落后，有一些机构投资者可以使用整合股票和期货交易的软件，但是一般散户还不能。——译者注）。这只是第一步。最终的电子交易市场的进化结果，应该是交易者可以在一套系统里面进行股票、债券、期货、货币、基金甚至复杂衍生品的交易。为了实现这一转变，目前投资的基础设施需要进行一些改变。

全球化期货合规

互联网正在将国界的区别抹除。一个德国的互联网用户，可以轻松地访问美国甚至全世界的网站。获取信息能力的增加，使得大家希望可以交易全世界的市场。这样的需求，会使得期货公司有动力开发可以让全世界通过它们进行交易的产品和服务。然而，这会产生一些监管问题。比如，某一国家的监管机构禁止本国公民交易另外一个国家的市场。这一问题确有先例，在20世纪70年代末、80年代初，美国商品期货交易委员会（CFTC）曾禁止美国投资者交易伦敦市场上的期权合约。

不同交易所和不同国家间交易安全和交易合规制度的差异，会造成市场间的分隔。因此，全球的监管机构需要进行统一化的工作，建立全球一致的监管体系。另外，市场的灵活性增强了，因此也吸引了大量新的投资者。自由的互联网催生了自由的全球化交易市场。

单货币账户和多货币账户

一个日本的投资者可能会拥有美国股票市场的持仓以及德国期货合约持仓。未来的在线交易系统可以向这个日本投资者提供任何投资者需要的货币服务。因为目前还没有实现统一的世界货币，因此投资者希望可以自由选择他们投资标的对应的货币种类，并且可以灵活地兑换货币。

进行实时投资组合分析，也将是未来的关键变化。如果未来交易者可以在一套系统里面交易全世界的不同类资产，那么也必须研发与之对应的投资组合分析系统。投资者可以进行实时的投资组合风险分析，并且可以根据现代投资组合理论的发展，对系统进行一定的优化。

交易系统必须是一套系统

前文提到的交易系统的三个组成部分，必须要相互补充，并向同一个目标努力。你的分析方法不能够违背你的资金管理规则，你获取的数据也需要适合你的分析。另外，你也需要让你的系统能跟上现代电子化交易的步伐。

ALL ABOUT FUTURES

09

第九章

高级交易策略

核心概念

- 套利者对市场的作用
- 同时交易期货和期权
- 期货市场的对冲
- 学习交易夜盘
- 掌握日内交易的艺术

市场总是时不时地出现形形色色的交易机会，你需要专门的交易策略来捕获特殊的交易机会。并且，利用这些交易策略，你可以规避一些期货交易的风险。但是无论怎样，期货交易仍旧是有风险的。

套利策略

套利策略指的是在同一时间，套利者一边买入现货或者期货合约，一边卖出另外的现货或者期货合约，通过这两者之间价格变化的差异来获利。套利交易和价差交易非常相似。关键因素是一买一卖。买入的合约和卖出的合约有一定的相关性，因此可以对冲掉一部分风险。因此，套利策略比持有单独的合约所涉及的风险更小。如果一边（我们一般叫一条腿）上涨，那么另外一边一般也会上涨。

你通过这两者的价格变化差异来盈利。你面临的风险不是其中的一条腿发生巨大的亏损。一般来说，另外一边的盈利会抵消这边的亏损，因此整体而言，一边的大幅亏损对你没有什么影响。你最大的风险是，两者的价格都不变，或者价格差异向与你预期相反的方向移动。如果这样，那么这笔交易将没有盈利甚至会亏损。并且，因为你交易了两个不同的合约，因此涉及的交易费用也是一般单边交易的两倍。不过，一般来说，套利策略的保证金需求较少（仅对国外而言，我国保证金基本一致。——译者注），因此你可以获得更大的杠杆。

使用期权进行套利

使用套利交易策略的交易员叫套利者。进行期权套利的目标，是寻找那些以不合理价格交易的期权合约。如果一个期权合约价格被高估，那么你就卖出它；反过来，如果一个期权合约价格被低估，那么你就买入它。但是作为一个套利者，你需要做的更多。如果你需要买入，那么你还需要卖出一个相似的合约来对冲期权市场整体的风险。而如果你需要卖出，那么你也需要同时进行买入操作来对冲。

比如，一个套利者发现了玉米看涨期权的价格被严重低估，于是买入了这一合约。但是如果仅仅这样做，这个套利者还需要承担多头风险。为避免这一风险，这个套利者应当买入一个空头合约，来平衡风险。这样，这个套利者可以从市场的定价错误中获利。不久，这个看涨期权的价格从低谷变化回了公允价值。这个向公允价值回复的过程，是套利者获利的来源。

反过来也可以进行套利。套利者可以卖出价格被高估的看涨期权，并用另外一个多头头寸进行对冲。

套利者对市场的作用

套利者实际上在市场上充当着价格异常的消除者的角色，他们确保那些出现偏离的定价最终会回到合理位置。套利者通过不断在市场中寻找高估和低估的价格，来实现这一过程。一旦发现机会，他们就会立刻行动。他们的交易行为使得那些过低的价格被支撑，过高的价格被打压。因为套利策略进行的交易都有实际目标，并且风险很小，因此套利的回报也很低。不承担风险，就没有收益。套利者愿意接受低收益，因为他们承担了很低的风险。

理论上，任何有权进入市场的人，都可以进行此类交易。但是这仅仅是理论上的可能性。很多交易者在进行套利交易时，会遇到两个问题。

第一问题是，交易成本很高。进行套利的收益，必须可以覆盖进行双边交易的两份交易费用，以及其他相关费用。你经常会发现，套利获得的利润实际上不足以覆盖普通的手续费。一般来说，只有那些专业的交易公司，或者职业场内交易员才可以从中获利。他们可能有自己的交易所席位，或者他们的交易量足够大，因此可以获得非常便宜的交易费，便宜到可以从套利中获利。比如，贵金属交易员可以进行金银比价套利；证券交易员可以在债券期货合约之间或者期权市场上进行套利。

第二个问题是，套利者需要准确地发现被高估或者低估的合约。为了实现套利，套利者必须有可靠的定价模型，并且时刻准备着以最快的速度成交。就像手续费用的问题一样，专业的交易者在某一商品交易领域有很强的独门优势。因此，本段的目标，是为了让一般交易者了解套利是如何帮助市场价格维持在公允价格附近的。如果没有套利交易者，你可能会经常遇到没有原因的市场异动。

同时交易期货和期权

另外一个策略是同时交易期货和期权合约。比如，白银市场（现货、期货、期权）已经见底了，白银看起来很可能在未来几个月逐步筑底反弹。从经验上来说，上涨过程不可能以 45° 角直线上升。市场一般是先上涨，然后回撤一部分，再上涨、再回撤，因而逐渐走高，就像大部分牛市一样。

除了直接买入期货合约，你是否有其他交易这个机会的方法呢？使用看涨或者看跌期权？你可以持有一个期货或者期权的看多头寸，持有它，无论多久，直到这个头寸开始盈利。你也可以同时使用期货和期权。首先你要买入一张实值或者接近实值的看涨期权。随着市场价格上涨，看涨期权的价值上升。当市场的上行过程遇到一个阻力位，并发出市场可能回撤的信号时，你可以在这个时候做空期货合约。

这笔交易的成功取决于你能否做好执行下面三种操作的准备。

第一，如果你对回撤的判断是错误的，那么在市场吞噬掉你的看涨期权的盈利之前，你必须对你的期货空头进行止损。你可以根据交易时市场的波动程度，来选择止损位的远近。这个方法可以确保你的做空过程能获得一定利润（借助于看涨期权已有利润的安全垫），并且你依然持有看涨期权。如果白银价格在回撤之后继续上涨，那么你的看涨期权依旧可以获得更多的利润。如果市场没有上涨，那么你至少可以用你做空期货的利润覆盖掉期权的权利金费用。

第二，当你的回撤目标——比如上涨幅度的50%，已经达到时，那么你必须沉着冷静地平掉你的期货空头，获利了结。你继续持有你的看涨期权多头。这样，你获得了一部分收入，来弥补期权的权利金费用。而你依旧持有期权。

第三，如果市场突然快速上涨，你来不及平掉自己的期货空头，那么你需要做好准备，执行你的看涨期权。这样，你会获得一个期货多头，抵消掉你的空头，并且你这笔交易或者盈亏平衡，或者略亏小部分手续费，并不会因为期货的暴涨而造成大幅损失。最终，你离开了市场，并没有付出很大的代价。并且，你买入期权的执行价一般低于你卖出期货的价格。这之间的差异就是你的利润。这笔利润或者比权利金多，你从而盈利，或者少于权利金，你略有亏损。盈利或者亏损，完全取决于你买入看涨期权后，市场上涨了多少你才卖出的期货合约。

这一策略实际构成了一个价差策略。这个方法使用看涨期权获取多头风险，并使用期货作为空头。从本质上说，这个价差可以控制你的风险。无论市场上涨下跌，你都可以平掉你亏损的一边，并从另一边获利。

在市场上涨到你认为会回撤的价格时，你需要格外注意。如果这时你贸然进入市场，但是市场又整理了相当长一段时间并没有下跌，那么你要警觉。如果这种情况发生了，你需要行使你的看涨期权，平掉你的期货空头。最好的结果是你的期权多头已经有了不错的利润，可以在支付完期权费用后，还留有一部分利润。

同时交易看涨期权和看跌期权

同时交易看涨期权和看跌期权的效果很好。看跌期权可以用来锁定看涨期权的浮盈，而看涨期权也可以锁定看跌期权的浮盈。如果交易者同时持有看涨期权和看跌期权，并且市场下跌，那么他可以执行看跌期权，这样之前看涨期权的浮盈就得到了保护。如果市场继续上涨，那么你的看涨期权仍旧可以进一步获利。而你为浮盈保护支付的仅仅是看跌期权的权利金，加上一些交易费用。

作为对比，一个期货多头的浮盈可以通过在另外一个交易月份的合约上做空来保护，一般跨期合约有非常高的相关性。当你使用期货来对冲期货的时候（构成一个跨期价差），你可以省下期权的权利金，但是无论市场以后暴涨还是不跌，你的利润都不会改变，因此你也失去了进一步获利的可能性。这个策略，像之前讨论的，使你实际上进入了一个中性的头寸，你在市场中持有了完全相反的头寸，因此风险被消除了。

同时交易看涨期权和看跌期权的第二种场景，就是我们持有一个浮盈的看跌期权，并使用看涨期权进行对冲。如果市场上涨，那么我们可以执行看涨期权获利。更重要的是，如果市场继续下跌，我们可以从看跌期权上获取更多的利润。进行对冲的成本，仅仅是看涨期权的权利金，外加一定的交易费用。

特殊双倍期权

另外一个期权交易者可以利用的交易方法是使用特殊双倍期权（the special double），有时也叫双倍期权。特殊双倍期权由具有固定执行价格的一张看涨期权和一张看跌期权组成。这种期权的权利金比分别买入看涨和看跌期权的权利金少一些。

特殊双倍期权的唯一规定是，在这种期权组合中，只有一张期权可以被执行，但是两张期权都可以交易无数多次。之前提到的期权交易手法，都可以应用在交易特殊双倍期权的任何一张合约上，特别是用期权对冲期权，用期权对冲期货头寸，或者用期权代替止损触发单等交易策略。唯一的区别就是，特殊双倍期权只有其中一边可以执行。

一般来说，所有普通看涨和看跌期权的好处，特殊双倍期权都可以拥有。这些好处包括较小的、可计算的风险，高杠杆，无限盈利空间，以及不会出现因保证金不足而被催缴的问题。

特殊双倍期权还有一个独有的优势，使得它和其他交易策略区分开来。这种策略可以使交易者从对市场涨跌的判断中解放出来。其由看涨和看跌期权多头组成，因此无论涨跌，总会有一边获利。有时判断市场的波动性比判断市场的方向更容易。如果你使用这种策略，你应当是预期市场的波动性将有较大的提升。如果市场没有波动，那么你的看涨期权和看跌期权都会最终一文不值。

比如，你发现你常交易的商品开始在小的区间整理，或者形成了三角形态。整理区间越来越小。你知道这个商品将要突破。但是会向上突破还是向下突破呢？你并不确定。你只知道方向将很快被确定。这就是你进行特殊双倍期权交易所需要的机会，你可以捕捉两个方向的获利机会。当市场发生突破，你可以平掉亏损的一边，并持有盈利的一边，直到价格逼近下一个阻力位。那时，你可以决定是继续持有还是获利了结。像其他交易策略一样，这个策略也是有风险的。比如，突破有可能失败，市场仍维持震荡。那么这两张期权合约最终将一文不值。这个策略的关键是有效地预测波动性。

如果你只买入了看跌期权，那么你实际上是预测市场将要下跌。你可以通过买入看跌期权来保护你刚持有的期货多头，代替传统的止损触发单，又或者来保护你有浮盈的期货多头。看跌期权的买入者预期市场有较大幅度的下跌。同时，如果一个投机者只买入看涨期权，并且不是为了保护期货空头的话，那么他可能是在预期市场将会大涨。

特殊双倍期权的买入者一般预期市场会有较大幅度的波动性提升，但是并不确定市场是会上涨，还是下跌。无论市场选择哪个方向，只要价格变化足够大，就会有看涨期权盈利或是看跌期权盈利。如果价格大到足够覆盖期权权利金费用和交易成本，那么你就盈利了。

对冲

美国国家期货协会推出的《期货术语词汇表》(*Glossary of Futures Terms*)对对冲的定义如下。

> 对冲是在期货市场中开立头寸，意图暂时代替直接买入或者卖出商品本身的过程。对冲者如果未来要卖出某一商品，那么他可以先在期货市场上卖出期货合约，以应对未来价格下跌的可能性。或者，如果对冲者未来需要买入某一商品，那么他可以预先买入对应的期货合约，以保护自己免受期间价格上涨而造成的成本上升。

多数对冲者都是将在现货和期货之间进行对冲操作，作为价格变动的保护。

作为一个交易者，你需要理解对冲的概念，因为对冲者可能会对价格造成很大影响。同时，单纯进行对冲的交易者，一般交易手数都很大，他们的交易行为可以给你提供未来市场价格变动的一些提示。如果一个农场主贮存了10万蒲式耳的玉米，那么这个农场主实际上持有了玉米多头。他拥有作物。如果农场主认为未来玉米价格会下跌，他可以做下面的任何一种操作。

- 在市场价格下跌之前，在现货市场卖出玉米。
- 卖出20张面值5000蒲式耳的玉米期货，以卖出10万蒲式耳的玉米期货总价值。这使得这个农场主在玉米上风险中性。这个农场主实际上拥有10万蒲式耳的现货玉米，并在期货合约上约定未来交货同样数量的玉米。
- 农场主也可以买入20张看跌期权。如果他决定执行看跌期权，这个农场主也会在玉米上做到风险中性。他将同时持有10万蒲式耳玉米多头（现货），和玉米空头（期货）。

当农场主在这些选项中选择时，他必须根据自己的想法做决定，并规划时间框架。如果玉米价格一定会下跌，那么他只能卖出他持有的玉米吗？是不是可以将风险转交给玉米谷仓拥有者，或者转交给玉米贸易商呢？

如果农场主的利润（玉米生产成本和现在期货价格的差值）可以接受，那么最好可以进行期货对冲：卖出 20 手期货，并在期货到期时进行交割。

如果农场主认为价格下跌的理由没有那么强，并且没有明确的未来价格要下跌的迹象，买入看跌期权可能是更好的办法。看跌期权可以进行价格保护，同时拥有更多的灵活性和更低的成本。

看跌期权的成本取决于它们的推行价格离变成实值有多接近。这个交易者可能会选择买入 20 个便宜的虚值期权，但是由于虚值期权执行价格很低，因此这个交易者只会在市场暴跌的情况下才受到保护。交易者也可以买入一些实值看跌期权，一旦市场发生下跌，交易者就可以获利，并且在市场暴跌的时候，也可以选择执行期权。

同样的策略也可以用来保护一个期货头寸。以白银期货为例，你在期货市场上开多白银期货，而不是买入看涨期权。正如预期，白银市场开始上涨。你的期货头寸获取了每盎司 1 美元的利润，但是市场已经来到了一个阻力区间。你确信市场价格还会继续上涨，但是你觉得应当保护自己的浮盈。

你应当怎么做呢？你可以平掉你的期货头寸，获利了结。这是最保守的方法。等到你觉得上涨过程又将开始，你再重新建立你的期货多头。这时，这笔交易变成了一个充满风险的投机交易。如果市场在你再次杀入后却开始下跌，那么你会很惨，你可能会丢掉你上笔交易的全部利润。

一个更慎重的方法是买入一张看跌期权，用来对冲你获利的期货头寸。如果你买入一张在值看跌期权，你可以在市场回调的时候获得一定利润，并在市场继续上涨之前获利了结。这样的操作，可以在市场之后不再上涨的情形下，保护你之前获得的利润。你可以通过执行期权，以你的期权执行价格平掉期货头寸，并获取已经获得的每盎司 1 美元的利润。当然，你需要从你的利润中减去期权权利金费用，以及交易费用。

如果你对市场未来在回调后的上涨非常有信心，你可以不买入当前市场价格为执行价格的看跌期权，而去选择一张执行价格让你盈亏平衡的看跌期权。这样的看跌期权目前处于虚值状态，因此它的权利金会更低。你可以把这样的操作当作保险折扣。

买入执行价格更低的看跌期权，价格会更便宜，因为你没有获得全部利润的保护。但是，一旦你的判断是错的，你仍会受到保护，你的这笔交易至少还是不亏的。在这个案例中，如果白银价格大幅回落，你的虚值看跌期权会增加价值，变成实值看跌期权。

使用看跌期权代替止损触发单

另外一个思考期权交易策略的角度是看跌期权，这实际上是一种期货多头头寸的止损触发单，但是比一般的止损触发单有更多优势。

首先，期权可以在确定的价格提供保护，而止损触发单由于不一定会成交，因此缺乏稳定性。

其次，你可以更加灵活地选择执行看跌期权的时机。止损触发单的止损价格一旦被触及，止损行为将立刻被触发，并且一般直接按市价执行。使用期权，你可以有足够的时间对市场做进一步的研究，之后再择机执行看跌期权。你可以有更多考虑的时间。

最后，期权可以在市场反复震荡的时候提供保护。比如，你的止损触发单离市场的交易价格很接近，市场可能会发生一个小的回调，然后继续上涨，但是这个回调却触发了你的止损单，你只能遗憾出场，损失了很多利润。而使用期权则可以避免这一问题。在你行动之前，你有更多的时间来分析市场。

夜盘交易

你是否想在你的交易策略中加入夜盘交易？

下面的几个历史事件可以告诉那些交易外汇或者股票指数的交易员，为什么要认真对待夜盘市场。在 1989 年 2 月末，日经 225 指数（Nikkei 225,

相当于日本的标准普尔 500 指数）期货交易者发现美国和日本的利率差在缩小。美国的利率在上涨，日本也在上涨，但是日本上涨的速度更快。这使得日本的债券市场和股票市场开始下跌。日经 225 指数一直下跌，最后在 33200 点得到了支撑。另外一个例子，在 1989 年 11 月，柏林墙被推倒，德国马克在那晚快速飙涨。

这些案例指出的是，当美国休市的时候，实际上世界的其他地方还在工作和交易。比如日经 225 指数的例子，日元直接在美国开盘的时候跳空下跌，产生了大概 80 到 90 点的价格缺口。这对于日元来说非常罕见。在柏林墙被推倒后，德国马克连续上涨了数周，但是最大的价格变动，通常发生在美国休市的时候。

错过这些交易机会的代价对你来说可能是非常昂贵的。比如你是外汇交易者，一些重大事件可能在美国休市后发生，但你并不需要整夜不睡，等到第二天早上冲进市场。你只需要在夜盘交易时段，对你的头寸进行调整。

除了日经 225 指数期货（在新加坡交易所交易，从美国中部时间下午 6 点交易到晚 9 点半，然后再从晚 10 点半交易到第二天凌晨 1 点），你还可以交易黄金、白银、瑞士法郎、日元、英镑、澳元等贵金属和外汇。这些市场的夜盘一般在美国下午 2 点开始，交易到第二天早上 7 点。你可以在美国中部时间晚 6 点到 9 点半，交易美国的政府债券和国库券期货。

电子交易平台提供了很多可以在盘后进行交易的期货合约，可以在下午、晚上或者隔夜进行交易。交易者可以晚上通过电子交易平台交易外汇、金融期货、能源、农产品等商品。美国主要的交易所，包括芝加哥商品交易所、芝加哥商人交易所、纽约商业交易所，都推出了可以进行盘后交易的期货合约。它们还可以连接其他国际交易所，比如伦敦国际金融期货交易所、法国国际期货交易所、新加坡国际货币交易所等。你可以在盘后电子化交易平台上，交易无论是美国本土的期货合约还是外国的期货合约。

当你交易国外市场的时候，不要忘记考虑一直在变化的汇率价格。由于日元价格波动，日经 225 指数期货的每跳价值也在不断变化。因此，为了保持慎重，你最好使用止损触发单。止损在夜盘市场比在常规市场还要重要。

那么夜盘的成交概率、流动性和保证金要求又是如何的呢？夜盘市场的这些因素和普通的市场差别不大。成交依然顺畅，甚至有时候会更容易。日经 225 指数期货的保证金要求一般低于标准普尔 500 指数期货。流动性也不是问题，但是并不是完全没有风险。和你的期货公司确认你需要知道的情况。

日内交易

最后一个要考虑的交易策略是日内交易。日内交易简单来说就是需要你在一个交易时段内完成进场交易和平仓出场的操作。你不可以持有隔夜头寸，或者持仓到下一个交易时段。你需要在同一个交易时段在市场中完成进出。

为什么曾经有交易者要避免进行日内交易呢？这样思考的原因主要是来自于 20 世纪 20 年代和 30 年代的旧交易市场。那时还没有电子化的报价（除了电报报价）。在那时，从交易员下达订单，到交易大厅内的交易员执行订单，需要的时间非常久。你没有分笔行情，也不能直接打电话给交易大厅。但是现在，这些你都可以轻易实现。

更重要的问题是，你为什么要考虑进行日内交易？“为了获利”这个理由是非常合理的。只有你能够通过日内交易获利，你才有理由参与。不过也有一些其他原因支持你进行日内交易。比如，你可以通过不持有隔夜头寸来减小风险。隔夜可能会发生一些重要事件，使得市场价格在第二天开盘后发生剧烈的变化。这就是交易的风险之一。但是日内交易者可以避免这个问题。另外一个进行日内交易的好处是，日内交易持仓一般需要的保证金较少，这会提高你的资金效率。

如果你是一个纯粹的日内交易者，你的分析工作也简单了很多。基本面因素对你的帮助就不大了，你可以不去考虑。那些用来决定长期或者中期价格趋势的技术指标也是不相关的了。你只需要进行短期分析。当市场开市后，你会以全新的状态进入市场，而不必受昨天的问题影响。

进行日内交易最大的好处是，你可以执行很严格的纪律。整个交易周期，包括分析、交易选择、选择进场点、执行下单，都是在同一天的几个小时内发生的。更重要的是，你可以每天都做一遍这样的操作，形成习惯。你把每日工作安排得井井有条。你没有机会拖延。

除了上述的全部日内交易的好处，日内交易也有一些缺点，这可能让你不想进行日内交易。你在进行日内交易之前，要先考虑一下交易过程涉及的交易费用。对于日内交易，在一个交易时段内，你可能交易三四个来回，这就要花费很多交易费用。同样，你需要获取市场的分笔价格信息。这些信息可能每个月要花费300美元到400美元（我国一档行情免费——译者注。），包括交易所订阅费（我国没有。——译者注）。另外你还需要付出时间。在你交易时，你需要在报价屏幕前保持专注。你需要在每个交易日花费很多小时盯盘。如果这些问题都不足以让你担忧，那么你还需要考虑一下期货交易的高风险性。为了让你了解日内交易的真实情况，保罗·洛夫格伦（Paul Lovegren），一个非常资深的期货交易员，在下面分享了他的标准普尔500指数期货的日内交易经验。实际上，他制定了一整套规则，并把他的交易规则详实地记录了下来，来帮助他严格执行自己的交易纪律。

1. 选择一个有足够交易量的市场，以支持日内交易，比如标准普尔500指数期货。
2. 选择的市场必须有足够的日内波动，因此才有获利机会。
3. 对发生损失的风险采取保护措施。持有看涨或者看跌期权来保护风险，这将限制你每天的最大亏损。你可以执行期权，来从市场中解除你被套的头寸。
4. 在期权合约临近到期时，进行期权换月，因此你不会完全承受期权的时间损失。
5. 永远要在交易前对你的交易策略进行规划。在交易时，对市场当日的交易区间做到心中有数。之后，决定你的交易行动，比如开仓进场，等待价格达到一定的阻力位或者支撑位，然后根据价格表现进行操作。

6. 如果你的市场预期完全错误，那么平仓了结，在该交易时段不要再进行交易，为下一个时段做准备。
7. 永远在交易时进行移动止损，并不断调整止损价格。
8. 不要在交易时段太晚的时候入场，比如在美国东部时间 3 点 30 分之后，标准普尔 500 指数期货的交易非常清淡，这时价格波动较大。
9. 将你的交易系统固定下来，用它来确定短期价格趋势、你的进场点和出场点。
10. 在心理上做好平仓认输的准备，如果市场走向对你头寸不利的方向，或者突破某一关键点位，你要冷静离场。
11. 设定一个离场盈利和离场亏损限制。（比如，如果他在一个交易时段赚取了 1000 美元，他就离场。这个方法可以避免过度交易。他也会在连续发生两三次亏损后，当日不再交易。）
12. 了解你包含手续费在内的盈亏平衡点
13. 紧盯报价行情，并订阅一些技术分析指标，比如五分钟市场相对强度指数（RSI）、波动指标、权利金数据、移动平均线、趋势线、反向动量、日本蜡烛图等。
14. 果断决策。如果市场走势对你的持仓不利，立刻离场；如果你的进场条件满足了，马上进场。

ALL ABOUT FUTURES

10

第十章

让他人帮你进行交易

核心概念

- 使用现代投资组合理论来构建一个投资组合
- 了解不同的交易委托类别，实现你的交易目标
- 通过一步一步的分析，来评估不同种类的投资机会，尤其是管理期货投资计划

很多专家的研究表明，分散的期货投资组合可以提供更加均衡、稳定，甚至更高的投资回报。这个研究领域的先驱包括多位非常著名的金融理论学家，如亨利·马科维茨（Harry Markowitz）、约翰·林特纳（John K.Lintner）以及威廉·夏普（William Sharpe）。他们的很多想法都被逐渐整理成现在大家熟知的现代投资组合理论（moden portfolio theory，MPT）。现代投资组合理论的简单表述，就是“不要把鸡蛋放在一个篮子里”。这些专家也开发了复杂的模型，来构建和评估投资组合。

现代投资组合理论

无论是投资经理还是学者都相信这一理论。现代投资组合理论的本质也是符合审慎投资者的需求的，它要求投资者去寻求可以产生最大收益，同时拥有最低风险的资产组合。

以此为目标，并且受现代几乎无限的计算机算力支持，一些著名的商学院开始教授一些复杂的投资组合数据分析课程。这些课程可以读取所有主要资产类别的详细历史数据：股票、债券、地产、商品、现金等价物等。之后他们可以进行很多假设，测试他们的投资组合情况。他们会不断改变投资组合的构成，并评估过去 10 年、20 年的历史收益数据。

负相关性

投资组合研究领域的先驱提出了很多非常有用的概念，并将使用负相关

资产平衡投资组合的概念推广开来。这一概念意味着，当一个资产类别的价格因为某些经济情况而上涨的时候，另外一些资产的价格可能下跌，或者保持不变。

这些因素可能听起来意义不大，但实际上非常重要。如果你能量化得出不同投资机会受某些经济数据的影响程度——有的受到正的影响，有的受到负的影响，那么你就可以构建一个投资组合，可以在不同的情况下涨跌互现，从而使组合整体保持稳定。

什么是你持有的资产面临的最严重的长期问题？很多投资者认为很可能是通胀，很多经济学家都曾试图开发一个可以抵御通胀的投资组合。

这一领域最著名的研究者是来自哈佛大学的约翰·林特纳博士。他使用1979年7月到1982年的数据，对比了15个期货投资组合经理以及8个公开交易的期货基金的表现，与市场上股票和债券投资组合的表现。在波士顿大学，兹维·博迪（Zvi Bodie）和维克托·罗桑斯基（Victor Rosansky）采取了更长期的视角，研究了1950年到1976年的数据。杰克·巴博内（Jack Barbonel）、菲尔·里皮斯基（PhilLipsky）和约翰·张伯伦（John Zumbrunn）研究了1960年到1982年的数据，以及斯科特·欧文（Scott Irwin）和韦德·布诺森（B. Wade Brorsen）分析了1963年到1983年的数据。

这些数据分析的一般结论是，股票市场和期货市场是负相关的。这在通胀时期是特别关键的。通胀使得商品价格和利率升高。这使得商业成本提高，但是销量却下降，因此股票价格受损，股市下跌。

与此同时，通胀推升价格。期货投资者因为期货牛市而获利，特别是那些实物期货商品。库存管理者由于惧怕价格进一步上升，会买入更多商品，使得通胀率更快上升。

在进行了如此多的研究之后，业界得出的建议是，我们需要将风险进行分散，从而减少投资组合的波动性，同时也能享受整体投资组合收益提高的好处。一般情况下，我们可以将投资组合的5%~15%权重投资在期货上。

尽管很多投资者对投资期货进行风险分散很感兴趣，但是很多人不愿意或者没有能力自己直接进行期货交易。因为这样或那样的原因，投资者需要寻求专业交易员（甚至有时是不专业的投资者）的帮助。这一般通过和交易员签署第三方账户控制者（third-partycontroller）协议来实现，这个协议给予交易员操作该账户的权力。这种权力通常是一种有限的委托权。

交易委托账户的类别[1]

你可以通过很多不同的方法来给予你的期货公司（目前国内不允许期货公司代客户交易。——译者注）或者第三方投资顾问一定程度的权力，来代表你进行交易。比如，你可以仅仅给你的投资顾问选择价格和选择交易时机的权力。你的投资顾问可以被允许选择合适的价格，以及合适的时机，来执行你的订单。这样的委托，并不需要你给你的投资顾问托管权力。但是委托必须是服务于你的利益，而不是服务于投资顾问的利益。

比如，你的工作非常繁忙，并且在某一天，你没有办法盯盘和交易，但是你想在那天进行一些交易。你和你的投资顾问在前一天进行了商讨，并决定了要交易的期货品种、到期时间、数量以及买卖方向（做多、做空，买入看涨期权或者看跌期权），如果交易期权，你也决定了期权的执行价格。你可以让你的投资顾问在交易当天选择交易时机以及合理的交易价格或者价格区间。或者，你也可能想决定，在某些特定的条件下才参与交易。你可以要求你的投资顾问，只有在交易当天的开盘价大于前一天的收盘价的时候，才可以下单。这样，这将变成一个仅有择时权力的委托。

或者你也可能希望当价格进入某一价格区间时，再参与交易。你可以告诉你的投资顾问，只有商品价格触及某一价位时，才能进场。“如果其价格大于332点，就给我买5手12月到期的标准普尔500指数期货”，当你进行只指定价格的委托的时候，你需要告诉你的投资顾问，你只想交易限定的价格区间。

1　目前国内没有相关法律和规则，下面部分的内容仅针对美国法律法规。——译者注这里也有另外一种交易委托，也不需要签署有限委托权力合同。这种账户叫做指导性账户（guided account）。对于指导性账户，参与的第三方必须在美国国家期货协会注册成商品投资顾问（CTA），才可以向账户所有者提供交易建议。商品投资顾问向你解释他的想法，之后你可以接受建议进行下单，或者拒绝交易建议，不进行操作。

另外的委托方法还包括将你的账户交由第三方管理，但是第三方并不需要出具正式的披露声明书。你需要和第三方签署有限委托权力合同，并出具声明，指出为什么第三方账户控制者不必按美国商品期货委员会的要求，向你提供披露文件。一般有 4 种原因，使一个账户管理者可以不提交披露文件。

1. 如果控制者在过去 12 个月内，向少于 15 个人提供建议，并且没有公开声明自己是商品投资顾问。
2. 如果控制者是期货公司的交易员、投资顾问，或者是你交易品种的商品加工商、现货市场卖家，并且会按照他们在现货市场的正常操作，来为你提供交易服务。
3. 如果控制者在其他代理投资业务上进行了完善的注册，并且会按照该投资业务，完全一致地向你提供服务。
4. 如果控制者是账户实际所有人的亲属。

除了这四个原因，根据美国商品期货委员会要求，其他的第三方投资顾问都需要向客户提供正式的披露文件。另外，客户必须书面签署已知晓文件，声明他已经阅读并理解披露文件。阅读披露文件的目的，是让账户所有者知晓委托交易所有的相关细节，比如交易涉及的风险、账户控制者使用的交易系统、收费提成模式、历史业绩等。

你需要清楚，你的投资顾问可能因为上述的原因 3，享有提供披露文件的豁免权力。一个独立投资顾问，如果没有注册成为商品投资顾问，是可以被认为是“在其他代理投资业务上有注册，并会按照该投资业务完全一致地向你提供服务"的。在这段表达里,"投资建议完全一致"指的是该投资顾问不能有区别地交易所有或者大部分他管理的账户。投资顾问需要有至少两年的账户管理经验,才可以被允许代替他人管理账户。

那些没有两年投资经验,但是想代他人管理账户的投资顾问,可以做如下两个选择。

一个选择是,他们可以向美国国家期货协会申请,免除他们这一要求(美国国家期货协会很少批准这样的请求)。另外一个选择是,注册成为商品投资顾问。如果一个投资顾问选择这条路线,他必须准备披露文件。在披露文件中,投资顾问必须阐明他的投资经验。因此,这就是你为什么需要仔细阅读披露文件的原因。注册成为商品投资顾问,并不代表这个人就可以在交易上盈利,甚至这个人可能并不会交易。

除了上述的委托方案,你也可以选择投资一个管理账户项目。一般来说,有两种管理账户项目类型:个人账户和有限合伙账户。对于个人账户,商品投资顾问将有权力完全控制你的账户,并进行交易。你的投资组合规模,以及投资分散程度取决于你投入账户的资金。尽管一些商品投资顾问愿意交易5000美元规模的小账户,但是一般的投资顾问都会要求账户规模大于5万美元。一些投资顾问甚至要求只交易10万美元到20万美元的账户,因为这样的账户可以承担更大的风险,并可以将投资分散到10到15个交易品种上,以降低风险。

你的另外一个选择是有限合伙账户,这个账户可以是公开的,也可以是私募的。公开账户和私募账户的主要区别是账户规模,并对应可用于筹集的商品池管理者(the commodity pool operator, CPO,意思是投资于商品的基金或基金经理)的资金规模,以及可以参与的投资者人数。私募类账户和公开类账户相比,会受到更多来自美国商品期货委员会的规则限制。

有限合伙制账户

在过去的10年中,有限合伙制变得非常流行。在1998年底,根据《管理账户报告》(*Managed Accounts Report*)的数据，有限合伙账户管理近439亿美元的资产。这种账户管理资金的快速增长，主要受益于这些账户的一些优势。比如，个人投资者可以仅投资5000美元，就可以享受以下好处。

- 分散化投资到很多不同的市场中，远超过一般个人期货投资组合所能实现的程度。这使得你的账户业绩更加稳定，可以更好地获取大级别趋势带来的利润。
- 行业顶尖的期货投资顾问为你管理账户。你平时一般没有机会接触到这样顶尖的交易员。
- 低于普通账户的交易费用。多数基金因为交易量巨大而可以享受更低的交易费用。
- 不受保证金催缴影响。基金或有限合伙公司负责应对全部的保证金补缴工作。
- 风险可控。你的初始投资是你全部的风险，但你一定要仔细阅读投资产品的合同细节。
- 利息收入。基金或有限合伙公司可以持有国债，以获取利息收入。
- 巨大的盈利可能性。管理基金的商品投资顾问，很多都有非常好的历史业绩，并会在他们的披露文件中详细列出。

投资决策需要慎重考虑

阅读、研究并理解披露文件和投资产品合同细节是非常重要的。这些文件将明确你的权利、风险和义务。在你签署合同之前，你要明确合同的细节和投资涉及的风险。

在你开始研究一个投资机会之后，你一般需要最先了解投资产品的历史业绩，或者产品的预期收益。很多投资顾问都会大肆宣传这一数字。如果一个产品有非常高的投资回报，那么其他方面就不成问题了。

投资回报很重要，但并不是最重要的决定因素。最核心的内容是风险管理，这对于期货投资来说特别重要。

考虑下面的情形。你投资了一家有限合伙公司，第 1 个月，你的权益亏损了 50%；到了第 2 个月，你的权益上升了 50%。那么这时，你回到盈亏平衡了吗？没有，你依旧亏损。为了挣回之前 50% 的亏损，你需要 100% 的收益。如果一个 1 000 000 美元的基金亏损了 500 000 美元，那么之后 50% 的收益会将权益提高到 750 000 美元。只有资金翻倍，你才可以收回成本（如表 10.1）。你可以研究表 10.1，以了解你投入资金发生亏损会造成的影响。

表 10.1　亏损收回表

亏损（%）	收益以弥补亏损（%）
5	5.26
20	25.00
30	42.86
40	66.67
50	100.00
70	233.33
90	900.00
100	不可能

可以看出，亏损越大，你就需要越大的努力来收回损失。从一个大幅亏损中收回损失，即使有可能，也需要很多个月的时间。

风险管理是第一位的

商品投资顾问和其他投资者没有什么区别。如果遭受了巨大的亏损，即使尽最大努力弥补亏损，他们也会因为承受了巨大的业绩压力而更容易失败。因此，在你选择商品投资顾问的时候，最重要的资质就是他们的风险管理技巧和经验。你需要知道，你的投资的平均下行风险是多少？基金权益的最大回撤是多少，有多频繁地出现？最大连续回撤是多少，又需要多久收回损失？在期货交易中，你总会经历数月的回撤，资金规模小于历史前高。但是如果你不能尽快收回亏损，那么你可能会跌入一个无法爬出的亏损坑。

业绩稳定性是第二位的

如果你投资的基金的权益总是上上下下的变化，你可能会感到很难受。比如，这个月上涨32%，下个月下跌26%，然后上涨22%，再下跌17%，再上涨19%，再下跌13%。你的投资可能是盈利的，但是中间的波动会让你很焦虑。

你需要的是业绩的稳定性。你最不希望的，就是你的投资顾问告诉你，你的投资最近一直在震荡。稳健合理的收益比那些上下波动的收益更让人舒服。

你如何衡量基金业绩的稳定性？你可以画出商品投资顾问的月度收益和亏损。商品投资顾问的月度收益和年化收益是否有吸引力？他的亏损是否可控、合理？如果亏损10%~15%，但是可以很快收回，那么没什么问题。但是如果他的收益一直大幅震荡，那么你需要慎重考虑。

之后再考虑投资回报

如果你对你投资的产品的风险管理以及收益稳定性感到满意，那么你现在可以关注投资回报了。你要记得，如果你对风险管理和业绩稳定性感到不满意，那么再高的投资回报也是没有意义的。

在接受一项投资的投资回报之前，你需要考虑你为了这么高的投资回报，需要放弃什么，或者需要忍受什么。这叫有效投资组合（efficient frontier）。在你获得一定的投资回报（以年度平均收益衡量）的时候，你需要承担一定的风险（以标准差衡量）。你需要决定，你为某一预期收益，想承担多大的风险。

如何衡量波动性

衡量波动性的最简单方法，就是画出一个柱状图。在白纸的中间，画出一条横线，来代表月度收益为0的情况。现在，如果月度收益大于0，那么你就在横线上方的合理位置画出柱状图，如果月度收益为负，那么就在横线下方画出柱状图。你会在很多基金的披露文件的“表现总结”页看到这些数据。研究你画出的图表。月度收益的正负变化震荡剧烈吗？有多少连续亏损的月份？连续亏损的幅度有多大？

另外一个重要的方面是业绩的时间长度。你需要了解商品投资顾问在牛市和熊市中的表现。一些交易员或者交易系统，只能在一种市场情况下表现良好。某些趋势追踪系统会在牛市中表现更好，因为牛市中的趋势比熊市中的趋势更持久。一旦趋势确立，趋势追踪者会跟随趋势，建立稳定的趋势持仓，直到趋势结束。但是你在熊市中，并不能一直这样做。熊市中，市场的趋势持续很短，很多趋势追踪策略在能盈利之前，趋势就已经结束了。

市场整理或者在通道中上下震荡也会产生一些问题。趋势追踪系统在这种市场环境中没有用。那些进行主动交易的交易员，可以更精细地挑选每一笔交易，会在这样的市场中表现更好。

你可以画出商品投资顾问的月度表现，并用披露文件中的月度价值增加指数（the Value Added Monthly Index, VAMI），和商品市场指数的长期表现进行对比。使用的指数要和商品投资顾问的投资品种尽可能地接近。比如，如果这个交易员主要交易商品期货市场，那么最好使用沃森道夫商品成分指数（the Wasendorf Composite Index）。如果他的投资组合只包括肉类、金属和谷物，那么你可以使用细分指数。长期的图表更适合进行分析。如果这个商品投资顾问交易所有的商品，包括黄金等，那么你可以使用商品研究局（the Commodity Research Bureau, CRB）指数。

合并分析商品投资顾问业绩和商品市场成分指数，会让你对这个交易员如何应对上涨行情和下跌行情有更深入的理解。你需要了解，如果市场发生了突然的趋势改变，这个交易者的业绩是否会大幅下跌。或者他的交易系统可以迅速适应。最理想的情况是，投资顾问的业绩能够每个月都上升，无论市场指数是上涨还是下跌。

美国商品期货交易委员会，要求所有的商品投资顾问在公布业绩时，提供月度价值增加指数数据，并附在披露文件中。在披露文件公布的时候，美国商品期货交易委员会会对所有的披露文件进行审查。但是这个审查过程并不代表背书。这一审查过程仅仅确保这些文件符合相关的规章制度，但并不评估投资顾问是否能够盈利。

美国商品期货交易委员会是投资者的保护者。它希望去除披露文件中可能误导大众的内容。这就是月度价值增加指数被提出的意义。由于月度价值增加指数被美国商品期货委员会要求披露，因此投资者可以很容易地比较不同的投资顾问在某一时间段内的业绩表现差异。

美国商品期货委员会要求，商品投资顾问将月度价值增加指数的值在每年开始的时候调整到 1000 美元。因此，如果要计算超过一年的月度价值增加指数，你需要进行累积调整。

你在评估历史业绩的时候需要了解：历史业绩不代表未来收益。这也是为什么你需要看尽可能长的业绩，3 年、5 年，甚至更久。历史业绩应该包括牛市和熊市。因此，这也是为什么你需要将月度价值增加指数和商品指数进行对比。

所有的月度价值增加指数都根据相同的公式计算，该公式由美国商品期货交易委员会制定，具体如下。

月份 Z 的月度价值增加指数：

月度价值增加指数 =（1+ 月份 Z 的投资收益率）× 前一月的月度价值增加指数

因此，某一阶段月度价值增加指数的增加或者减少，取决于那一阶段的投资收益率。计算这一数值，会因为出现连续的盈利或者亏损而变得复杂。如果在最开始的几个月发生了亏损，而后面又连续盈利，那么会使得计算出来的值偏小。反过来，先连续盈利再连续亏损，则会使得值偏大。最好的结果是，在足够长的计量周期内，这些因素会相互抵消，最终可以提供相对准确的结果。

夏普比率

夏普比率是另外一个投资业绩评估的方法。这种方法可以评估一项投资在将风险标准化后，所获得的投资回报。你可以通过将现在的投资收益率减去诸如国债收益率这样的无风险收益率后，再除以投资余额的年化标准差，来获得投资的夏普比率。

夏普比率可以用来衡量不同投资机会的优劣。无论你评估的机会是否在相同的资产类别，你都可以计算对应对象的月度或者年度夏普比率。比如，你可以进行月度分析，将不同投资的月度夏普比率画成图表，并寻找那些夏普比率保持稳定并持续上升的机会。

斯特林比率（Sterling ratio，SR）

另外一个分析工具是斯特林比率。这是一种计量从一项投资中获取的风险调整后预期收益的工具。斯特林比率被定义为你承担的每一份风险所应收获的回报。

对于斯特林比率，比率的值越高越好。一个比率为 2 的投资机会，比比率为 1 的投资机会好一倍。斯特林比率的计算公式如下：

SR = 过去三年的年化收益率 /（过去三年平均最大的年度连续回撤 + 10%）

因此，斯特林比率既可以评估过去三年的投资收益情况，又包含了过去三年的连续回撤情况。增加 10% 对应于使用月度或者季度收益的情况，因为周期较大的数据会低估实际的最大回撤。

这样，我们就可以对比不同的商品投资顾问的业绩。第一个顾问的年化回报是 30%，并且过去三年的平均年度最大连续亏损为 20%。第二个顾问的年化回报也是 30%，但是平均年度连续亏损更低，为 15%。那么这两者的斯特林比率如何？如表 10.2 所示。

表 10.2　斯特林比率的对比

	CTA1	CTA2
收益	30%	30%
最大亏损	20%	15%
斯特林比率	1.00	1.20

因此，第二个顾问的业绩比第一个顾问好。

比率分析的进一步拓展

在进行投资顾问分析的时候，我们必须格外关注回撤和回撤发生的时间。回到我们之前分析的两个商品投资顾问这个案例上，如果仅从比率上看，投资顾问 2 看起来更好。然而，我们可以从顾问 2 的披露文件中看出，虽然他的年度最大回撤是 15%，但他在一个 6 个月的时间区间内，比如 10 月、11 月、12 月、1 月、2 月、3 月，实际上遭受了 30% 的回撤。由于自然年的划分，这个 30% 的回撤被分成了两个 15% 的回撤。

现在，我们了解了更深入的情况。一个商品投资顾问连续 6 个月亏损，会引起一些问题。第一，一些投资者会失去信心，并止损离开。这样，和亏损一起，会减少这个商品投资顾问的资金规模。资金越少，商品投资顾问就越难收回亏损（如表 10.1）。第二，如果一个商品投资顾问正在损失资金和客户，那么他对自己的信心也会下降。

使用年度数据，会严重地干扰分析结果，但这也不是唯一的问题。

在另外一个假设的情况下，商品投资顾问 1 有年化 30% 的收益和 20% 的最大损失。商品投资顾问 2 的业绩相同。因此，他们的斯特林比率一样，都是 1。那他们的表现就一样了吗？

如果他们的损失是像下面这样发生的，那么你会对哪个投资顾问更感兴趣呢？顾问 1 有比较平均的年度损失；顾问 2 则是这 3 年的年度最大损失分别为 10%、20%、30%。虽然平均起来都是 20%，但是顾问 2 的损失每年都在增加。而顾问 1 则是更稳定的。如果顾问 2 的损失变成 0%、20%、40%，或者 0%、0%、60% 呢？这样的波动会引起问题，但是并不会在斯特林比率中被反映出来。

另外一个问题就是为什么主观地加 10% 在斯特林比率的亏损上。如果你在 15% 的最大亏损上增加 10%，那么你将比真实的最大亏损扩大了 67%。如果你在 35% 的最大亏损上增加 10%，那么最大亏损实际上只扩大了 29%。因此，对于斯特林比率来说，这种处理方式有很大影响。如表 10.3 所示。

表 10.3 亏损加 10% 对斯特林比率的影响

	CTA1	CTA2
收益	25%	50%
最大亏损	15%	35%
斯特林比率	1.00	1.11

在上面这个例子中，顾问 2 的波动性更大，但是他有更高的斯特林比率。表面上看起来，更稳定的交易员由于 10% 的额外亏损增加受到了不利的影响。

当你的顾问在推广斯特林比率的时候，你需要对这个比率多一份思考。你需要了解这个数字是如何计算的。这个商品投资顾问的业绩是否稳定和持续。这才是关键。

商品投资顾问的平均打击率（CTA batting averages）

因为斯特林比率有一些问题，所以我们也需要使用一些其他的评估方法。尼克·魏提拉（Nick Vintila）是一个商品池管理者（commodity pool operator），他克服了斯特林比率的缺点，提出了商品投资顾问平均打击率指标。计算公式如下：

长期平均打击率 = 复合年化收益率 / 历史最大回撤

短期平均打击率 = 过去 36 个月的复合年化收益率 / 过去 36 个月最大回撤

区别在哪里？

商品投资顾问平均打击率和斯特林比率有几个主要的不同。

第一，平均打击率在分子上使用了复合收益率。一般来说，这比普通收益率更加准确。

第二，公式的分母更加关键。在斯特林比率中，我们使用年度最大回撤的平均值。因此，这一比率受年度划分影响，像前文所说，有时会有误导性。

而平均打击率则使用历史最大回撤覆盖过去 36 个月或者全部业绩时间。这种方法会受很久以前的亏损的影响，有时过于严苛。但是它可以展示最差的情况。如果回撤是在 36 个月之前发生的，其对短期平均打击率是没有影响的。

我们可以比较长期平均打击率和短期平均打击率。商品投资顾问的风险管理水平是不是提高了？有长短期数据可以对比，同样也是平均打击率的优势。

因为平均打击率是每月滚动计算的，所以我们每个月都可以对平均打击率的变化进行了解。你不需要等到年底才能获得这些数字。这一好处可以使你进行两个重要的实时分析。第一，你会更早发现业绩的上升趋势，或者下降趋势。这使你有足够的时间应对变化。第二，在一些对市场有影响的事件发生后不久，你就可以评估你的商品投资顾问应对某种市场条件的能力。如果一个大级别的牛市或者熊市到来了，你的商品投资顾问的表现如何？你的商品投资顾问可以交易没有行情的市场吗？通过每月计算平均打击率数据，并在一个可以反映商品投资组合的图表上画出平均打击率的变化，你对这些问题会有所了解。有时，你也可以根据市场的长期情况，来选择更适合目前市场状况的商品投资顾问。

同样值得注意的是，平均打击率不需要像斯特林比率那样，主观地在分母上增加 10%。这样，平均打击率就不会对那些保守但稳健的商品投资顾问产生不利影响。

使用平均打击率指标，商品投资顾问业绩的大幅回撤就不会因为被平均而被隐藏起来。比如，对于过去三个年度最大回撤分别是 0%、0%、60% 的商品投资顾问使用斯特林比率，回撤会因为按平均值计算变成了 20%。而对于平均打击率，回撤就是 60%，无法被隐藏。

在研究商品投资顾问的业绩时，最大累积回撤永远是最关键的。商品投资顾问发生的亏损越大，他就越难把这笔资金赚回来。

另外一个使用平均打击率的优势就是，你能够从打击率的变化看出商品投资顾问的业绩是否因为使用不同的交易系统，或者因为资金管理量的改变而受到影响。很多商品投资顾问会说，他们改善了他们的交易系统。通过滚动地研究交易业绩，你可以验证他们说的是否正确。

商品投资顾问的交易方法是否会因为有大笔资金加入资产管理而改变呢？我们可以对比投资顾问的平均打击率和每月管理资金的增加量，来得出结论。如果投资顾问的交易后台或者交易系统不够完善，投资顾问的业绩经常会因为大额资金流入而下降。

期货行业普遍认为，行业中没有有效的方法可以确定哪个投资顾问的业绩未来会更好。我们只能尽可能多地使用有效的工具、获取信息，最终自行判断。我们应当不仅仅只使用一种方法来计算投资的回报。不同的方法会得到不同的结果。很多时候，分析投资回报的真正问题，不是谁的投资回报更高，而是如何计算投资回报。为了评估一个商品投资顾问的表现，我们首先需要获取他的披露文件，并计算如下的月度价值增加指数。如表 10.4 所示。

表 10.4　月度价值增加指数

期间	月度价值增加指数	增长（%）
1988 年底	2 928	
1989 年底	8 766	299.38
1990 年底	8 882	1.32
1991 年底	12 828	44.43

在某一商品投资顾问的基金成立时投入 1000 美元资金，会在 1988 年底价值 2928 美元。下一年是这个商品投资顾问的大年，他的资金增长了几乎 300%。在 1990 年，他的业绩比较平淡，但是在 1991 年，他又赚取了 40% 的收益。

那么，我们将如何计算这三年的平均收益呢？最简单的方法是加总这 3 年的收益，并除以 3：

$$(299.38\% + 1.32\% + 44.43\%)/3 = 115.04\%$$

这使得我们得出这个投资顾问每年的平均收益是 115.04%。

第二种计算方案首先需要计算全部收益。我们先用最终的资金减去开始的资金，也就是 12828 美元减去 2928 美元，得到 9900 美元的收益。然后，我们用这个 3 年总收益除以期初资金，也就是 9900 美元除以 2928 美元，得到 338.11%，对应过去 3 年的总收益率。因此，每年的收益是 338.11%/3，得到 112.70%。

我们也可以使用更复杂的第三种计算方法。你可以做时间价值分析，得到复合年化增长率。我们的现值是 2928 美元，3 年后未来值是 12828 美元。因此，每年有 63.63% 的年化复合收益。

如果我们想用月度数据来进行相同的计算（方法四），我们将有 36 个周期，而不是 3 个。因此，我们得到月度复合增长率为 4.19%。对月度数据进行年化，如果用乘法方法的话，我们可以得到 4.19% × 12 = 50.27%，而如果进行指数计算，则会得到之前的复合年化收益率 63.63%。

这四种计算方法都会得到不同的年化收益率。如果你对某一种投资选定了一种计算方法，那么之后都要使用这种方法。如果一个投资顾问向你提供年化收益数据，请确认他使用了哪种计算方法。如果必要的话，你可以重新计算这个数字，使得他提供的数据和你其他的数据的计算方法保持一致。

在评估商品投资顾问的业绩时，上述的方法三可能是最有效的。一旦你获得了你考察的商品投资顾问的复合年化收益率，你可以将他们的业绩和其他的商品投资顾问的业绩指数进行对比。你可以在《管理账户报告》（*the Managed Accounts Report*）或者《期货杂志》（*Futures Magazine*）上，找到一些公开和私募产品的业绩表现数据。这会给你更多关于某个商品投资顾问和其他商品投资顾问间的业绩比较信息。这就和你评估你的股票投资组合与标准普尔 500 指数的表现差异一样。

申购（账户资金增加）和赎回（账户资金减少）对基金业绩的影响

年度收益是对 12 个月度交易阶段业绩的汇总。在阅读投资顾问业绩的时候，你需要了解这些数字是如何加总的，这样你才有信心把这些数字和你自己算出的数字进行比较。

正像前文所说，账户的申购和赎回是计算账户表现时（无论是会计方法，还是统计方法）最容易出错的地方。这需要合理确定这些账户申赎交易发生的时间。比如账户在 6 月 15 日收到了 10000 美元的申购，因此资金增加。那么在计算月度收益时，这笔资金的影响应当对应这个月的全部，还是半个月，还是本月不计算呢？如果这笔资金是 6 月 1 日或者 6 月 30 日进账的，那么又该如何处理？

在计算赎回的时候，你也会面对这样的问题。资金在本月的第一个交易日被取出，还是在本月的最后一个交易日被取出，对账户的影响是非常不同的。理论上，如果商品投资顾问可以整个月拥有这笔资金，那么他的投资收益会更高。

简单来说，这里的观点就是在计算投资收益的时候，你需要用当月的损益除以资金规模。因此，对于分母项资金规模，你需要决定其如何计量。如果你认为资金进入都发生在月初，而资金流出都发生在月末，那么你会扭曲你的收益计算，使你的收益变小。如果反过来，你会高估你的收益。

从历史上看，美国商品期货委员会给出了解决方法。每月的投资收益一般通过本月的净收益（盈利或亏损），除以月初资金规模来获得。比如，一个商品池管理者拥有 100 万美元的管理资金，并将 3 份 30 万美元的资金交给 3 个不同的商品投资顾问管理，留下 10 万美元用于储备。每个商品投资顾问都有 30 万美元资金作为第一个月的期初资金。

如果商品投资顾问 1 在第一个月赚取了 1.8 万美元的收益，他的首月投资回报就是 1.8 万美元除以 30 万美元，即 6%。他在第二个月的初始资金变成了 31.8 万美元。如果第二个月他赚取了 5000 美元，那么第二个月的投资收益是 1.6%（5000/318000）。

损失也可以按同样的方法计算。比如，这个投资顾问在第三个月亏损了 6000 美元。他这个月的初始资金是 32.3 万，并作为分母去除损失的 6000 美元。因此，最后的本月投资收益为 –1.8%。

这个方法表现很好，特别是对于那些没有特别多申购赎回的小账户。但是一旦遇到那些有大额资金进出的情况，这种方法得出的投资回报数据就没有什么意义了，数据本身可能非常不准确，特别是资金规模变化超过 15% 到 20% 的月份。

如果你用这种方法分析商品投资顾问行业的成分指数，这种扭曲可能会更加显著。在我们研究整个行业的商品投资顾问业绩的时候，或者在研究由很多商品投资顾问管理的账户的业绩的时候，由于账户众多，且记录时间非常长，因此大量的申购和赎回是无法避免的。为了解决这一问题，美国商品期货委员会要求计算申购赎回的影响时，应该根据商品投资顾问可以真正使用这一资金的时间占当月的时间的比率，进行权重调整。

另一种处理方法

我们可以使用尼克·魏提拉提出的另外一种计量方法。这种方法要求把月度表现转化成基于1000美元的基金份额。如果你投资了6万美元的管理账户，那么你就有60个1000美元面值的基金份额。

因此，如果账户资金在第1个月上涨到6.4万美元，并且没有申购和赎回，那么每个基金份额的价值将增加到1066.66美元。也就是这个月增加了6.66%。亏损也是如此计量，永远按照每份基金份额的价值来计算。

如果发生赎回怎么办？比如在第1个月末，你赎回了1.6万美元。你需要将这个数字除以每资产份额价值，以确定你赎回了多少份额。你用1.6万美元，除以每份额价值1066.66美元，得到15份。现在，你还有45个基金份额，每个份额价值1066.66美元，总共价值4.8万美元，也就是总共的6.4万美元减去赎回的1.6万美元。

在下个月，这个账户赚取了3000美元。你将这个增加值加在期初资金4.8万美元上，并除以你持有的45个份额，得到每份份额价值1133美元。这时，你可以减去最初的1000美元价值，并除以1000美元，来获得增长比率。到这个月，你的整体收益为13.33%。

这种计算方法最重要的地方是，你只对你账户中的资金进行计算。这种方法准确性更高，并可以提供可参照的业绩，来更好地和其他的商品投资顾问业绩进行对比。

挤奶凳

有效的投资计划需要像老式挤奶凳那样构建。挤奶凳有三条腿，在投资计划中，分别代表投资收益、以波动性计量的投资风险，以及表现的持续性。

我们已经考虑了前两个因素，那么如何衡量第三个因素呢？为什么要关心业绩持续性？如果投资收益足够高，其他的因素是不是就不重要了？实际上，高的投资收益常常会隐藏投资顾问的问题。你需要研究高投资收益是如何获得的。

比较两个过去 3 年都取得了 300% 投资收益的商品投资顾问。顾问 1 每年都产生了 100% 的收益，而顾问 2 则是在过去的某一年取得了 300% 的收益，而另外两年都没怎么赚钱。

现在，如果你刚好在顾问 2 最赚钱的 1 年中投资了他，那么你将非常高兴。但是，如果你的投资时机没有那么完美呢？你是不是更愿意获得更稳健的投资结果，比如选择投资顾问 1，这样任何年份都可以获得 100% 的收益。你需要思考，你是愿意尝试自己的运气，还是选择那些可以持续稳定提供回报的机会。

时间窗口分析

另外一个尼克·魏提拉提出的统计方法，叫做时间窗口分析（time-interval analysis, TIA）。一个投资顾问的业绩，可以分解为 3 个月、6 个月、9 个月、12 个月、18 个月、24 个月的周期。时间窗口分析认为，日历年度其实和其他的任何的 12 个月周期没有什么分别。如果你在 3 月开设账户，并在到次年 4 月初的这个 12 个月周期内是亏损的，你并不能因为这个商品投资顾问在去年 1 月到 12 月这 12 个月区间表现不错，而获得任何帮助。时间窗口分析可以给你更多的分析角度，而不是仅仅关注年度数据。

因此，你可以迅速地分辨两个不同的问题：商品投资顾问业绩的波动性和持续性。如果你进行了以 3 个月、6 个月、9 个月、12 个月、18 个月、24 个月为周期的时间窗口分析，那么分析结果可以立刻告诉你，在不同的周期，哪个商品投资顾问的投资业绩更加稳定。

如果你获取了一个商品投资顾问 12 个月的月度表现，那么你可以获得 10 个 3 个月窗口，7 个 6 个月窗口，4 个 9 个月窗口和 1 个 12 个月窗口（如表 10.5）。

表 10.5　12 个月时间窗口分析

时间窗口	3 个月	6 个月	9 个月	12 个月
1	—	—	—	—
2	—	—	—	—
3	1	—	—	—
4	2	—	—	—
5	3	—	—	—
6	4	1	—	—
7	5	2	—	—
8	6	3	—	—
9	7	4	1	—
10	8	5	2	—
11	9	6	3	—
12	10	7	4	1

每一个时间窗口都可以滚动计算，去除最早的 1 个月，加入之后的 1 个月，和计算移动平均数据一样。投资收益基于月度价值增加指数计算。接下来，你可以把获得的时间窗口数据绘制成柱状图。柱状图的横轴代表投资收益为 0 的情况。所有的有正收益的时间窗口，都会在横轴之上，而有负收益的时间窗口在横轴之下。这一方法可以提供关于商品投资顾问的业绩持续性的图表化结论。

你需要对 12 个月、18 个月、24 个月为周期的时间窗口分析给予格外的关注。这些数据可以展示商品投资顾问在长周期的业绩稳定性。长周期的好处是，其可以尽量包含完整的牛市和熊市阶段，以及市场震荡的整理阶段。

在最理想的情况下，投资顾问的收益业绩应当无论市场处于何种状态都保持稳定。通过时间窗口分析，你可以明确地找到投资顾问是在什么阶段赚取了利润。比如是运气好，在他刚开始管理账户的时候就赚取了大部分的历史利润，还是在他的整个职业生涯都有持续的业绩。这些分析结果可以告诉你，你是需要试试运气，选择投资的时间，还是可以在任何时间随意投资——因为产品的业绩表现非常稳定。

“再给我3个月时间……”

如果你开了投资委托管理账户或者买入了基金，并且对现有的业绩不太满意，你可能在决定要不要赎回，或者何时要赎回。在你表达赎回意向的时候，你的商品投资顾问可能会向你请求多运行几个月，业绩一定会不错。如果他们对你这样说，你可以拿出1个月、3个月、6个月为周期的时间窗口分析结果，并得到明确的结论。这个商品投资顾问在短期可以表现很好吗？你可以计算这个投资顾问在不同时间窗口的盈利概率，来确定是否要坚持赎回的决定。

“尽职调查”的意义

在法律上，“尽职调查”意味着对个人或者实体进行调查研究，以获得尽可能多的背景信息。“尽职”在这里具有审慎和决定的意思，是指毫不动摇地去发现研究对象的各方面因素。

在对商品投资顾问进行尽职调查的时候，我们需要尽可能多地对交易员进行了解，包括他们的交易系统和他们的表现。对他们的研究，要确保他们的历史业绩，可以准确地表现他们的交易水平。另外，尽职调查研究可以提供关于商品投资顾问如何帮助投资者达到投资目标的非常有价值的深度洞察。你也需要研究商品投资顾问的风格是否和你相适应。或者，投资顾问的员工（后台）是否有足够的能力，应对管理更多资金带来的工作压力。

进行尽职调查，最好的开始方法就是研究投资顾问的披露文件。这些文件应当包含商品投资顾问的所有信息，这些信息需要对那些有可能投资于该商品投资顾问的基金的投资者有所帮助。对于基金，或者有限合伙公司，这个文件一般也叫做计划书。这些文件除了要包含期货交易者的信息，同样也需要包含美国商品期货委员会要求的风险提示信息。文件中也要注明相关实体，比如投资的组织者（美国的商品池管理者），以及清算公司。这些实体对于投资过程起到了重要的作用。

你检查披露文件的目的在于确认文件内容无误，并认证关键的部分。记住，这些文件一般由收费的代理机构出具，并且后者一般会尽可能为客户提供服务。

近期不好的发展趋势是，这些文件变得越来越长、越来越复杂了。如果想要投资者被更好地服务，那么美国商品期货委员会应当强调文件的简洁性和易懂性。同样，也需要关注风险揭示部分的有效性。

这些文件在提供给可能的投资者之前，将交送美国商品期货委员会审核。美国商品期货委员会有 21 天对文件进行评价，或者提出修改要求。如果文件的提交者在 21 天内没有收到美国商品期货委员会的任何回复，那么文件就已经被审核通过，可以开始销售投资产品了。如果投资产品的规模较大，那么这些文件可能需要在销售涉及的州的秘书机构进一步接受审核。很多投资产品在销售过程中可以被认为是一种证券。因此，这些产品也接受美国证券交易委员会（the Security and Exchange Commission, SEC）或者州秘书机构的监管。一旦产品开始交易期货，产品也将接受美国商品期货委员会和美国国家期货协会的监管。

美国商品期货委员会以及联邦和州的监管机构，可以在美国商品期货委员会 21 天审核期之后，或者揭露文件已经打印后，再次要求对文件进行修改或补充。因此，你会看到很多文件不时有一些增添或者修改。

尽职调查的研究对象

尽职调查可以分为很多阶段。以检验商品投资顾问的历史业绩为例，专业的尽职调查研究会雇用会计师对业绩进行审核，就像审计公司财务一样。他们会随机选取一部分历史交易阶段来进行审查。商品投资顾问会被要求提供他们在那一阶段的全部成交信息（美国国家期货协会要求顾问保留过去 5 年的成交信息）。这些信息会和当时的市场交易区间信息进行比对，以确定成交的可能性。会计师会跟踪所有的交易，直到平仓，计算该阶段全部交易的盈亏情况。会计师计算的结果会和投资顾问提供的业绩情况进行对比。

分析投资收益是如何计算的，虽然没有业绩审核那么麻烦，但是同样重要。

为了进行尽职调查，我们除了分析历史业绩，还需要获取更多的资料。我们需要审查一下所有主体的背景：商品池管理者、一般合伙人、顾问、清算公司等。他们是否有足够的经验来提供服务？

在你研究文件的时候，记录下你发现的问题，打电话或者写邮件，向投资管理者提问（他们的地址和电话号码通常可以在文件最前端找到）。

另外一个重要的方面是利益冲突问题。这些利益冲突你能否接受？比如，如果投资顾问将从期货公司收取每笔交易的返佣，或者会收到其他的一些管理或者激励费用，那么他是不是有动机进行很多不必要的交易，以增加交易费用？

投资产品涉及的费用，对交易业绩影响很大。这些费用会减少你的资金。这些费用将从交易资金中扣除，并不能用来再获取利润。合理的费用，是用来补偿投资管理过程中的工作以及承担的风险的。

在进行投资之前，你要做好研究工作。很多投资机会看起来太好了，以至于并不真实。你是唯一有投资决定权的人，因此你需要谨慎做出决定。

区分商品投资顾问的交易系统

如果你的投资涉及多个商品投资顾问，你可以考虑投资于具有不同投资方法和交易系统的投资顾问。就像谨慎的投资者需要持有分散化的投资组合一样，谨慎的投资者也可以投资于分散化的交易系统。

这一概念的理论非常简单。如果所有的商品投资顾问都使用同样的趋势追踪方法，并且趋势的方向突然改变，那么他们将同时发生亏损。但是如果一个商品投资顾问是趋势追踪者，而另外一个是反趋势交易者，那么趋势发生改变时，将对两者构成的整体产生有限的影响。

这里还有另外一些看待分散化投资商品投资顾问的视角。期货投资组合应当根据交易的市场特点，具有足够的分散性。如果把全部资金都投入到某一单一市场，涉及的风险将是巨大的。

另外一个在分散化投资中的要点是，如果管理同一笔资金的多个商品投资顾问的投资回报呈负相关，正如前文所说，会增加分散化投资的优势。在长周期分析不同商品投资顾问的时候，我们要确保他们的最大回撤不是发生在同一时期。这会使得投资组合更加均衡。

当然，如果你想要构建一个足够好的多商品投资顾问组合，你需要理解他们的交易系统是如何运作的。

总结商品投资顾问的选择过程

总之，在选择商品投资顾问的时候，你可以采取如下步骤进行分析。

步骤1

选择一组你感兴趣的商品投资顾问。因为期货交易是投机性非常强的活动，涉及非常高的风险，因此你需要获取足够高的收益来抵御风险。因此，你最先需要了解每个投资顾问的投资回报率。

有许多不同的方法可以计算投资回报率，但你最好使用复合年化收益率。这种方法通过计算现值和未来值的方法，可以计算覆盖整个投资管理业绩期的投资回报率。

你需要谨慎对待那些投资业绩少于3年，甚至是使用假设业绩的产品。这样的产品你最好不要投资。模拟或者假设的业绩表现，通常是通过“纸上交易”来检验交易系统的。这样的业绩有非常多的问题，比如，这样的检验无法反映当交易员承担个人或者客户资金压力的时候，是否会受到严重的情绪干扰。任何投资顾问提供的文件，比如计划书或者揭露文件，按美国商品期货委员会的要求，都必须指明是否为假设业绩，并且做出特殊声明。

步骤2

在选择商品投资顾问的时候，高投资回报率并不是最重要的因素，稳定而持续的业绩表现比偶尔的超高回报数字更加重要。投资一个每年稳定提供 40% 或者 60% 回报的交易员，比那些有时赚 100% 甚至 200%，但是也会亏损 100% 或者 200% 的交易员，更让你安心。

记住表 10.1 中的损失回收表。为了收回 70% 的亏损，你需要再赚取 233.33% 的收益，而如果损失 90%，你需要再翻 9 倍才能收回损失。当你的资金严重亏损时，你重新盈利的概率将会以几何速度下降。

你需要了解不同评估方法的优劣。比如投资回报率、月度价值增加指数、夏普比率、斯特林比率、商品投资顾问平均打击率、时间窗口分析等。平均打击率通常效果最好。

步骤 3

一旦你找到了那些拥有可以接受的业绩回报，并且业绩表现稳定而持续的商品投资顾问，那么你就可以开始一些更耗费时间的分析过程。你可以首先研究可以计算的数据，因为这是最容易获得的信息。你可以从披露文件中获得这些数据。检查文件封皮上的日期，确保你获得的是最新的数据。美国商品期货委员会要求商品投资顾问每 6 个月更新一次披露文件。

在尽职调查这个步骤中，你需要了解商品投资顾问的尽可能多的信息，包括他的信誉、交易能力以及操作能力。你可以向美国国家期货协会信息中心询问，该商品投资顾问是否因为某些原因遭受过纪律审查。你可以向商品投资顾问索取他们的客户组成信息，以及职业背景。

研究商品投资顾问的交易系统。如果他使用的是趋势追踪系统，他的系统能否足够好地应对趋势改变？这会对投资收益产生什么影响？

通过电话或者当面访问了解商品投资顾问或者商品池管理者的信息。你将和什么样的人合作？他会及时回复你提出的问题吗？

同样，你需要了解商品投资顾问的后台员工——如果可能的话。后台是交易中很多程序工作被完成的地方。他们是否能够及时完成工作？人手是否足够，是否有足够的设备？他们使用什么样的办公设备？如果你计划投资 50

万美元或者 100 万美元给商品投资顾问，他们有能力完成这么多资金涉及的工作吗？如果他们管理的资金增加了，这是否会影响他们的投资回报？

步骤 4

经过上面的步骤，你剔除了不合格的顾问，你已经缩小了选择商品投资顾问的范围。就像进行期货交易一样，这时你需要进行分散化。尽可能多选择一些业绩之间相互负相关的投资顾问。

步骤 5

制定一套持续监控商品投资顾问业绩情况的流程。最好的方法是时间窗口分析。对你的资金增长目标时刻保持关注。

在选择商品期货投资计划的时候，上面是你至少要完成的步骤，但是上边这些方法并不保证你一定能赚到钱。即使是最好的商品投资顾问，也会经历回撤。你在投资他们的时候，也会遇到回撤。你需要了解，你最好仅仅投入你能够承担损失的资金。期货交易的高收益往往伴随着高亏损的可能性。

ALL ABOUT FUTURES

11

第十一章

属于期货投资者的权利和资源

核心概念

- 在受联邦监管的行业进行投资的优势
- 了解美国商品期货委员会和国家期货协会对于期货诈骗的保护
- 分辨期货销售者的道德行为和不道德行为
- 在投资前提出 15 个关键问题
- 和你的投资顾问沟通
- 了解期货公司犯的三个最严重的错误

如果能够在进入期货市场之前先了解你拥有的权利，你会比贸然进入而并不完全明白期货交易涉及的风险更加容易成功。这些年来，大部分的个人交易者最终都以亏损收场，但是在几个月、几周甚至仅仅几天内，赚取 200% 甚至 300% 的收益的机会依然在源源不断地提供给交易者们。

如果你亏损了，那么这究竟是谁的问题？是不是你无论如何都要承担这样的责任？或者是你的投资顾问、期货公司、清算公司以及交易所，才应当为你的亏损负部分甚至全部责任？如果真的不是你的责任，你应当做什么？你如何评估别人告诉你的事情？你如何保护你自己免受诈骗损害？如果你认为你遭受了欺骗，或者不公正对待，你需要采取什么措施？在你和期货公司或交易所合作时，你有什么权利？

当你有问题时，请咨询美国国家期货协会

在你考虑进行期货或者期货期权（也叫交易所交易期权，用来和场外期权进行区分）交易的时候，首先你要确定的是，这个期货市场是接受国家期货协会监管的。国家期货协会由美国国会的商品期货交易委员会授权，对期货行业提供支持。

没有任何个人或者公司可以在成为美国期货协会会员或者附属会员之

前就开展公众期货买卖活动。换句话说，为了执行期货交易，你需要成为国家期货协会会员，并且会员只能和其他会员做生意。一个例外是附属会员（associated person, AP），附属会员可以服务客户，附属会员一般也叫期货经纪人。

多数期货经纪人是期货居间人。居间人可以介绍个人或者公司给期货公司，并在期货公司开展期货交易。期货公司可以代理客户的下单需求，为客户向交易所进行报单。场内交易员或者场内席位可以在交易所内执行真正的交易。

期货公司同样提供后台服务。后台服务需要维护每一个交易者或者交易公司账户的簿记记录。每家交易所都有清算公司，来进行每日清算工作。

如果有人向你推销期货交易服务，那么这个人必须是美国国家期货协会的会员或者附属会员。你可以拨打美国国家期货协会的免费电话来询问期货销售或者期货公司的信息。

如果这家公司或个人没有在美国国家期货协会注册，那么你需要详细地向美国国家期货协会的代表讲述你获得的信息，美国国家期货协会将进行调查。不要和任何没有被确认的销售人员合作。他们向你提供的投资机会可能很像是属于期货行业的，但是如果其本身并不是，这些交易可能不需要接受美国国家期货协会的管理。如果向你销售的产品没有在联邦注册，那么一旦产品出了什么问题，你可能得不到任何帮助。

如果向你销售的个人或者机构是在美国国家期货协会注册的，那么你可以确认这个个人或者公司必须遵守全部的美国国家期货协会和商品期货交易委员会的规章和法律。通过检索美国国家期货协会对销售材料的指导文件，你可以确认向你进行销售的公司是否是合规的。如果他们的销售材料明显违反了规定，那么这是有问题的预警。另外，如果你和这些销售公司间存在争执，你可以向美国国家期货协会进行申诉。美国国家期货协会有针对期货推广活动的具体规则，即规则 2-29。这项规则非常广泛地定义了推广材料，如下所示。

- 任何标准化的用于口头展示的书面文字，比如销售手稿，或者在报纸、杂志以及类似媒体，或者电视、广播以及其他电子媒介上的，具有传播性的或者直接对向公众的，关于期货的账户、协议或者交易相关的宣传活动。
- 任何具有传播性或者直接对向公众的、标准化的报告、信件、周刊、备忘录以及其他公开发表的文字。
- 任何具有传播性或者直接对向公众的，具有关于期货的账户、协议或者交易相关的销售目的的文字材料，比如讨论会或者课程。

一般来说，你可以把所有对于你或者社会公众的销售沟通过程，当作推广活动或者推广材料。

国家期货协会对于公众沟通活动的禁止项目

国家期货协会一般禁止三项对于公众进行的沟通活动，包括：(1) 欺诈和不诚实的沟通，(2) 高压沟通，(3) 关于“期货交易适用于任何人”的陈述。

规则 2-29 要求任何期货销售人员都需要提供对于期货潜在收益以及亏损风险的均衡的介绍。当销售人员提到盈利的潜在可能时，必须同时也要介绍期货发生损失的可能性。

为了进行评价，美国国家期货协会可以分析推广材料的整体论述。美国国家期货协会将对每个词语出现的次数、字体大小、空格间隔等进行分析。但是这并不是全部的考察因素。

由于盈利的概念并不限于利润，还可以通过其他形式体现，图表展示的账户资金增长，同样也属于对于盈利可能的描述。

如果推广材料使用实际业绩，或者假设的业绩，协会将要求分别做两种独立的审慎性声明。每种声明都有独立和独特的要求。

对于推广材料的均衡性要求，同样适用于广播和其他口头推广活动。比如，在 60 秒的推广活动中，只有 5 秒阐述亏损是不合适的；或者在屏幕下方用过小字号的声明来解释风险，对于美国国家期货协会来说，也是不可接受的。

均衡性要求对于电话销售过程同样适用。电话销售人员不能花10分钟介绍盈利可能，但仅仅在电话最后阐述一句“过往业绩不代表未来盈利”就可以了。这样的销售过程，明显地违反了规则2-29。

高压销售技巧同样严重违反了美国国家期货协会的消费者保护计划。协会认定以下行为，属于高压销售范畴。

- 夸大盈利的可能。
- 夸大过往业绩。
- 夸大销售人员资质。
- 夸大需要进行投资决策的迫切性。
- 持续烦扰销售对象。
- 贬损销售对象的不够买行为。
- 强调销售对象错过的利润。
- 通过上门销售来提供和接收开户文件。
- 提出签署合同文件仅仅是合规方面的不重要的琐事。
- 在销售后，提供非常差的服务。

“假设业绩”是实际没有发生的交易记录。假设业绩一般通过计算机模拟，或者其他机械方法获得。当期货公司、商品投资顾问或者交易系统提供者向你提供交易业绩的时候，第一件事就是需要确认，这个业绩是否是假设业绩。对于假设业绩，必须以任何读者都能够立刻清晰理解的方式标明。

规则2-29（b）（4）要求，任何假设业绩（包含图表）都必须附有美国商品期货委员会规则4-41（b）（1）要求的审慎性声明。审慎性声明会申明假设业绩的局限性。

假设或模拟业绩具有一些内在的局限。和实际交易业绩不同，模拟业绩并不代表实际交易。同样，因为交易没有被实际执行，业绩结果可能会高估或者低估某些因素的影响，比如流动性不足。模拟交易结果会由于模拟者实际已经知晓历史行情，而获取便利。模拟业绩不能证明其可以在未来获取同样的业绩。

假设业绩的制定者需要向美国国家期货协会展示其模拟业绩的假设依据，并保留模拟业绩制定的计算过程。实际业绩和模拟业绩不能在同样的业绩表中一同使用。美国国家期货协会认为，同时使用实际业绩和模拟业绩的行为具有迷惑性和误导性。

如果在销售材料中使用实际业绩，是否监管规则会更简单一点呢？使用实际业绩进行推广的销售者，需要能够提供实际账户对账单来证明业绩属实。推广者使用的账户，必须能够代表他所有控制的账户。商品投资顾问不能仅仅向你提供他业绩最好的账户。美国国家期货协会在对商品投资顾问进行审计的时候，会检查他全部的运营资金，并对比展示账户和其他所有账户。

如果投资顾问正在交易不同类型和不同规模的账户，那么使用典型账户就更加麻烦，因为美国国家期货协会需要投资顾问解释为何选取该账户，以及其和其他账户的区别。造成账户差异的因素包括账户规模、保证金比率、交易策略，市场以及交易费用率等。

另外，一些广告会使用一些高级限定词，比如最大、最好、最快等。如果使用这些高级词汇，使用者可能会受到美国国家期货协会审查。美国国家期货协会的观点是，这样的词汇可以经常在其他行业使用，但是如果美国国家期货协会会员使用，则必须有详细的证据证明他们确实是符合“最”的限定。

在美国国家期货协会观点里，使用“最快的之一”“最大的之一”这样的形容方式，和使用“最”的限定等同。如果销售者在销售材料中使用这样的词汇，他们必须在美国国家期货协会质询时，提供足够的证据。

在推广交易所交易期权时，美国国家期货协会给出了一些不同的规定。

在推广期权时，推广者可以使用风险有限这样的形容方式，但是销售者必须指明风险限定于投入的全部权利金以及交易费用。交易费用包括手续费和其他费用；其他费用包括美国国家期货协会、交易所以及期货公司收取的费用。

如果期货公司在推广第三方管理账户（如商品投资顾问），他们可能会用到一些投资顾问自己准备的材料。但这并不代表期货公司可以不对销售过程负责。

美国国家期货协会通过两个角度来行使行业监管职责。如果期货公司在推广商品投资顾问的时候，销售人员的描述是误导性的，在美国国家期货协会处理消费者申诉的时候，期货公司和商品投资顾问都需要负责。任何违反美国国家期货协会规则 2-29 的推广材料，包括材料的准备和宣传过程，其发布者都需要承担责任。监管机构同样需要对推广材料负责。

针对商品投资顾问的电视或广播采访，在严格意义上，并不属于推广材料，但是进行采访的人员，一般需要对三项禁止活动负责：欺诈、高压销售和对于“所有投资者适合期货交易”的陈述。除此之外，如果电视或广播节目实际上是由美国国家期货协会会员付费录制的，但是付费行为没有在节目中指出，那么美国国家期货协会将这样的行为也认定为欺诈。美国国家期货协会不鼓励那些伪装作新闻的广告推广活动。

《商品交易消费者报告》和其他独立评选机构，会对商品投资顾问进行评级。这些评级结果经常被用作推广材料。在评级结果的使用中，使用者依然需要对合理使用负责，需要确保报告是准确的，并合理披露了评级结果的局限性。

材料中的收益计算，需要和美国商品交易委员会的方法一致［规则 4.21（a）（4）（ii）（F）］。使用者需要指明计算过程符合规则。最后，推广材料中的数据，需要准备好全部支持信息，如果美国国家期货协会需要，推广者可以证明数据可靠。

美国国家期货协会的规定原则是明确的。对于一些边缘规则的解读，有时会引起销售者和购买者间的争议，但是规则整体上来说，是没有混淆余地的。

如果一家期货公司向你推销产品，并在任何一种广告中给出了偏向性的信息，比如指出在期货交易或者期货投资中，你可以赚取大量利润，但是却对涉及的风险很少阐述或者闭口不提，那么这样的行为至少在两方面需要警惕。这样的推广材料违反了美国国家期货协会规则2-29，并且推广者缺乏必要的专业性。如果一首歌的最开始部分就被演唱者唱跑调了，那么后面的部分他也一般唱不好。

另外一个问题，就是高压销售。均衡阐述，并包含有效信息的推广材料，对你决定自己是否合适进行期货交易，以及是否需要了解更多信息，是非常有帮助的。在你获取信息的过程中，你会了解你将承担多大风险，并对你未来的盈利可能情况有更清楚的认识。

投资是一件严肃的事情

一旦投资者对于期货交易或者期货产品感兴趣，那么他们将进入下一个流程，他们需要获取更多信息。投资是一件非常严肃的事情。因此，如果你对一种产品或者服务有兴趣，你需要了解关于它的尽可能多的信息。

在这一阶段，你通常会发现，那些有商业道德的销售者和那些原则性不强的销售者之间有着巨大的差异。前者会花费很多时间来提供给你足够的信息，比如市场简讯，并认真了解你的投资需求。而那些不认真的销售者的销售目标，则是引发销售对象的贪婪情绪，并让销售对象尽快掏出钱来。这种销售方式就是高压销售。他们不给你反应和思考的时间。你会听到如下的销售台词：

“这是你一生一次的投资机会！”

“如果你不能在明天中午之前给我2000美元，那么你会错过将这笔资金在未来两周变成10000美元的机会！”

“明天黄金会暴涨！”

对于有道德的销售人员，你会听到他们介绍这个投资机会中盈利的可能和亏损的可能。在合法的销售过程中，推销者会告诉你尽管会有一定可能的损失，但是好的投资机会是会出现的。你会均衡地了解到盈利和损失的可能性，而这是那些不认真的销售者不会告诉你的。很多推销者会告诉你一些过于好的投资机会，听起来并不真实，而这些机会实际上也往往的确不真实。

美国国家期货协会在提供的小册子《在你同意之前》(*Before You Say Yes*)中，列举了15个问题，来帮助投资者辨别合格的投资服务销售和推销者。以下是这15个问题，表述方式略有改动。

1. 交易费用如何？有没有其他费用？
2. 风险是什么样的？
3. 你可以寄给我一份相关风险的书面解释吗？
4. 你可以寄给我你们销售材料的复印件吗？
5. 你销售的期货合约，是在合法的交易所上市的吗？
6. 哪些政府机构和行业协会对你的公司进行监管？
7. 具体讲，我的资金将在哪里保管？
8. 在什么时间、地点我们可以见面沟通？
9. 如果我需要，在什么时候，以及通过什么方式，我可以变现我的投资？
10. 你可以通过邮件寄给我你全部的销售资料吗？
11. 如果出现争执，有哪些方式可以解决争议？
12. 你在哪里获得的我的信息？
13. 你可以对我的律师介绍你的产品吗？
14. 你可以给我你们负责人和运营人员的姓名和联系方式吗？
15. 你可以提供证明人吗？

经验表明，不诚实的销售人员通常不愿意或无法回答以上的问题。他们的目标是那些冲动的、完全凭情感进行决策的销售对象。他们对以上问题只能进行模糊和逃避性的回答。比如下面的对话。

问题：“交易费用如何？”
回答：“这完全不是问题。”
问题：“如果我希望投诉，我有哪些途径？”
回答：“这不是问题，我可以帮你解决。”

通过获取信息，并花一定时间做决定，你可以使自己避免大量虚假销售——不过不是全部。有些聪明的销售者可以模仿合法的销售过程，但是对于他们的技巧，你还是可以通过做足够的分析，以及控制好情绪来识破。

在销售过程的下一步，你需要评估其他的交易或投资机会。有经验的投资者都会花费时间进行这一步。很多人如果决定进行交易，那么他们会和接触他们的人进行交易。但实际上，通过一定的筛选，你可以选择最适合你的交易合作者，并可以共同克服一些你在交易上的问题。进行尽职调查。在检查某一个期货公司或者投资顾问的时候，你可以拨打美国国家期货协会的免费电话，告诉他们你需要获取的人的信息，并询问以下问题。

- 这个人目前在协会注册了吗？
- 他在哪家公司工作？
- 他在协会注册了多久了？
- 协会对这个人采取了任何公开的纪律性要求了吗？
- 这个人曾在任何被认定存在合规问题的公司注册过吗？
- 你可以告诉我关于这个人的其他信息吗？

拨打5分钟免费电话，你可以了解这个人是否在美国国家期货协会管理下，是否存在任何问题。你也会获得这个人的经验背景信息，可以和这个人自己阐述的信息进行对比。

你也可以在美国商品期货委员会的网站上查询销售人员是否正在接受监

管制裁。

另外一个可以进行核对的渠道是《国家期货协会手册》（*NFA Manual*）。该手册包含可以相互索引的期货从业人员姓名，和美国国家期货协会对其进行的纪律性询问。该手册由普兰蒂斯·霍尔出版社（Prentice-Hall Information Services）出版。一些公众图书馆一般有这本手册，如果没有的话，你也可以要求他们购买一本。这一手册每年需要支付78美元，以获得全年的更新服务。

一旦你最终选定了期货公司，你就可以通过签署开户合同正式开户。你的期货公司应当要求你仔细阅读合同，并由你亲手填写。需要你亲手填写的原因，是期货公司可以确保你仔细阅读了合同。期货公司将询问你是否理解合同内容，并可能向你提出问题。记住，即使是开户合同，也需要描述你将承担的风险。

如果你的期货公司主动提出替你填写合同（"我们会为你打印好合同"），你应当把这当作期货公司有问题的警示信号。期货公司越简单地为你填写开户文件，你就越少有机会仔细了解开户文件内容。开户文件的内容是值得你花时间和精力去理解的，因为你签署的内容将详细地界定你将承受的风险。

销售过程的最后一步叫做售后阶段（post-purchase period）。在你开户并汇入资金之后，还会发生什么呢？

多数账户在这时都可以开始交易了。为了下单，你可以打电话给期货公司，或者通过软件在互联网上下单。你的期货公司会将你的订单提交给合适的交易所进行撮合。一旦订单成交，订单信息会沿着相反的方向，最终通知到你。

在第二个交易日你会收到交易对账单。一般每个月你会收到你的月度交易总结。

在这个阶段，在你和期货公司的关系中，你需要受到什么保护呢？第一个问题非常简单，你需要确保期货公司后台没有出现文书错误。很多交易问题来自于交易者没有对交易对账单等文件给予足够的重视。一般期货公司直接服务于你的人员并不直接参与交易对账单或者月度交易总结的制作。这些文件一般由期货公司总部制作，并且依照期货公司条例，总部可能寄给服务你的人员一份复印件，或者根本就不会邮寄。仔细检查你收到的全部文件，确认以下事项。

- 你被收取的交易费用和你和期货公司约定的一致。
- 成交价格和期货公司通知你的一致。
- 任何你转入账户的资金都真实入账了。
- 你进行的交易如实出现在对账单上，特别是交易的买卖方向一致。
- 计算正确，所有的入账项目和出账项目都合理地被记录。

期货公司会对每天的所有交易进行初步核对。期货公司有责任检查交易结果是否正确，并发现矛盾之处。但是这些修正可能发生在你获得对账单之前或者之后。如果修正没有在给你发送对账单之前进行，修正内容会在接下来的交易日单独寄给你。在这种情况下，一般期货公司会提醒你，但是你需要自己再检查一遍，以确认错误确实被改正了。如果错误没有被改正，请联系你的期货公司进行询问。

沟通是关键

联接期货公司和客户的纽带是好的沟通。专业的期货公司会预先设定好指导建议，所以你很清楚可以获得什么服务，以及你需要完成什么工作。期货公司一般需要知道以下事项。

- 每天可以联系你的时间。
- 你是愿意给期货公司打电话，还是在必要的时候，期货公司给你打电话。
- 如果联系不上你，期货公司可以采取什么办法。比如，期货公司是否需要为你下达止损触发单，或者在 4 小时、8 小时、12 小时或 24 小时联系不上你的情况下，平掉你的持仓。
- 如果你的账户保证金不足，期货公司可以采取什么办法。你是否会及时补交资金？从其他账户转入资金？使用隔夜支票？

- 如何处理交易中的紧急事件。
- 可以联系你的时间，或者如果不方便联系，是否有其他联系人。
- 在一般的工作时间和晚上，什么可以联络。
- 家庭电话号码——如果这是你唯一的联系方式。
- 如果你不在电话旁，是否有其他可以迅速找到你的联系人。
- 特殊情况下的备用处理方式，比如你外出或休假的时候。

请不要在任何时候处于期货公司无法联系到你的状态。如果你可能会无法与期货公司联系，你需要对于你的持仓或者进行止损触发保护，或者直接平掉，甚至关掉账户。不要在无法被联系到的时候，进行有风险的交易。即使期货公司不对这方面进行要求，你自己也要做到。

期货公司可能会犯的三个最严重的错误

期货公司可能犯的三个最严重的错误是：虚报、未授权交易、过度交易。

虚报一般来自于期货公司未能告知客户期货交易涉及的风险。正如前文所说，美国国家期货协会对于风险披露要求严格，但是这一问题仍旧会发生。某一天，一个期货公司客户打开邮箱，发现收到了诸如2000美元、5000美元或者1万美元的保证金催缴通知。期货公司曾经告诉这名客户，他不会遇到这样的问题，因为他们很严格地使用止损触发单。但是，由于客户的持仓遇到了连续一两天的反向涨跌停，没有足够的交易使得止损触发单成交。因此，当市场开板之后，客户严重亏损，需要补缴保证金。这名客户实际上事先没有被告知，他有可能遇到这样的连续涨跌停板。

另外一个常见的虚报就是，向客户展示一个交易系统的假设业绩，或者展示一个未经扣除交易费用的交易业绩，而没有向客户阐明。如果他们这样做，那么他们的业绩是没有意义的，或者至少没有什么吸引力。

未授权交易一般是指期货公司代客户在客户账户上下单，但实际上没有获得客户的授权、知晓和同意。一般来说，这是沟通出现了问题。期货公司可能理所当然地认为客户想做什么，或者认为这种行为是经过讨论被允许的。更糟的情况是，期货公司故意进行下单并且不通知客户，目的单纯是为了增加手续费收入。所以，你必须仔细阅读交易对账单和月度交易报告。你是否记得讨论并同意过上面的每笔交易？

专业的期货公司为了防止这些问题，一般会记录客户的所有报单需求。一些公司会录下所有和客户的通话。交易所的交易台（美国的场内交易设施）也会记录所有的通话。和你的期货公司确认他们是否使用记录设备。如果有疑问，要求你的期货公司回放当时的通话。你也可以自主记录和期货公司的通话。如果你那么做，在做之前要确保通知期货公司。

过度交易是另外一个期货公司投资顾问可能出现的违规行为。一般这一问题可以通过计算一段时间交易费用对应账户资产总额的比例来衡量。如果一个 1 万美元的账户，在某一个月内产生了 1000 美元的交易费用，那么交易费对应账户总额的比例就是 10%。那么，这一比率什么时候过高呢？什么时候投资顾问违反了美国国家期货协会的法规呢？

首先，如果是你本人进行的全部交易，那么你没有理由申诉。你可以交易你自愿的任何数量的交易，只要你的账户资金可以支持。但是，如果你将交易责任转交给投资顾问，比如签署有限权利委托合同，那么你的投资顾问的监管者、期货公司，以及美国国家期货协会，应当检查账户的交易量。实际上没有具体的比率来认定过度交易行为，但是如果一个月的交易费用对账户总额比率达到 15%~25% 这个区间，监管者应当给予注意。他们可能需要投资顾问解释这一比率为什么这么高。

有时这种高比率是有合理解释的。比如你可能要求你的投资顾问使用某一种日内交易系统。这一系统会持有大量短期头寸，并在单一交易时段反复进场多次。系统并不持有隔夜头寸。日内交易系统因为持仓非常短，因此常常产生大量手续费用。如果交易系统正常盈利，那么客户可能很喜欢这个系统，因为日内交易系统并不承担隔夜风险。

然而，如果投资顾问无法给出明确的解释，并且如果投资顾问过度交易只是为了自己盈利，那么监管机构会介入调查并给予纪律性处罚措施。你可以进行申诉，并等待收回交易费用和其他资金。

在线期货交易

在线期货交易同样存在以上的各种问题。在线交易一般没有期货公司员工对你进行指导并解决你的问题。在线交易的便利性让人激动，但是实际上充满风险。

在面对在线交易推销的时候，你需要询问销售人员他们的系统是如何运作的。系统是否足够快速，在市场快速波动的时候能否及时成交？是否会由于服务器过载，让你无法下单？交易确认的速度有多快？在线交易的交易费用是多少？在线交易是否更加便宜？这是你在一开始就需要知道的。大部分的期货公司现在都支持在线交易，这是新的交易模式。

如何做好申诉

期货交易是非常复杂而快速的投资。成千上万的事情可以出错，其中大多数是无心之失，但是少数是故意为之。我们有一些办法来应对你受到的故意损害。

最简单的申诉是对账单上的明显错误，你可以通过给期货公司致电解决。但是如果你认为因为期货公司的原因，你遭受了巨大损失，你将如何解决呢？你有哪些渠道可以使用？最基本的条件是，你需要投资于那些受到联邦监管的领域，比如真正的期货市场。在进行这类投资时，你可以有很多方法保护你的权益。

第一步，你需要和你的期货公司服务人员或者其上司沟通。如果你没有得到满意的回复，你可以向监管当局寻求帮助。

期货行业的第一层监管来自于美国国家期货协会。你可以拨打协会的免费电话，向协会解释你遇到的问题，美国国家期货协会将给予你可行的解决方案供你选择。美国国家期货协会首先会询问你，是否在开户材料中签署《争端前仲裁协议》(*the Pre-Dispute Arbitration Agreement*)。

你可以在开户时不签署该协议，但是你一旦签署，你的申述过程就受到美国国家期货协会的争端裁决方案管理。这一般对你有利，特别当你是规模很小的投资者的时候，因为这一流程会减少你的诉讼花销和时间。你不必雇用律师，并可以要求非期货行业仲裁者加入你的陪审团。你会得到公平对待，特别当你是正确的一方的时候。这一流程唯一不利的是，你需要放弃未来进行诉讼的权利。如果你没有签署争端前冲裁协议，你依然可以向美国国家期货协会寻求帮助，并使用其仲裁服务。

你也可以向商品期货交易委员会提出申述。如果你使用这种方式，你可以联系商品期货交易委员会，获取其免费的小册子《关于如何解决商品市场相关争端的问答》(*Questions & Answers about How You Can Resolve a Commodity Market Related Dispute*)。商品期货交易委员会一般有三种补偿方式：自愿、总结和正式。

自愿补偿一般针对补偿金额低于 1 万美元的情况，商品期货交易委员会任命专员负责管理。争端双方均有机会提供证据，并上交书面申明。这个过程没有现场听证会。商品期货交易委员会的判决就是最终结果，不允许进行上诉。这一过程需要提交不可收回的 25 美元费用。

总结补偿和自愿补偿相似，但是允许双方在华盛顿进行限定时间的口头表述，并提交书面申述。另外，你可以在商品期货交易委员会判决后，在你对判决结果不满意的情况下，向法院进行上诉。总结补偿也应对 1 万美元以下补偿，并需要交纳 50 美元不可收回的费用。

正式补偿针对较大规模的补偿，价值一般大于 1 万美元。商品期货交易委员会会在全美国 20 个听证地点之一，组织类似于法庭的听证会，并最终给出管理性判决。如果你愿意，你可以聘请律师作为代表。向商品期货交易委员会或者上级法院进行上诉是允许的。这一过程需要交纳 200 美元不可收回的费用。

除了美国国家期货协会和商品期货交易委员会，你也可以向美国仲裁协会（the American Arbitration Association）提出申述，或者可以进行民事诉讼。另外，如果你认为你的期货投资顾问或者期货公司的行为构成犯罪，你也可以联系联邦调查局（the Federal Bureau of Investigation）。如果涉及邮件问题，你可以联系美国邮政服务的首席邮政检查员（the Chief Postal Inspector of the United States Postal Service）。如果你投资的是有限合伙公司或者基金，你可以向本州司法部（attorney general）或联邦证券交易委员会（SEC）上诉。另外你也可以查看是否可以向商业改善局（the Better Business Bureau）或者联邦贸易委员会（the Federal Trade Commission）申述。

为了选取最有效的申述方式，你应当咨询你的律师。你如果能够记得以下两个关键点，你也许可以避免走到这一步：第一，你最有效的自我保护在于你在选择期货公司或者投资顾问时，可以进行系统化的尽职调查；第二，不要陷入期货市场引起的不良情绪中。一定要选择那些有联邦监管的投资领域。这会比那些不受联邦监管的投资引起的争端好解决得多。

最互惠的仲裁结果往往是期货公司和客户和解。如果不能和解，那么解决争端的过程将非常复杂，并且有很大花销。你需要尽量在和期货公司的双边沟通中保持顺畅。和期货公司保持良好沟通，会让你交易得更顺畅、更舒适，并且犯更少的错误。

版权声明

Russell R. Wasendorf

All About Futures：The Easy Way to Get Started

ISBN: 978-0-07-134170-6

北京市版权局著作权合同登记号：01-2015-0745 号